岳麓書社

读名著　选岳麓

古典名著普及文库

战国策

李　波　彭时权　导读 注译

岳麓書社·长沙

出版说明

中国古典名著是中华优秀传统文化的重要载体，今天人们要学习传统文化，如果说有所谓捷径可寻，那恐怕就是直接阅读古典名著了。长期以来，为大众读者出版古典名著的普及读物一直是本社的重要使命。约三十年前，我们便出版了“古典名著普及文库”，收书五十余种，七十余册，蔚为大观。这套书命名为“普及”，首先是因为采用了简体字横排的排版方式。当时的古典名著图书，以未经整理的影印本和繁体竖排本居多，大众读者阅读有障碍，故本文库的推出，确有普及之效。其次，我们提出要让读者“以最少的钱买最好的书”，定价远低于当时同类型品种。基于此，这套“普及文库”迅速流向读者的书架，销量极大，功在普及不浅。

当年这套书，所收各书都是文言文全本，无注释，不翻译，对于今天的大众读者来说，已经很难起到普及作用了。而且，读者如果仅仅出于品鉴、入门的需要，也无须通读大部头的全本古籍。因而，我们推出这套全新的“古典名著普及文库”，在选目上广泛听取国内名校学者们的建议，收录经、史、子、集四部之中第一流的名著一百余种，邀请学有专攻的学者精心注释、翻译，并加以导读。篇幅大的经典，精选菁华，篇幅适中的出版全本，个别篇幅小的，则将主题相近的品种合刊为一册。

我们希望有更多的人能够买得起、读得懂中国的古典名著，接受中华优秀传统文化的滋养。这一套轻松好读又严谨可靠的普及文库，便是我们努力实践这一理念的结果。

前 言

《战国策》一书是由西汉刘向根据当时所流传的一些资料，依照国别体例删选编订而成，全书共三十三卷，分为东周、西周、秦、齐、楚、赵、魏、韩、燕、宋、卫、中山等十二国策，时间上起春秋智伯灭范氏，下迄六国统一后高渐离筑击秦始皇约二百四十五年的历史，内容主要为战国谋臣策士纵横家言，也间杂了一些儒家、道家、墨家、法家、名家、兵家等言行，涉及当时历史、地理、战争、政治、民俗文化等多个方面，对于了解先秦战国时期的历史人文风貌与政治军事斗争有重要意义。

众所周知，战国是一个礼崩乐坏，天下大变的时代，同时也是思想大解放的时期。此时周天子已经名存实亡，诸侯各国展开了你死我活的兼并战争。为了达到富国强兵的目的，各国大刀阔斧地进行了政治、经济、军事等多方面的改革，如秦国的商鞅变法、魏国的李悝变革、楚国的吴起改革、韩国的申不害变法等等都对当时社会产生了深刻的影响，其中尤以秦国的商鞅变法最为系统、最为彻底，因而效果也最为显著。各国在寻求强国之路上，渐渐认识到人才的重要性，于是纷纷招贤纳士来辅国强邦，由此形成了战国时期各国君王礼贤下士、招揽人才的社会风气。如战国初年的魏文侯以孔子弟子子夏为师，以田子方为友，以客礼待段干木，好古尊贤，创立了战国时期第一个学术中心——“西河学术中心”。之后田齐桓公设立“稷下学宫”，招募贤士，到齐宣公时，邹衍、淳于髡、田骈、慎到、环渊、接子等七十多位贤人皆赐列第，一时聚徒纳士，数达百千人，各家学派相互辩驳诘难，思想交锋，蔚为壮观，被称为战国时期第二个学术中心——“稷下学术中心”。诸侯各国礼贤下士的社会风气和学术中心的形成为“士”的崛起提供了极为重要的社会环境和思想基础，而各家思想学说的林立辩驳，形成了中国历史上著名的“百家争鸣”局面。《战国策》所记载的谋臣策士纵横家正是生活在上述大背景下的一个特殊群体，这个群体被时代的思想文化所浸染，从他们身上可以明显感受到彼时的社会风尚以及他们在社会政治生活中的风采与睿智，他们那开放的思想观念与不受道德礼仪约束的言行成为了最富有时代气息的文化符号。

《战国策》所记载的“士”群体体现了新的时代特点。其一，以苏秦、张仪为代表的纵横家体现出平民知识分子群体的崛起，这个群体多来自草根，没有贵族血统，其最鲜明的特征与那些所谓的精英知识分子或来自民间的学者型知识分子迥然不同，他们不以著书立说为己任，也没有太多的社会责任与担当，有的只是在自觉接受社会主流价值观念的基础上，以谋求改变自己的人生命运，倾心于追求现实利益与社会地位，功利心较强。如苏秦先游说秦，失败后发愤图强成功游说赵，遂联合东方各国建立合纵联盟，合纵失败后服务于燕国，之后到齐国做间谍等等，从其一生际遇和沉浮看，并没有太多的理想抱负，其人生信条正如其自己所说的“人生世上，势位富贵，盖可忽乎哉”。另一著名人物张仪更是一个翻手为云、覆手为雨的家伙，毫无诚信和道德可言，满肚子阴谋与狡诈，其说辞更是以威逼利诱为特色，但正是这样一个人物，在那个时代却炙手可热，活跃在各国政坛上，成为了时代的政治风云人物。苏秦、张仪这类知识分子正是当时社会变革的产物。刘向在《战国策序》中说：“（战国时期）父子不相亲，兄弟不相安，夫妇离散，莫保其命，愍然道德绝矣。”“贪饕无耻，竞进无厌，国异政教，各自制断，上无天子，下无方伯，力功争强，胜者为右，兵革不休，诈伪并起。”这场深刻的社会变革极大地影响了人们的价值观，世人为了达到目的变得不择手段，礼义廉耻的道德观念丧失殆尽，阴谋与诡诈大行其道。显然，苏秦、张仪这类人自觉顺应了时代潮流，成为了当时社会变革中的弄潮儿。其二，纵横家这个群体在战国国与国舞台上往往发挥着巨大的能量，甚至左右着国与国关系的走向，具有很高的社会地位。他们不仅为各诸侯国出谋划策，还充当着各国的外交使节和联络员，穿梭于各国政要之间，为诸侯国牵线搭桥，谋求建立利益共同体，因此他们往往能够在波谲云诡的战国政治舞台上兴风作浪，力挽狂澜。从当时天下各国政治局势来看，公认的国与国关系是“非纵即横”，即选择与西边秦国连横，还是东方各国合纵，纵横之“士”们的游说设计大都在这两大战略背景下展开，而具体策略则是灵活地在各国政治军事集团之间权力与利益的博弈上大做文章，因而他们能调动各方面的力量，轻而易举地掌控着一些国家的命运与存亡，所谓“万乘之君得罪一士，社稷其危”(《楚策·威王问于莫敖子华》)。苏秦、张仪自不必说，他如颜率请齐救周，继而保存周鼎；苏代令韩不征甲与粟于周，反而与之高都；綦母恢为西周君求取救兵，还得温囿；齐貌辨为靖郭君说齐宣王，靖郭君得以受王恩重。凡此种种，不一而足。其三，纵横策士体现出战国时代多元的价值观念。纵横策士是一个庞大的群体，其中大部分接受了时代的主流价值观，但也有一部分与这一群体保持着疏离，没有随波逐流，而坚持着自己的价值理念，体现出战国时代多元价值并存的特色。如秦相蔡泽从物盛则衰，以及进退、盈缩、变化的朴素辩证法思想出发，主张功成身退的处世原则；又如齐国颜斶从老子的“贵以贱为本，高以下为基”以及形神得全、清静贞正的养生思想出发，提出“士贵耳，王者不贵”的口号等，是典型道家价值观。他如荀子、孟子等人的儒家思想，商鞅、申不害等人的法家思想，墨子的墨家思想，惠施的名家思想等，这些人都坚守自己的哲学观念，表现出人生大智和不同于凡人的个性。此外不得不提的是义士鲁仲连，刺客豫让、聂政、荆轲等人所表现出的价值观。鲁仲连义不帝秦，解纷释难后又分文不取，全身而退，保持了高士的节操，表现出光辉的人格。而刺客豫让等人同是刺客身份，都是不惜牺牲生命的勇士，临危不惧，“义”字为先，但价值观又有所不同，有的信仰士为知己者死，有的坚守君臣之义，有的则扶危救困、深明大义、义薄云天等等。另外，《战国策》中还有一部分谋臣具有高度的爱国情怀，如楚国的令尹子文、叶公子高、莫敖大心、申包胥等，皆是忧患国事的社稷之臣。无疑，纵横策士多元的价值观不仅丰富了战国时代的社会生活，同时也凸显了战国时代的包容性与开放性。

《战国策》的文学成就尤引人瞩目。宋人叶適说其“饰辞成理，有可观听”，清代吴曾祺认为“文章之美，在乙部中，自《左》《史》外，鲜有能及之者”，都对之给予了极高的评价。大致说来，其文学成就主要表现出以下几个特点。其一，《战国策》塑造了大量的群体人物形象。其中最为突出的当然是“士”的形象，这类形象大体可分为几类：一为谋求富贵权势的游说之士，如苏秦、张仪等；一为赴义趋难的仗义之士，如豫让、荆轲、聂政等；一为替人排忧解难的高才危士，如鲁仲连、张孟谈、颜斶等，这些人物皆为我们熟悉。此外，书中还刻画了不少君王形象，如狂妄自大的宋康王，勇于改革的赵武灵王，勤于纳谏的齐威王，腐败无能的楚怀王，礼贤下士又急于求成的燕太子丹等等。《战国策》中塑造的一些开明的贵族形象也给人留下了深刻的印象，尤其以“战国四公子”的形象最为突出，这些世家大族的公子哥从小受到了良好的教育，少年成名，才气纵横，成年后手握重柄，身居要职，挥金如土，以礼贤下士闻名于世，他们在仕途得意时创造了辉煌的事业。值得一提的是，围绕在他们身边的一些门客形象也被刻画得活灵活现，如毛遂、冯谖等人。《战国策》中所刻画的女性形象也个性鲜明，如舍身重义的聂政之姐，以民为本又爱儿心切的赵威后，蛇蝎心肠的郑袖，趋奉权势的李园女弟，寡廉鲜耻的宣太后等。其二，《战国策》的语言高度发达，创造力强。战国时代是一个语言高度发达的时代，这在诸子百家的著作中即得到了较好的体现，孟子文章的气势恢宏、庄子文章的汪洋恣肆、荀子文章的绵密严谨等都让我们见识了那个时代学者们超凡的语言表现力和创造力。《战国策》中谋臣策士纵横家们所表现出的语言水平在某些方面绝不逊色于这些学者，他们经过良好的教育和语言训练，不但练就了巧舌如簧、应对自如的本领，表现出思路清晰、逻辑严密、语言表达力强的特点，而且能将高度发达的书面语言生活化、日常化、口语化，让深奥的道理通俗易懂、深入浅出。在具体论辩中，纵横家们的语言艺术体现出以下特色：大量使用夸张、比喻、排比等修辞手法，创作了不少引人入胜的寓言故事来说理；句式上参差跌宕，长短结合，骈散相间；气势上纵横恣肆，情感强烈，有一种捭阖天地的奔肆之力；发明了大量的成语，如“南辕北辙”“三人成虎”“惊弓之鸟”“狡兔三窟”“画蛇添足”“狐假虎威”“亡羊补牢”“图穷匕见”“返璞归真”“引锥刺股”“积羽沉舟”“无可奈何”等，这些成语往往充满了哲理和智慧，表现出强大的生命力。

战国时期，各国本各有自己的史书，然而皆焚于秦火和秦汉战争，而后人要了解战国历史，资料极其匮乏，幸而有《战国策》一书保存下来。然而，《战国策》虽为史家者流，但并非严格意义上的史学著作，其中保存了纵横家为了讲学研习而进行的大量拟作，尤以模拟苏秦、张仪等人的拟作最为突出，这些拟作有时张冠李戴，有时存在着一些地名、人名的讹误，这都是我们在研读过程中要特别注意的。1973 年，长沙马王堆汉墓出土了一批类似于《战国策》的帛书（整理者起名叫《战国纵横家书》），里面保存了苏秦等人的一些资料，较为可靠，有兴趣的读者可以参考。

《战国策》一书自刘向整理后，东汉高诱曾为其作注，传至北宋时出现了散佚，曾巩为其作了校补，南宋时出现了鲍彪另行编次的新注本，同时姚宏也为其作了续注，之后元人吴师道又在鲍本的基础上参照姚本等作了校注，到了清代学者们又做了进一步的考订。本书以清嘉庆八年黄丕烈《士礼居丛书》刊刻的姚宏覆宋本作为底本，参考上海古籍出版社出版的诸祖耿的《战国策集注汇考本》，从中精选出110篇左右，按原书体例分类编排，进行了译注（除合并了东、西周外，仅对个别篇章的次序作了适当调整）。全书每篇前有“导读”，对每篇的内容及相关特色进行了总结；“注释”主要对人名、地名、名物制度以及一些难理解的字词进行了阐释，力求简明扼要；“译文”以直译为主，力求恰当、准确、科学。在译注过程中，全面参考了近现代学者们的一些既有成果，文中没有一一指出，在此一并表示感谢。限于学力和时间关系，书中难免存在不足和错误，敬请读者批评指正。

目录

周策

秦策

齐策

楚策

赵策

魏策

韩策

燕策

宋策

卫策

中山策

战国策

周策

秦兴师临周而求九鼎

导读

东周时，周王室名存实亡，秦国兴虎狼之师欲夺九鼎，周室危如累卵。是时，周大臣颜率临危受命，两次出使齐国。他先是以相赠九鼎为条件诱使齐国出兵化解了危机，接着在不失信于人的情况下，施以巧舌，便使齐王自动放弃了索取九鼎的计划，最终保全了九鼎。全文以“九鼎”为线索，塑造了一个足智多谋、举重若轻、不卑不亢、处变不惊、巧舌如簧的颜率形象。

原文

秦兴师临周而求九鼎[1]，周君患之，以告颜率[2]。颜率曰：“大王勿忧，臣请东借救于齐。”颜率至齐，谓齐王[3]曰：“夫秦之为无道也，欲兴兵临周而求九鼎。周之君臣，内自画计[4]，与秦，不若归之大国。夫存危国，美名也；得九鼎，厚实也。愿大王图之。”齐王大悦，发师五万人，使陈臣思[5]将以救周，而秦兵罢。

译文

秦国发动军队逼近周王室来索取九鼎，周君感到担忧，就告诉了大臣颜率。颜率说：“大王不要担心，臣请求向东边的齐国借取救兵。”颜率到齐国，对齐王说：“秦国的行为没有道义，想要发动军队逼迫周王室以强取九鼎。周王室君臣上下谋划，与其把九鼎交给秦国，不如把它献给贵国。拯救濒危的国家，这是美好的名声；得到九鼎，这是厚重的利益。希望大王考虑此事。”齐王非常高兴，发动军队五万人，让田忌做统帅去营救周王室，于是秦兵撤退了。

注释

1 **九鼎**:相传夏禹铸九鼎,象征九州。后世将九鼎视为国家权力的象征。

2 **颜率**:周臣,其人事迹不详。

3 **齐王**:齐威王,田氏(亦称陈氏,古时"田"与"陈"同音相通),名因齐,战国时齐国第四代君主。在位时任邹忌为相,田忌为将,孙膑为军师,励精图治;后两次大败魏军,杀魏将庞涓于马陵;礼贤下士,于国都临淄稷门外修建稷下学宫,广招天下贤才。

4 **画计**:谋划商量。

5 **陈臣思**:即田忌。齐威王时任大将,曾率军先后在桂陵、马陵大败魏军。后因与齐相邹忌不和,奔楚。

原文

齐将求九鼎,周君又患之。颜率曰:"大王勿忧,臣请东解之。"颜率至齐,谓齐王曰:"周赖大国之义,得君臣父子相保也,愿献九鼎,不识大国何涂[1]之从而致之齐?"齐王曰:"寡人将寄径于梁[2]。"颜率曰:"不可。夫梁之君臣欲得九鼎,谋之晖台[3]之下、少海[4]之上,其日久矣。鼎入梁,必不出。"齐王曰:"寡人将寄径于楚。"对曰:"不可。楚之君臣欲得九鼎,谋之于叶庭[5]之中,其日久矣。若入楚,鼎必不出。"王曰:"寡人终何涂之

译文

齐国将要索取九鼎,周君又担心起来。颜率说:"大王不要担忧,我请求东至齐国去解决这件事。"颜率到了齐国,对齐王说:"周王室依靠贵国的仗义相助,使君臣父子得以保全,愿意献出九鼎,不知贵国打算从哪条路将它运送回齐国呢?"齐王说:"我打算向梁国借路。"颜率说:"不可以。梁国君臣想要得到九鼎,在晖台、少海一直谋划,日子已经很久了。如果九鼎进入梁国,肯定不能送出。"齐王说:"我打算向楚国借路。"颜率回答说:"不可以。楚国君臣想要得到九鼎,在叶庭中谋划,日子已经很久了。如果进入楚国,九鼎肯定不能送出。"齐王说:"那么我到底从哪条路运送到齐国呢?"颜率说:"敝国也私

从而致之齐？”颜率曰：“弊邑固窃为大王患之。夫鼎者，非效[6]醯壶酱甀[7]耳，可怀挟提挈以至齐者；非效鸟集乌飞、兔兴马逝，漓然[8]止于齐者。昔周之伐殷，得九鼎，凡一鼎而九万人挽[9]之，九九八十一万人，士卒师徒，器械被具，所以备者称[10]此。今大王纵有其人，何涂之从而出？臣窃为大王私忧之。”齐王曰：“子之数[11]来者，犹无与耳。”颜率曰：“不敢欺大国，疾定所从出，弊邑迁鼎以待命。”齐王乃止。

下替大王忧虑。九鼎这样的东西，不像醋壶、酱坛，可以怀抱、提挈着送到齐国；不像鸟儿聚集、乌鸦飞翔，兔子跳跃、马儿奔跑一样，忽然就来到齐国。从前周王征伐殷商的时候，得到了九鼎，一只鼎就需要九万人牵拉，九只鼎总共需要八十一万人，士兵将卒和运送九鼎的器具机械要有相应齐全的配备。如今大王即使有这么多的人力，又从哪条路运出呢？我私下替大王担忧。”齐王说：“你多次前来，无非是不想给九鼎罢了。”颜率说：“不敢欺骗贵国，请赶紧确定运送的路线，敝国迁出九鼎等待命令。”齐王只好作罢。

注释

1 **涂**：通“途”。

2 **梁**：魏国。魏惠王时迁都大梁，故魏又称“梁”。

3 **晖台**：台名。

4 **少海**：地名。又作“沙海”，今河南开封北面一带。

5 **叶庭**：地名。今湖北华容。一说河南叶县。

6 **效**：像，如同。

7 **醯(xī)壶酱甀(zhuì)**：醋壶酱坛。醯，醋。甀，瓮，古时坛类的瓦器。

8 **漓(lí)然**：忽然。

9 **挽(wǎn)**：拉动，牵引。

10 **称(chèn)**：配备。

11 **数(shuò)**：屡次。

秦攻宜阳

导读

战国时期，诸侯逐鹿中原，天下混乱。周赧王七年，秦国将领甘茂兴师妄图一举攻下韩国军事战略重地宜阳。此时宜阳兵多粮足，又有相国公仲拥二十万军队驻扎在附近。此外，楚将景翠率领楚国大军，依山伺机来救援。大战一触即发，到底鹿死谁手？面对上述形势，周大臣赵累审时度势，大胆推断秦国必会取得胜利，并建议周王劝景翠自保。最终，景翠依赵累之计行事，在这场战争中受益最大，因此对周王颇为感激。周王不费气力，在幕后坐收其利。文章塑造了赵累这样一个善于运筹帷幄、深谋远虑的辩士形象。他能纵观全局，洞察复杂多变的政治形势，综合分析战争各方面的因素，并善于利用战争各方的心理和矛盾，因势利导，从而制定出有效战略，使局面向有利于自己的一方发展。

原文

秦攻宜阳[1]，周君[2]谓赵累[3]曰："子以为何如？"对曰："宜阳必拔也。"君曰："宜阳城方八里，材士[4]十万，粟支[5]数年，公仲[6]之

译文

秦国攻打宜阳，周君对赵累说："你认为结果会怎么样呢？"赵累回答说："宜阳必定会被攻破。"周君说："宜阳城方圆八里，有十万勇武的士兵，粮食供应可以维持数年，相国公仲又率领二十万大军驻扎在附近，楚将景翠又率楚国的大军，扎寨伏牛山伺机来救

军二十万，景翠[7]以楚之众，临山[8]而救之，秦必无功。”对曰：“甘茂[9]，羁旅[10]也，攻宜阳而有功，则周公旦[11]也；无功，则削迹于秦[12]。秦王不听群臣父兄之义[13]而攻宜阳，宜阳不拔，秦王耻之。臣故曰拔。”君曰：“子为寡人谋，且奈何？”对曰：“君谓景翠曰：‘公爵为执圭[14]，官为柱国[15]，战而胜则无加[16]焉矣，不胜则死。不如背秦[17]援宜阳。公进兵，秦恐公之乘其弊也，必以宝事公；公仲慕[18]公之为己乘秦也，亦必尽其宝。’”

秦拔宜阳，景翠果进兵。秦惧，遽效[19]煮枣[20]，韩氏果亦效重宝。景翠得城于秦，受宝于韩，而德东周。

援，秦国必定会无功而返。”赵累回答说：“甘茂，以游士身份仕于秦国，攻打宜阳如果能够成功，那么就可以建立周公旦一样的功业；如果不成功，将会被逐出秦国。秦王不听从大臣和父兄的意见，而去攻打宜阳，如果宜阳攻不下来，秦王会觉得羞耻。因此臣说宜阳必被攻破。”周君说：“你替寡人参谋参谋，我们该怎么办呢？”赵累回答说：“您就对景翠说：‘你的爵位已经是执圭了，官位也已经是柱国了，此次战争即使胜利了，也不会再加官晋爵；如果失败，那就只有死路一条。不如等待秦军攻克之后再援救宜阳城。那时你命令军队进攻，秦军害怕你趁他们疲惫之时来攻城，肯定会拿出宝物来侍奉你；而公仲考虑到你为他出兵攻打秦军，也必定会献出他们全部的宝物。’”

秦军攻下宜阳后，景翠果然发兵攻城。秦国害怕了，于是急忙献出煮枣城，韩国果然也奉献了贵重的宝物。景翠既从秦国得到了煮枣城，又从韩国得到了宝物，因此很是感激东周。

注释

1 **宜阳**：韩国军事重镇，今河南宜阳东北。

2 **周君**：周赧王，姬姓，名延，亦称王赧，东周最后一位君主。

3 **赵累**：周臣，生平事迹不详。

4 **材士:**勇武的士兵。

5 **支:**供给。

6 **公仲:**姓公仲,名侈,一名公仲朋、公仲倗,韩国相国。

7 **景翠:**楚国大将。

8 **临山:**扎寨伏牛山。伏牛山,今河南省西南部山脉。

9 **甘茂:**楚国下蔡人,曾任秦国左丞相,后奔齐任上卿。

10 **羁旅:**寄居异乡,此处指甘茂以游士身份仕秦。

11 **周公旦:**周武王的弟弟。武王殁后辅助成王执掌国政,制礼作乐,成就卓著,成为后世儒家所推崇的人物。

12 **削迹于秦:**被逐出秦国。

13 **义:**通“议”,谋议。

14 **执圭:**楚国高官,侯爵级别。

15 **柱国:**楚国最高武官。

16 **加:**加官晋爵。

17 **背秦:**此处指等秦军攻取宜阳之后再援救宜阳。背,后。

18 **慕:**考虑。

19 **效:**献出。

20 **煮枣:**地名。今河北大名东南。一说今山东菏泽西北。

周文君免工师藉

导读

周文君以吕仓代替了工师藉的相位,引起国人不满。于是吕仓派说客游说周文君,保住了相位。文中说客先抛出了一个十分投合周君心理的命题，然后通过几个事例作正反论证，在对历史事件进行另类解读的基础上归纳出貌似符合历史事实的结论，具有很大的迷惑性，使昏庸的周君轻易就范。文章彰显了战国时代谋臣策士超强的诡辩艺术。取其文可，取其意不可。

原文

周文君[1]免工师藉[2]，相吕仓[3]，国人不说[4]也。君有闵闵之心[5]。谓周文君曰："国必有诽誉，忠臣令诽在己，誉在上。宋君[6]夺民时以为台，而民非之，无忠臣以掩盖之也。子罕[7]释相为司空[8]，民非子罕而善其君。齐桓公宫中七市[9]，女闾[10]七百，国人非之。管仲故为三归[11]之家，以掩桓公，非自伤于民也？《春秋》记臣弑君者以百数，皆大臣见誉者也。故大臣得誉，非国家之美也。故众庶成强，增积成山。"周君遂不免。

译文

周昭文君罢免了工师藉的相国之位，任命吕仓为相，国人不高兴。昭文君非常担忧。有人对周文君说："一个国家必定会有人批评、有人赞誉。忠臣让自己受到批评，让国君受到赞誉。春秋时期宋平公剥夺百姓的农作时间来为自己建造楼台，百姓们都非议他，没有忠臣来为他掩盖过错。子罕就辞去相国的职位来担任司空，百姓们都批评子罕从而称赞国君。齐桓公在宫中拥有众多内宠，女倡就有七百人，百姓们都批评他。管仲就故意娶了三位夫人，来掩盖齐桓公的过错，这难道不是自己甘愿受百姓的非议吗？《春秋》中记载大臣杀害国君的事情就有一百多起，都是大臣得到了百姓赞誉而造成的。因此，大臣得到赞誉，对于国家来讲并非好事。所以说聚集民众多了就会形成强大的力量，积累民心多了就会形成高山一样的威势。"周昭文君便没有免去吕仓的相位。

注释

1 **周文君：**周昭文君。东周国惠公的儿子，一说孙子。

2 **工师藉:**工师,姓氏;藉,名。事迹不详。

3 **吕仓:**人名,事迹不详。

4 **说:**通“悦”,高兴。

5 **闵闵之心:**担忧之心。

6 **宋君:**指宋平公。春秋时期宋国国君,在位期间于宋都举行十四国之弭兵会议,确定了晋、楚的霸主地位。

7 **子罕:**春秋时期宋国贵族,姓乐,名喜,宋平公时任司空。

8 **司空:**主管土木工程的官职。

9 **七市:**指后宫服夫人之服者有七位,形容内宠多。一说七个集市,恐非。

10 **女闾:**犹“女旅”,即女倡一类。

11 **三归:**指管仲娶了三位女子。一说为藏敛财货的地方。一说为台名。

温人之周

导读

魏国温邑的一个人来到周地,由于谎称自己是周人而被囚禁。周君责问其原因,他巧妙引用《诗经》中的诗句成功自救。文章篇幅虽短,事件原委却交代得很清楚,人物性格鲜明,语言充满智慧,一位睿智的温人形象呼之欲出,颇有味道。

原文

温[1]人之周,周不纳。问曰:“客耶?”对曰:“主人也。”问其巷而不知也,

译文

温邑的人来到东周,周人不允许他入境。问他说:“你是外地人吧?”回答说:“我是本国人。”盘问他住的街道,他回答不上

吏因囚之。君使人问之曰："子非周人，而自谓非客，何也？"对曰："臣少而诵《诗》，《诗》曰[2]：'普天之下，莫非王土；率土之滨，莫非王臣。'今周君天下，则我天子之臣，而又为客哉？故曰主人。"君乃使吏出之。

来，小吏于是将他囚禁起来。周君派人问他说："你明明不是周人，还自称不是外地人，为什么？"温人回答说："臣年少时诵读《诗经》，《诗经》中说：'整个天下，没有哪里不是周王的土地；四海之内，没有哪个人不是周王的臣民。'如今是周王统治天下，那我就是天子的臣民，又怎么能说自己是外地人呢？因此说是本国人。"周君于是让小吏把他放了。

注释

1 **温：**魏国邑名，今河南温县。

2 **《诗》曰：**指《诗经·小雅·北山》。

赵取周之祭地

导读

周室祭地被赵国侵夺，大臣郑朝略施小计便成功将失地收复。故事中郑朝别出心裁，贿赂赵国无足轻重的大臣赵太卜，让人大跌眼镜，亦使故事充满了悬念。接着发生了颇具戏剧性的一幕，赵太卜利用自己的特殊身份，趁赵王生病之际，巧用一句卜辞即解决了令周室棘手的问题。文章短小精悍，情节安排巧妙，人物次第登场，故事耐人寻味，颇似今日之小小说。

原文

赵取周之祭地，周君患之，告于郑朝[1]。郑朝曰："君勿患也，臣请以三十金复取之。"周君予之，郑朝献之赵太卜[2]，因告以祭地事。及王病，使卜之。太卜谴之曰："周之祭地为祟[3]。"赵乃还之。

译文

赵国夺取了周室祭祀的地方，周君忧心忡忡，把这件事告诉了郑朝。郑朝说："大王您不要担心，我请求用三十斤黄金把祭地再取回来。"周君给了郑朝三十斤黄金，郑朝把它献给了赵国的太卜，于是把祭地的事情告诉了他。等到赵王病了，命令太卜占卜病因。太卜以责备的口吻对赵王说："这是周室祭地的鬼神在作怪啊！"赵王于是把祭地还给了周室。

注释

1 **郑朝：**周臣，事迹不详。
2 **太卜：**官名，负责在太庙中用卜筮蓍龟对国家大事进行占卜，预言吉凶。
3 **祟：**鬼神作怪。

杜赫欲重景翠于周

导读

谋士杜赫欲使东周国重用景翠，于是游说周君。他诱导周君在选用人才时要抛开权贵与小人，而重用那些将来能成为大器的穷士。说辞用张网捕鸟作比喻，以有鸟喻权贵，无鸟喻小人，有鸟无鸟之际喻穷士，喻中套喻，形象贴切，较有说服力。

原文

杜赫[1]欲重景翠[2]于周，谓周君[3]曰："君之国小，尽君之重宝珠玉以事诸侯，不可不察也。譬之如张罗者，张于无鸟之所，则终日无所得矣；张于多鸟处，则又骇鸟[4]矣；必张于有鸟无鸟之际，然后能多得鸟矣。今君将施[5]于大人，大人轻君；施于小人，小人无可以求，又费财焉。君必施于今之穷士，不必[6]且为大人者，故能得欲矣。"

译文

杜赫希望景翠在东周国得到重用，就对周昭文君说："君王的国土很小，即便把您全部的贵重珠宝拿来侍奉诸侯，也无济于事，所以不能不认真考虑。这就好像张设罗网捕鸟，张在没有鸟儿的地方，那整天也捕不到一只鸟儿；张在鸟儿多的地方，那又会吓跑了鸟儿；必须张设在有时有鸟儿、有时没鸟儿的地方，这样才能捕捉到很多鸟儿。如今君王您要施恩给那些有权势的人，他们必定轻视大王；施恩给那些地位卑下的人，他们没有什么值得求取的，又浪费财物。君王一定要施恩给那些当下处于困境，将来必定能成为有大用者的士人，这样才能实现大王的愿望。"

注释

1 **杜赫：**战国时期著名谋士。

2 **景翠：**楚国大将。

3 **周君：**周昭文君。

4 **骇鸟：**把鸟惊吓走。

5 **施：**给予。

6 **不必：**必定。不，语气助词。

雍氏之役

导读

楚国攻打韩国雍氏，韩国向西周国征调粮食和军队，周君问计于纵横家苏代，苏代通过游说韩相公仲，解决了问题。本文展示了纵横家苏代非凡的政治外交能力。首先，苏代具有敏锐的洞察力，对各方行为洞若观火，因此每每能抓住问题要害，轻松化解矛盾。其次，苏代能够充分利用诸侯间错综复杂的斗争形势，巧妙布局，巧设棋子来调动各方因素，从而掌握主动。

原文

雍氏[1]之役，韩征甲与粟于周。周君患之，告苏代[2]。苏代曰："何患焉？代能为君令韩不征甲与粟于周，又能为君得高都[3]。"周君大悦曰："子苟能，寡人请以国听。"苏代遂往见韩相国公中[4]曰："公不闻楚计乎？昭应[5]谓楚王[6]曰：'韩氏罢于兵，仓廪空，无以守城，吾收

译文

楚韩雍氏之战中，韩国向西周国征调军队和粮食。周君很担心，把这件事告诉了苏代。苏代说："担心什么呢？我可以为您让韩国不再从西周国征调军队和粮食，又可以为您得到高都。"周君非常高兴，说："您如果能够做到，我请您来治理国家。"苏代于是去拜见韩相公仲，说："您没听说楚国的计划吗？昭应对楚王说：'韩国疲于战争，粮仓空虚，已无力守城，我趁对方饥饿时去攻打他，不超过一个月就可以攻打下来。'如今楚军围困雍氏五个月了还

之以饥，不过一月必拔之。’今围雍氏五月不能拔，是楚病也，楚王始不信昭应之计矣。今公乃征甲及粟于周，此告楚病也。昭应闻此，必劝楚王益兵守雍氏，雍氏必拔。”公中曰：“善。然吾使者已行矣。”代曰：“公何不以高都与周？”公中怒曰：“吾无征甲与粟于周，亦已多矣！何为与高都？”代曰：“与之高都，则周必折[7]而入于韩，秦闻之必大怒，而焚周之节[8]，不通其使。是公以弊高都得完周也，何不与也？”公中曰：“善。”不征甲与粟于周而与高都。楚卒不拔雍氏而去。

没有攻取下来，楚军陷入了困境，楚王开始不相信昭应的计划了。而今您却向西周国征调军队和粮食，这分明是告诉对方韩国陷入困境了。昭应听到消息，一定劝告楚王增兵围攻雍氏，雍氏必会被攻取。”公仲说：“说得好。可是我的使者已经出发了。”苏代说：“您为什么不把高都送给西周国呢？”公仲生气地说：“我不向西周国征调军队、粮食，已经够好了！为什么还要将高都送给它？”苏代说：“送给西周国高都，那么西周国定会转而投靠韩国，秦国听说了肯定会大发雷霆，烧掉西周国的符节，断绝使臣的来往。这样您用残破的高都换到了完整的西周国，为什么不给它呢？”公仲说：“好。”韩国不再向西周国征调军队、粮食，而且将高都相赠。楚军最终攻不下雍氏，只得退兵。

注释

1 **雍氏**：韩国邑城，今河南禹州东北。

2 **苏代**：战国时期的著名纵横家，洛阳（今河南洛阳东）人。苏秦族弟，一说族兄。

3 **高都**：韩国邑城，今河南洛阳龙门南边。

4 **公中**：即韩相公仲。

5 **昭应**：楚将。

6 **楚王**：楚怀王，芈姓，熊氏。他即位早期任用唐昧、屈原等贤才，国势一度非常强盛。后期误用佞臣，排斥屈原等忠臣，致使政治昏庸，内外交困，死于秦国。

7 **折：**反转。

8 **节：**符节，出使外国所需的凭证。

苏厉谓周君

导读

战国时秦国名将白起以摧枯拉朽之势击溃周边强敌。公元前281年，秦昭王派遣白起攻打大梁，苏厉听说此事后面见周君，陈以利害，教之以游说白起之辞。面对白起这样一位能征善战的将军，苏厉巧妙地用养由基射箭的寓言故事，劝诫白起不如称病不出，保住名声。苏厉洞悉人性弱点，抓住白起出道不久、求功心切的心理，晓之以利害，不费吹灰之力即成功说服白起。

原文

苏厉[1]谓周君曰："败韩、魏，杀犀武[2]，攻赵，取蔺、离石、祁者[3]，皆白起[4]，是攻[5]用兵，又有天命也。今攻梁[6]，梁必破，破则周危，君不若止之。谓白起曰：'楚有养由基[7]者，善射，去柳叶者百步而射之，百发百中，左右皆曰善。有

译文

苏厉对周君说："击败韩国、魏国，杀掉犀武，攻击赵国，占领蔺、离石、祁城的人，都是白起，这是因为他擅长用兵，又有天命。现在攻打大梁，大梁必定被攻破，大梁被攻破那么周就危险了，您不如制止他。可对白起说：'楚国有一个叫养由基的人，善于射箭，百步之外射柳叶，百发百中，周

一人过曰："善射，可教射也矣。"养由基曰："人皆曰善，子乃曰可教射，子何不代我射之也？"客曰："我不能教子支左屈右。夫射柳叶者，百发百中而不已[8]善息，少焉气力倦，弓拨矢钩[9]，一发不中，前功尽矣。"今公破韩、魏，杀犀武，而北攻赵，取蔺、离石、祁者，公也。公之功甚多。今公又以秦兵出塞[10]，过两周，践韩而以攻梁，一攻而不得，前功尽灭，公不若称病不出也。'"

围的人都叫好。有一个人经过说："箭射得好，可以教你学习射箭了。"养由基说："人们都说好，你却说可以教我学习射箭，你为什么不代替我来射箭呢？"这人说："我不能教你具体的射箭技巧。射柳叶，百发百中，却不能及时休息，一会儿精疲力尽，弓箭失准，一发不中，前功尽弃。"现在您击败韩国、魏国，杀掉犀武，并且向北攻击赵国，占领蔺、离石、祁城的人，是您。您的功劳太大了。如今您又带领秦国军队出兵殽塞，经过东、西周，践踏韩国，来攻打大梁，一旦攻打不下来，前面的功劳全被抹煞，您不如托病不出兵。'"

注释

1 **苏厉：**苏秦的弟弟。

2 **犀武：**魏将，死于伊阙之战。

3 **蔺、离石：**皆赵地名，在今山西离石一带。**祁：**赵地名，在今山西祁县。

4 **白起：**战国时秦国人，著名军事家，号称"人屠"，后被秦王赐死身亡。

5 **攻：**通"工"，擅长。

6 **梁：**魏都，故魏国又称梁国。

7 **养由基：**养，姓；由基，名。春秋时楚国善射之人。

8 **已：**同"以"。

9 **拨：**反，不正。**钩：**屈。

10 **塞：**指殽塞。

犀武败于伊阙

导读

伊阙之战后西周国濒临危机，周君亲自去魏求救，遭到魏王婉拒。周君在返回途中见到魏国的梁囿，乐而忘忧。谋臣綦母恢利用周君之好，因势利导，为主人出谋划策。他返回大梁游说魏王，充分发挥纵横家所擅长的攻心之术以及威逼利诱的论辩技巧，不仅让魏王将温囿送给了周君，而且成功使魏国出兵戍守西周国边境，可谓一箭双雕。文中周君的昏庸腐朽和綦母恢的睿智聪慧形成了鲜明对比。

原文

犀武败于伊阙[1]，周君之魏求救，魏王[2]以上党[3]之急辞之。周君反，见梁囿[4]而乐之也。綦母恢[5]谓周君曰："温囿[6]不下此，而又近，臣能为君取之。"反见魏王，王曰："周君怨寡人乎？"对曰："不怨，且谁怨王？臣为王有患也。周君，谋主也，而设以国为王捍[7]秦，而王无之捍也，臣见其必以国事秦

译文

魏将犀武在伊阙被秦军打败，周君到魏国求救，魏王以上党战事紧急为由拒绝了。周君回国，在途中看见魏国的梁囿，非常喜欢它。大臣綦母恢对周君说："温囿不比它逊色，而且离我们也近，我可以为您得到它。"綦母恢返回去见魏王，魏王说："周君埋怨我吗？"綦母恢回答说："不埋怨，谁会埋怨大王呢？我认为大王将有祸患了。周君是此次攻秦的主谋，筹划用全国的力量替大王抵御秦军，然而大王

也。秦悉塞外之兵，与周之众，以攻南阳[8]，而两上党绝矣。”魏王曰：“然则奈何？”綦母恢曰：“周君形不利事秦，而好小利。今王许戍三万人，与温囿，周君得以为辞于父兄百姓，而利温囿以为乐，必不合于秦。臣尝闻温囿之利，岁八十金，周君得温囿，其以事王者，岁百二十金，是上党毋患而赢四十金。”魏王因使孟卯[9]致温囿于周君而许之戍也。

却不能捍卫西周国，我以为周君肯定会带着西周国去服事秦国。秦国出动塞外的全部军队，与西周国合兵，攻打南阳，那么韩、魏两国上党的交通就被阻断了。”魏王说：“那该怎么办呢？”綦母恢回答说：“周君是由于形势不利才服事秦国的，他又贪好小利。现在假如大王许诺出兵三万人去驻守西周边境，并将温囿赠送给周君，周君就可以给国人一个交代，同时又满足了他以温囿为乐的私心，必定不会联合秦国。我曾经听说温囿每年收益八十金，周君得到温囿后，每年侍奉大王一百二十金，这样上党消除了忧患，还可以多得四十金。”魏王于是派大臣孟卯把温囿送给周君，并且答应为西周国戍守边境。

注释

1 **犀武败于伊阙**：公元前293年，秦为打通中原通道，与东周、韩、魏联军战于伊阙。秦将白起打败魏将犀武，全歼韩魏联军24万人。犀武，魏国大将，死于此次战役。伊阙，魏邑，今河南洛阳龙门。

2 **魏王**：魏昭王，魏国第五代君主。“战国四公子”之一的信陵君魏无忌即其小儿子。

3 **上党**：春秋时晋国的郡城，在今山西省东南部，后被三家瓜分。此处指魏国上党郡。

4 **梁囿**：魏都大梁郊区供贵族狩猎、游乐用的园林。

5 **綦母恢**：人名。姓綦母，名恢，西周国大臣。

6 **温囿**：魏国温邑地区的园林。

7 **捍(hàn)**：抵御。

8 **南阳：**魏国邑城，在今河南省西南部。

9 **孟卯：**齐人，魏国大臣。亦作“芒卯”。

秦策

卫鞅亡魏入秦

导读

商鞅变法的故事为世人熟知。商鞅从魏国来到秦国,秦孝公委以重任,支持其变法。商鞅严刑酷法,公正无私,使秦国走上了富国强兵之路。但商鞅在变法的同时也得罪了大批权贵,而且他对待民众刻薄寡恩,穷兵黩武,为其人生悲剧埋下了隐患,最终被五马分尸。文章以叙事为主,简单勾勒了商鞅后半生的人生悲剧。叙事语言简练,惜字如金,三言两语即将事情交代得清清楚楚。人物语言虽出于无名士之口,但极具杀伤力,字字见血,剑剑封喉,欲置人于死地而后快。作者行文笔力千钧,却能举重若轻,善度金针,以呼应之法揭示了商鞅命运的悲剧原因,发人深省。

原文

卫鞅[1]亡魏入秦,孝公[2]以为相,封之于商[3],号曰商君。商君治秦,法令至行,公平无私,罚不讳强大,赏不私亲近。法及太子,黥劓其傅[4]。期年[5]之后,道不拾遗,民不妄取,兵革大强,诸

译文

卫鞅逃离魏国来到秦国,秦孝公任用他为相国,把商地分封给他,号称商君。商君治理秦国,法令彻底施行,公正无私,惩罚不回避有权势的人,奖赏不偏袒关系亲近的人。执法涉及太子,对其老师处以脸上刻字和割鼻的刑罚。一年之后,路上行人不捡拾别人丢掉的东西,百姓不妄取不义的钱财,军队实力非常强大,诸侯都感到害怕。然而

侯畏惧。然刻深寡恩，特以强服之耳。孝公行之八年[6]，疾且不起，欲传商君，辞不受。孝公已死，惠王[7]代后，莅政有顷，商君告归。

商君刻薄少恩，只不过是用强力来压服百姓罢了。秦孝公实行商鞅之法十八年，重病不起，想要把君位传给商鞅，商鞅拒绝不接受。孝公死后，惠王即位，执政不久，商鞅请求返回自己的封地。

注释

1 **卫鞅：**即商鞅，战国时期著名改革家，本卫国公子，姬姓，公孙氏，故又称卫鞅、公孙鞅。卫鞅不为魏国所用，且有被杀危险，遂亡秦，秦孝公任命他实行变法，因功封于商，号商君。孝公死后，商鞅受诬陷，战败而死，尸身被秦惠王下令车裂。

2 **孝公：**秦孝公，嬴姓，名渠梁，秦献公之子，在位 24 年，谥号"孝"。在位期间任用商鞅实行变法，国力日益强大，为秦后来统一中国打下了坚实的基础。

3 **商：**地名。今陕西商州东南。

4 **黥(qíng)劓(yì)其傅：**因太子犯法，太子老师代处以脸上刻字和割鼻的刑罚。黥，脸上刻字。劓，割鼻子。

5 **期(jī)年：**一年。

6 **行之八年：**此处与史实不符，当为十八年。

7 **惠王：**秦惠王嬴驷，孝公之子，即前述犯法的太子。

原文

人说[1]惠王曰："大臣太重者国危，左右太亲者身危。今秦妇人婴儿皆言商君之法，莫言大王之法，是商君反为主，大王更为臣也。且夫商君固大王仇雠[2]也，愿大王图之。"商

译文

有人游说秦惠王说："大臣权力过大会危害国家，身边的人亲近过头会危害自身。如今秦国的妇女儿童都说商鞅的法令，没有人说是大王的法令，这是商鞅反身为主，大王变成了臣下。况且商鞅本来就是大王的仇人，希望大王想办法对付他。"商鞅(战死后尸体)被运回国

君归还，惠王车裂[3]之，而秦人不怜。

都，秦惠王下令将其五马分尸，秦国没有人同情他。

注释

1 **说**(shuì)：劝说，游说。

2 **仇雠**(chóu)：仇人。

3 **车裂**：俗称“五马分尸”，古代酷刑的一种。

苏秦始将连横说秦惠王

导读

本文记述的是战国时期纵横家苏秦游说秦王失败，进而发愤图强，最终成功说服赵王，由布衣变为卿相的故事。文章某些地方与史实不符，显然出于作者的虚构加工，表现出鲜明的文学色彩。首先，苏秦形象给人留下了深刻的印象。文中主要通过两件事刻画这一人物。其一，他游说秦王时口若悬河、妙语连珠、博古通今，体现了一个优秀纵横家的形象。其二，他游说秦王失败后锥刺股，发愤读书，体现了一个知耻后勇的励志士子形象。其次，文章语言长短结合，参差错落，极排比、夸张之能事，表现出战国时期铺张扬厉、辩丽横肆、气势充沛的文风。再次，运用对比的手法刻画人物，剖析人物内心世界，反映出那个时代以追求权势富贵为目的的功利主义人生观。

原文

苏秦[1]始将连横[2]说秦惠王曰："大王之国，西有巴蜀[3]、汉中[4]之利，北有胡貉[5]、代马[6]之用，南有巫山[7]、黔中[8]之限，东有肴[9]、函[10]之固。田肥美，民殷富，战车万乘，奋击[11]百万，沃野千里，蓄积饶多，地势形便，此所谓天府，天下之雄国也！以大王之贤，士民之众，车骑之用，兵法之教，可以并诸侯，吞天下，称帝而治。愿大王少[12]留意，臣请奏其效。"

秦王曰："寡人闻之：毛羽不丰满者不可以高飞，文章[13]不成者不可以诛罚，道德不厚者不可以使民，政教不顺者不可以烦大臣。今先生俨然不远千里而庭教之，愿以异日。"

译文

苏秦起初主张连横战略，游说秦惠王说："大王的国家，西边有巴蜀、汉中的有利地形，北边有胡貉、代马等地的丰富物产，南边有巫山、黔中的阻隔，东边有崤山、函谷关的坚固屏障。土地肥沃，百姓富裕，拥有战车万辆，勇士百万，良田千里，粮食储备充足，地理形势极为有利，这就是所谓的天然府库，雄霸天下的强国啊！凭借大王的贤明，军队、百姓的众多，战车、骑兵的使用，兵法的训练，可以用来兼并诸侯各国，吞并天下，尊称帝王而统治天下了。希望大王稍加用心，让我陈述夺取天下的方法。"

秦王说："我听说：鸟儿羽毛不丰满的不能够高飞，法令不健全的不能够诛杀惩罚，道德不深厚的不能够役使人民，政治教化不顺从民意的不能够烦劳大臣。现在先生严肃庄重地不远千里来到秦国朝廷上指教我，希望他日再聆听教诲。"

注释

1 **苏秦：**战国时期著名纵横家，字季子，东周洛阳人。先是游说秦王主张连横，失败后主张合纵，受燕王赏识，助其财资，游说五国，成功合纵，被任命约为纵长，兼佩六国相印。后来联盟瓦解，来往于燕、齐，在齐国因与众大夫争宠被刺杀。

2 **连横**:战国时的一种外交与军事战略,与“合纵”相对,指东方六国分别与秦国结盟。

3 **巴蜀**:先秦时期的中国西南地区称“巴蜀”,在今重庆、四川一带。

4 **汉中**:地名。古称南郑、梁州,今陕西西南部和湖北西部地区。

5 **胡貉**(hé):胡地所产的貉。胡,指古代北方少数民族。貉,指一种似狐狸的哺乳动物,皮毛可做裘。一说胡貉(mò),泛指古代北方少数民族。貉,指东北方少数民族。

6 **代马**:北地所产良马。代,今山西东北一带。一说“代马”指地名。

7 **巫山**:山名。在今重庆、湖北交界处,形似“巫”字,故称“巫山”。长江穿流其中,成为长江三峡之一的巫峡。

8 **黔中**:郡名,战国楚置。辖境约当今湖南省西部和贵州省东部,后地入秦。

9 **肴**(xiáo):亦作“崤”“殽”,山名。在今河南洛宁。

10 **函**:函谷关,在今河南灵宝。

11 **奋击**:能奋勇击敌的战士。一说勇士之类的兵种。

12 **少**:稍微。

13 **文章**:法令。

原文

苏秦曰:“臣固疑大王之不能用也。昔者神农[1]伐补遂[2],黄帝[3]伐涿鹿[4]而禽蚩尤[5],尧[6]伐驩兜[7],舜[8]伐三苗[9],禹[10]伐共工[11],汤[12]伐有夏[13],文王[14]伐崇[15],武王[16]伐纣[17],齐桓[18]任战而伯[19]天下。由此观之,恶有不战者乎?

译文

苏秦说:“我本来就怀疑大王不会接受我的建议。从前神农氏讨伐补遂,黄帝讨伐涿鹿而擒获蚩尤,唐尧讨伐驩兜,虞舜讨伐三苗,夏禹讨伐共工,商汤讨伐夏桀,周文王讨伐崇,周武王讨伐商纣王,齐桓公凭借战争称霸天下。由此看来,哪里有不通过战争来成就霸业的呢?古时各国使者的车马穿梭在路上,车毂相接,以口头言语缔结盟约,天下成为一体;诸侯之间或合纵或连横,导致战争连年不断;谋臣策士竞相巧言辩说,使得诸侯

古者使车毂击驰[20]，言语相结，天下为一；约从连横[21]，兵革不藏；文士并饬[22]，诸侯乱惑；万端俱起，不可胜理；科条[23]既备，民多伪态；书策稠浊[24]，百姓不足；上下相愁，民无所聊；明言章理，兵甲愈起；辩言伟[25]服，战攻不息；繁称文辞，天下不治；舌弊耳聋[26]，不见成功；行义约信，天下不亲。于是，乃废文任武，厚养死士，缀甲厉兵[27]，效胜[28]于战场。夫徒处而致利，安坐而广地，虽古五帝[29]、三王[30]、五伯[31]，明主贤君，常欲坐而致之，其势不能，故以战续之。宽则两军相攻，迫则杖戟相橦，然后可建大功。是故兵胜于外，义强于内；威立于上，民服于下。今欲并天下，凌万乘，诎[32]敌国，制海内，子元元[33]，臣诸侯，非兵不可！今之嗣主，忽于至道，皆惛[34]于教，乱于治，迷于言，惑于语，沉于辩，溺于辞。以此论之，王固不能行也。"

昏乱困惑；各种事端纷纭而起，一时无法应付处理；法令条例已经完备，百姓却更加虚伪欺诈；文书简策繁复杂多，百姓却生活贫困；君臣上下愁苦相对，人民无所依赖；道理清楚明晰，战事却频繁不断；说客们能言善辩穿着奇装异服，战争却不能停息；谋士们繁复说教、玩弄文辞，天下越是难以治理；辩士们舌头说坏，君王耳朵听聋，然而还是没有成功；实行道义、以诚信相交，天下还是不能和睦相处。这样一来，就废弃文治、崇尚武力，用丰厚的报酬蓄养敢死之士，制作坚甲、磨砺兵器，到战场上去取得胜利。无所事事闲居而获得好处，安逸地坐着而开拓疆土，即使是上古五帝、三王、五霸那样贤明的君主，常常想坐着就达到这样的效果，但客观形势不允许，所以最终用战争来实现目的。距离远就发动军队互相攻击，距离近就用杖戟互相搏斗，然后可以建立大功。因此，对外用武力取得胜利，对内用仁义加强统治；君主在朝廷上树立起威势，百姓自然在下面臣服。如今想要吞并天下，凌驾大国，臣服敌国，征服海内，抚育百姓，使诸侯俯首称臣，非用武力不可！现在的君王们忽略了最根本的大道，都不懂得教化百姓，缺少治理国家的有效方法，迷惑于言语，沉浸在诡辩浮辞之中。由此来看，大王本来就不会采纳我的建议。"

注释

1 **神农:**相传为太古帝王。教民耕种,兴农业,故称“神农氏”。一说称“炎帝”。

2 **补遂:**古代部落名。

3 **黄帝:**相传为古部落联盟首领,华夏各族的共同祖先。又称“轩辕氏”。

4 **涿(zhuō)鹿:**地名。在今河北涿鹿。

5 **蚩尤:**相传为上古九黎族部落首领。

6 **尧:**相传为上古帝王。帝喾之子,号“放勋”,因封于唐,称“陶唐氏”。

7 **驩(huān)兜:**相传为尧舜时的部落首领。

8 **舜:**相传为上古帝王。姚姓,妫氏,名重华,号“有虞氏”。

9 **三苗:**古部落名,主要分布在长江中游以南一带。

10 **禹:**夏朝开国君主。传说治水有功,舜将帝位禅让给禹。大禹治水三过家门而不入的故事为后人广为传颂。

11 **共工:**古代传说人物,曾为尧的大臣,与驩兜、三苗、鲧并称为“四凶”,后被流放于幽州。

12 **汤:**商朝开国之君。契的后代,子姓,名履,又称“天乙”。汤举兵讨伐无道的夏桀,建立商朝,定都亳。

13 **有夏:**即夏朝。

14 **文王:**即周文王。姬姓,名昌,商朝诸侯,称“西伯侯”。其子武王灭商建立周朝后,追尊其为文王。

15 **崇:**商朝的附属小国。

16 **武王:**周武王,名发,文王之子。起兵推翻商纣王,建立周朝。

17 **纣:**商纣王,子姓,名辛,谥号“纣”。在位时荒淫暴政,最终于牧野被武王击败,自焚而亡。

18 **齐桓:**齐桓公,姜姓,吕氏,名小白,齐国国君,在管仲辅佐下成为春秋时期的霸主。

19 **伯:**通“霸”。

20 **车毂(gǔ)击驰:**车子来往奔驰,车毂互相撞击,形容车辆多又急。毂,车轮中心突出的部分。

21 **约从连横:**即合纵连横。合纵,南北为纵,六国联合共同对付秦国的外交军事战略。

22 **饬:**通“饰”,巧饰。

23 **科条:**法令条文。一说量器。

24 **书策稠浊:**文书、简策繁多杂乱。

25 **伟:**奇特。

26 **舌弊耳聋:**舌头说坏,耳朵听聋。

27 **缀甲厉兵:**制作战甲,磨砺兵器。缀甲,把皮革铁片连缀成战甲。厉,“砺”的本字,磨刀石,引申为磨砺。

28 **效胜:**制胜。

29 **五帝:**相传上古五个帝王,分别是黄帝、颛顼(zhuān xū)、帝喾(kù)、唐尧、虞舜。一说伏羲、炎帝、黄帝、少皞、颛顼。

30 **三王:**夏禹、商汤、周文王与武王。

31 **五伯:**即“五霸”,齐桓公、晋文公、楚庄公、吴王阖闾(hé lǘ)、越王勾践。一说齐桓公、晋文公、宋襄公、楚庄公、秦缪公。

32 **诎(qū):**屈服。

33 **子元元:**以百姓为子。元元,百姓。

34 **惛:**不明了,糊涂。

原文

说秦王书十上而说不行。黑貂[1]之裘弊,黄金百斤尽,资用乏绝,去秦而归。羸縢履蹻[2],负书担橐[3],形容枯槁,面目犁黑[4],状有归[5]色。归至家,妻不下纴[6],嫂不为炊,父母不与言。苏秦喟然叹曰:“妻不以我为夫,嫂不以我为叔,父母不以我为子,

译文

苏秦游说秦惠王的奏章上了十次,但游说并没有成功。他的黑貂皮衣穿破了,百斤黄金用尽了,生活费用来源断绝了,不得不离开秦国回家。他缠着绑腿,穿着草鞋,背着书箱,挑着布袋,面容枯槁,脸色黝黑,脸上露出愧疚的神色。回到家里,妻子不下织布机,嫂子不给他做饭,父母不跟他说话。苏秦感叹地说:“妻子不把我看作丈夫,嫂子不把我看作小叔,父母不把我看作儿子,这都是我苏秦的罪过

是皆秦之罪也。”乃夜发书，陈箧数十，得太公《阴符》[7]之谋，伏而诵之，简练以为揣摩。读书欲睡，引锥自刺其股，血流至足。曰：“安有说人主不能出其金玉锦绣、取卿相之尊者乎？”期年，揣摩成，曰：“此真可以说当世之君矣！”

于是乃摩[8]燕乌集阙[9]，见说赵王于华屋之下，抵掌[10]而谈。赵王大悦，封为武安君，受相印，革车百乘，锦绣千纯[11]，白璧百双，黄金万溢[12]，以随其后，约从散横，以抑强秦。

啊。”于是当夜取出藏书，打开数十个书箱，找到姜太公所著的名为《阴符》的谋略兵书，伏案诵读，选择精练的地方反复研读。当读书睡意来袭时，就拿起锥子自己扎自己的大腿，鲜血一直流到脚跟。他说：“哪里有游说君主不能得到金玉锦绣、取得卿相尊位的呢？”一年之后，学有所成，说：“这次真的能够说服天下各国的君主了！”

于是苏秦来到燕乌集阙，在华美的宫殿上游说赵王，相谈甚欢。赵王非常高兴，封他为武安君，授给他相印，赠给他战车百辆、锦缎千匹、白璧百双、黄金万镒，跟随他身后，联合诸侯国组成合纵战线瓦解连横，来抑制强大的秦国。

注释

1 **黑貂**：紫貂，皮毛极为珍贵，可制作裘。

2 **嬴**：缠绕。**縢**(téng)：绑腿布。**屩**(juē)：草鞋。

3 **橐**(tuó)：囊，口袋。

4 **犁黑**：即“黧黑”。

5 **归**：通“愧”，惭愧。

6 **纴**(rèn)：织布机。

7 **太公**：姜尚，名望，字子牙，俗称“姜太公”，周朝建国功臣，被文王封为“太师”。**《阴符》**：传说为姜太公写的一部兵书。

8 **摩**：接近。

9 **燕乌集阙**：古阙名，今地不详。

10 **抵(zhǐ)掌:**拍掌,击掌。

11 **纯:**匹。

12 **溢:**通"镒",古代重量单位,二十两(一说二十四两)为一镒。

原文

故苏秦相于赵而关不通。当此之时,天下之大,万民之众,王侯之威,谋臣之权,皆欲决苏秦之策。不费斗粮,未烦一兵,未战一士,未绝一弦,未折一矢,诸侯相亲,贤于兄弟。夫贤人在而天下服,一人用而天下从。故曰:式[1]于政,不式于勇;式于廊庙[2]之内,不式于四境之外。当秦之隆,黄金万溢为用,转毂连骑,炫熿[3]于道,山东[4]之国,从风而服,使赵大重。且夫苏秦特[5]穷巷掘门[6]、桑户棬枢[7]之士耳,伏轼撙衔[8],横历天下,廷说诸侯之王,杜[9]左右之口,天下莫之能伉[10]。

译文

于是苏秦做了赵国的相国,秦国的函谷关从此交通断绝。在这个时候,天下如此广大,百姓如此众多,王侯如此威武,谋臣如此有权势,却都要听从苏秦的决策。没有浪费一斗粮食,没有使用一件兵器,没有出动一名士兵,没有拉断一根弓弦,没有折损一只箭头,盟国君主互相结交,胜过兄弟。这真是贤能的人在位而四海归服,一人得到任用而天下顺从。所以说:能用政治解决的,就不动用武力;能在朝廷上解决的,就不拿到国外。当苏秦最为辉煌时,有万镒黄金供他使用,路上车马相拥,耀武扬威,崤山以东的国家,像顺风倒下一样归服,使赵国地位大增。苏秦只不过是一个生活在穷巷陋屋中的贫寒之士罢了,如今驱驰战车,横行天下,在各国朝廷上游说君王,使大臣们哑口无言,天下没有人能与他抗衡。

注释

1 **式:**施用。

2 **廊庙:**朝廷。

3 **炫熿:**显耀。

4 **山东:**战国时称崤山或华山以东的地区。

5 **特:**只是。

6 **掘门:**挖墙洞做门。

7 **棬(quán)枢:**用曲木做门轴。

8 **轼(shì):**古时车厢前用作扶手的横木。**撙(zǔn)衔:**勒住马嚼子,以控制马匹。

9 **杜:**堵塞。

10 **伉:**通"抗",抵挡。

原文

将说楚王,路过洛阳。父母闻之,清宫除道,张乐设饮,郊迎三十里。妻侧目而视,倾耳而听;嫂蛇行匍伏,四拜自跪而谢。苏秦曰:"嫂何前倨而后卑也?"嫂曰:"以季子之位尊而多金。"苏秦曰:"嗟乎!贫穷则父母不子,富贵则亲戚畏惧。人生世上,势位富贵,盖[1]可忽乎哉?"

译文

苏秦将要去游说楚王,路上经过洛阳。他的父母听到消息,急忙打扫房屋、清理街道,张罗乐队、设置酒宴,到城外三十里远的地方迎接。妻子斜着眼睛看他,竖起耳朵听他说话;嫂子像蛇一样匍匐前行,拜了四拜后跪下向苏秦赔罪。苏秦说:"嫂子为什么以前那么傲慢,现在却这么谦卑呢?"嫂子说:"因为小叔您现在地位尊贵,又有那么多钱财啊。"苏秦感叹说:"唉!一个人贫穷的时候连父母都不把他当儿子,富贵了连亲戚都敬畏惧怕。人活在世上,权势和财富这两样东西,怎么能忽视呢?"

注释

1 **盖:**通"盍"。

张仪说秦王

导读

本文是一篇优秀的纵横家文章，但作者是谁历来备受争议。旧题为张仪所作的说法因作品内容多为张仪死后之事已被学界否认。有人认为出自韩非子之手，因此文又见于《韩非子·初见秦》，但亦有人提出不同看法。此外还有作者为范雎、吕不韦等说法，并无证据。要之，作者应为秦昭王时的某位纵横家。文章针对当时的政治形势，先将合纵阵营的"三亡"形势与秦军的赏罚分明、英勇善战进行对比，接着又将秦国的军力国威与当下处境的困窘进行对比，从而提出谋臣皆不尽忠的观点。然后从战争决定生死存亡的角度，以秦与楚、魏、赵的三次大战在大好形势下半途而废的事例对观点作具体阐述，从而深入分析秦国疲敝的原因，最后又以武王伐纣、赵襄子灭智的故事，从正面说明秦国具有一举击破合纵联盟、兼并天下的条件和气势。文章环环相扣，结构严谨，逻辑缜密，条理清晰，气势磅礴，纵横捭阖，极策士游说之能事。

原文

张仪说秦王[1]曰："臣闻之，弗知而言为不智，知而不言为不忠。为人臣不忠当死，言不审[2]亦当死。虽然，臣愿悉言

译文

张仪游说秦昭王说："我听说，不知道却信口开河是不明智的，知道却闭口不言是不忠诚的。作为人臣却不忠诚应当被处死，言语不谨慎也应当被处死。尽管这样，我愿意把我所听到的全部讲出来，希望大

所闻，大王裁其罪。臣闻，天下阴燕阳魏[3]，连荆固齐[4]，收余韩[5]成从[6]，将西面以与秦为难。臣窃笑之。世有三亡而天下得之，其此之谓乎！臣闻之曰：'以乱攻治者亡，以邪攻正者亡，以逆攻顺者亡。'今天下之府库[7]不盈，囷仓[8]空虚，悉其士民，张军数十百万，白刃在前，斧质[9]在后，而皆去走不能死。非其百姓不能死也，其上不能杀也。言赏则不与，言罚则不行，赏罚不行，故民不死也。

王裁定我的罪过。我听说，赵国北面结好燕国，南面结好魏国，联合楚国，结交齐国，收服残破的韩国建立了合纵战线，打算向西边与秦国为敌。我私下感到很可笑。世上有三种亡国的情况，然而这些国家都具备了，说的就是这个吧！我听说：'用混乱的国家攻打安定的国家一定灭亡，用邪恶的国家攻打正直的国家一定灭亡，用违背道义的国家攻打顺从道义的国家一定灭亡。'如今这些国家仓库储藏的货财匮乏，粮仓空虚，发动他们全部的民众，扩充成号称上百万人的军队，明晃晃的刀剑在前面威胁，阴森森的斧钺在后面逼迫，然而都临阵脱逃，不能为国家赴死。这并非他们的百姓们不能为国捐躯，而是上面不能严格执法。承诺的奖赏并不兑现，制定的惩罚并不施行，奖赏和惩罚不能严格执行，所以百姓们不能以死报国。

注释

1 **张仪**：战国著名纵横家，魏国人，曾任秦国、魏国相国，主张连横，成功瓦解苏秦合纵之战略。**秦王**：秦昭王，秦惠王之子，在位 56 年，期间任用范雎，远交近攻，为秦国的发展做出了很大贡献。

2 **审**：疑作"当"，一说"悉"义，一说谨慎。

3 **阴燕阳魏**：此处指赵国为合纵长，北面结好燕国，南面结好魏国。阴，北面。阳，南面。

4 **连荆固齐**：联合楚国，结交齐国。荆，楚国。固，结。

5 **余韩**：此处指韩国已失去很多土地，故以"余韩"称之。

6 **从:**通“纵”。

7 **府库:**财货储藏之所。

8 **囷(qūn)仓:**粮仓。圆形的称“囷”,方形的称“仓”。

9 **斧质:**斧子与铁椹,古时刑具,杀人时将人置于铁椹上,以斧砍之。质,通“锧”。

原文

“今秦出号令而行赏罚,有功无功相事[1]也。出其父母怀衽[2]之中,生未尝见寇也,闻战,顿足徒裼[3],犯白刃,蹈煨炭[4],断死于前者比是也。夫断死与断生也不同,而民为之者是贵奋也。一可以胜十,十可以胜百,百可以胜千,千可以胜万,万可以胜天下矣。今秦地形,断长续短,方数千里,名师数百万,秦之号令赏罚,地形利害,天下莫如也。以此与[5]天下,天下不足兼而有也。是知秦战未尝不胜,攻未尝不取,所当未尝不破也。开地数千里,此甚大功也!然而甲兵顿[6],士民病,蓄积索[7],田畴荒,囷仓虚,四邻诸侯不服,伯王之名不成,此无异故,谋臣皆不尽其忠也。

译文

“现在秦国发布命令,赏罚分明,有功无功分得很清楚。人们在父母的怀抱中成长,生来从没见过敌寇,听说国家打战,就跺着脚赤膊上阵,迎着刀山,跳入火海,战死于前线的比比皆是。要知道战死沙场和苟且偷生是截然不同的,而老百姓甘愿以死报国,这是因为国君崇尚奋勇杀敌的缘故。一人能够战胜十人,十人能够战胜百人,百人能够战胜千人,千人能够战胜万人,万人能够战胜全天下人。现在秦国的疆土,取长补短,方圆几千里,精兵数百万,秦国政令严格,赏罚分明,地形优越,天下没有哪个国家能比得上。凭这些条件来攻取天下,天下是不难被兼并的。由此可知秦国战无不胜,攻无不克,所向披靡。拓展疆域几千里,这是多么伟大的功绩啊!然而秦国兵马劳顿,百姓疲病,积蓄匮乏,田园荒芜,粮仓空虚,周边诸侯不服气,王霸之业并没有建立,这没有别的原因,是谋臣们都没有尽其忠诚罢了。

注释

1 **事**：治理。此处谓分别其有功无功，不混淆。

2 **衽**：衣襟。

3 **顿足**：跺脚。**徒裼(xī)**：赤脚裸身。徒，赤脚。裼，袒露上身。

4 **煨(wēi)炭**：火炭。

5 **与**：举，攻取。

6 **顿**：劳顿，疲乏。

7 **索**：尽。

原文

“臣敢言往昔。昔者齐南破荆[1]，中破宋[2]，西服秦[3]，北破燕[4]，中使韩、魏之君[5]，地广而兵强，战胜攻取，诏令天下，济清、河浊，足以为限，长城、巨坊，足以为塞。齐，五战之国也，一战不胜而无齐[6]。故由此观之，夫战者万乘之存亡也。且臣闻之曰：‘削株掘根，无与祸邻，祸乃不存。’秦与荆人战，大破荆，袭郢[7]，取洞庭[8]、五都[9]、江南[10]。荆王亡走，东伏于陈[11]。当是之时，随荆以兵则荆可举，举荆则其民足贪也，地足利也。东以强齐、燕，中陵三晋。然则是一举而伯王之

译文

“我大胆地谈谈过去的事。以前齐国南边击败了楚国，中部灭掉了宋国，西边制服了秦国，北边攻破了燕国，中部驱使韩、魏国君听从自己的指挥，土地广阔、军队强大，战无不胜，攻无不克，诏令天下诸侯，清澈的济水和浑浊的黄河足以作为防线，长城和大堤足以作为要塞。齐国，是五战五胜的军事强国，但一次战争失败就亡国了。所以由此看来，战争决定着大国的生死存亡。况且我听说：‘砍树要挖根，不要与祸患为邻居，祸患才不会存在。’秦国和楚人作战，大败楚军，攻下楚国郢都，占领了洞庭、五都、江南一带。楚王仓皇而逃，躲在东边的陈城里。这个时候，假如举兵穷追不舍，那么就可一举吞并楚国，吞并楚国，那么就可以占有它的百姓，利用它的土地。东边可以对抗齐国、燕国，中部可以进攻

名可成也，四邻诸侯可朝也。而谋臣不为，引军而退，与荆人和，令荆人收亡国，聚散民，立社主，置宗庙，令帅天下西面以与秦为难，此固已无伯王之道一矣。

韩、赵、魏三国。如果这样就可以一举成就霸王之名，四邻的诸侯都来朝服。然而谋臣没有这样做，反而指挥军队撤退，与楚国讲和，使楚国能收回丢失的国土，聚集流亡的人民，重新建立社稷之主与宗庙，使它率领天下诸侯向西和秦国为敌，这也就失去了成为天下霸主的第一次机会。

注释

1 **南破荆：**公元前301年，齐与秦在重丘击败楚国。

2 **中破宋：**公元前286年，齐灭宋。

3 **西服秦：**公元前298年，齐、魏、韩三国攻秦。

4 **北破燕：**公元前296年，齐国破燕军。

5 **中使韩、魏之君：**韩、魏两国支持齐国攻楚伐秦。

6 **一战不胜而无齐：**公元前284年，燕将乐毅联合秦、魏、韩、赵攻取齐国七十余城，破都城临淄，齐王逃走。

7 **郢：**楚国国都，在今湖北荆州。

8 **洞庭：**洞庭湖。

9 **五都：**即“五渚”，湘水、沅水、资水、澧水同注洞庭，北入长江，此地名五渚。

10 **江南：**楚国南部地区。此处主要指贵州地区。

11 **陈：**陈城，今河南淮阳。

原文

“天下有比志[1]而军华下，大王以诈破之，兵至梁郭，围梁数旬，则梁可拔，拔梁则魏可举，举

译文

“天下诸侯齐心协力，驻军在华阳城下，大王用奇谋击败他们，出兵到魏国都城大梁，围困大梁数十天，就可以攻下大梁；攻下大梁，魏国就被攻下；攻下魏国，

魏则荆、赵之志绝，荆、赵之志绝则赵危，赵危而荆孤。东以强齐、燕，中陵三晋，然则是一举而伯王之名可成也，四邻诸侯可朝也。而谋臣不为，引军而退，与魏氏和，令魏氏收亡国，聚散民，立社主，置宗庙，此固已无伯王之道二矣。前者穰侯[2]之治秦也，用一国之兵，而欲以成两国[3]之功。是故兵终身暴露于外，士民潞病[4]于内，伯王之名不成，此固已无伯王之道三矣。

那么楚、赵联合抗秦的计划就会瓦解；楚、赵联合抗秦的计划瓦解，那么赵国就危险了；赵国危险，楚国就孤立了。秦国向东可以对抗齐国、燕国，中部可以进攻韩、赵、魏三国，如果这样，就可以一举成就霸王的名声，四邻的诸侯都来朝服。然而谋臣没有这样做，反而指挥军队撤退，与魏国讲和，使魏国能收回丢失的国土，聚集流亡的人民，重新建立社稷之主与宗庙，这也就失去了成为天下霸主的第二次机会。以前穰侯治理秦国，用一国的兵力，却想成就两国的功业。因此士兵们常年在野外征战，国内民众疲敝困乏，霸王的名声不能树立，这也就失去了成为天下霸主的第三次机会。

注释

1 **比志**：同心。

2 **穰(ráng)侯**：秦将魏冉，秦昭王的舅父，屡有战功，封邑于穰，故称“穰侯”。

3 **两国**：魏冉利用秦国军队开拓自己的封地，故讽言“两国”。

4 **潞(lù)病**：疲病困乏。潞，困羸。

原文

“赵氏，中央之国也，杂民之所居也。其民轻而难用，号令不治，赏罚不信，地形不便，上非能尽其民力，

译文

“赵国，处于燕、齐、秦、魏四国的中间，各国人民都杂居在那里。那里的百姓轻浮难治，国家号令不严，赏罚无信，地形不利，国君又不能充分发挥百姓的力量，本来就有亡国的形势了，又不关心他的百姓，却发动全国的

彼固亡国之形也，而不忧民氓[1]，悉其士民，军于长平[2]之下，以争韩之上党[3]，大王以诈破之，拔武安[4]。当是时，赵氏上下不相亲也，贵贱不相信，然则是邯郸[5]不守，拔邯郸，完[6]河间[7]，引军而去，西攻修武[8]，逾羊肠，降代[9]、上党。代三十六县，上党十七县，不用一领甲，不苦一民，皆秦之有也。代、上党不战而已为秦矣，东阳[10]、河外[11]不战而已反为齐矣，中山[12]、呼沱[13]以北不战而已为燕矣。然则是举赵则韩必亡，韩亡则荆、魏不能独立，荆、魏不能独立，则是一举而坏韩、蠹[14]魏、挟荆，以东弱齐、燕，决白马[15]之口以流魏氏，一举而三晋亡，从者败。大王拱手以须[16]，天下遍随而伏，伯王之名可成也。

军民驻守在长平城下，来争夺韩国的上党，大王用计谋击败它，攻下武安。这个时候，赵国君臣上下不相亲近，官吏和百姓互不信任，既然这样邯郸必不能坚守，一旦攻下邯郸，全部吞并河间，接着带领军队离开，向西攻取修武，穿越羊肠险塞，降服代郡和上党郡。代郡有三十六个县，上党郡有十七个县，不动用一兵甲，不伤害一百姓，便全归秦国所有。代郡、上党郡不需战争就为秦国所有，东阳、河外不需战争就为齐国所有，中山、呼沱以北不需战争就为燕国所有。既然这样，一旦攻下赵国，那么韩国必然灭亡；韩国灭亡，那么楚国、魏国就不能独存；楚国、魏国不能独存，那么就可以一举破坏韩国、侵蚀魏国、挟持楚国，向东削弱齐国和燕国，掘开白马渡口，水淹魏国，一举而灭掉韩、赵、魏三国，合纵联盟就失败了。大王只需拱手等待，天下诸侯便相继臣服，称霸天下的名声就树立起来了。

注释

1 **氓(méng)：**古时指外来的人民。

2 **长平：**地名。赵邑。今山西高平西北。长平之战，秦将白起大败赵将赵括，坑杀降卒四十余万于此。

3 **上党：**郡名。韩、赵两国各置一郡，后韩郡归赵。在今山西长治北边。

4 **武安:**地名。赵邑。在今河北邯郸西部。
5 **邯郸:**赵国国都。在今河北邯郸。
6 **完:**净尽,没有剩余。
7 **河间:**位于漳水和黄河之间,赵国东部地区。
8 **修武:**地名。赵邑。在今河南修武东。
9 **代:**赵郡名。在今山西省东北部。
10 **东阳:**赵地。在今河北省太行山以东。
11 **河外:**清河以东,在今河北清河、山东武城一带。
12 **中山:**国名。在今河北定州、唐县一带,最终为赵所灭。
13 **呼沱:**即滹沱河,发源于山西繁峙,经河北省,流入古漳水。
14 **蠹:**害,指侵犯。
15 **白马:**黄河津渡名,在今河南滑县东。
16 **须:**等待。

原文

“而谋臣不为,引军而退,与赵氏为和。以大王之明,秦兵之强,伯王之业也,曾不可得,乃取欺于亡国,是谋臣之拙也。且夫赵当亡不亡,秦当伯不伯,天下固量秦之谋臣一矣。乃复悉卒以攻邯郸,不能拔也,弃甲兵弩,战栗而却,天下固量秦力二矣。军乃引退,并于李[1]下,大王又并军而致与战,非能厚胜之也,又交罢却,天下

译文

“然而谋臣没有这样做,反而带兵撤退,与赵国讲和。凭大王的贤明,秦军的强大,可以成就霸王的功业了,竟然不能成功,反而被即将灭亡的赵国欺负,这是谋臣的愚笨造成的。况且赵国该灭亡却没有灭亡,秦国该称霸却没能称霸,天下诸侯已经看透了秦国的谋臣,此其一。秦国又率领全部的兵力攻打邯郸,没有攻下,丢弃盔甲、兵器,吓得浑身发抖,狼狈退却,天下诸侯已经看透了秦军的实力,此其二。秦军于是退却,集合在李城下,大王又合军极力与之战,未能大获全胜,又使军队疲敝而退却,天下诸侯已经摸清

固量秦力三矣。内者量吾谋臣,外者极[2]吾兵力。由是观之,臣以天下之从岂其难矣。内者吾甲兵顿,士民病,蓄积索,田畴荒,囷仓虚;外者天下比志甚固。愿大王有以虑之也。

了秦军实力,此其三。诸侯们对内看透了我们的谋臣,对外摸清了我们的军队实力。由此看来,我认为诸侯各国组成合纵战线就不难了。现在秦国国内军队困乏,百姓疲病,蓄积用尽,田地荒芜,粮仓空虚;而国外诸侯联合抗秦的决心非常坚固。希望大王考虑这些情况。

注释

1 **李:**即李城,赵邑。今河南温县东。

2 **极:**衡量。

原文

"且臣闻之,战战栗栗,日慎一日。苟慎其道,天下可有也。何以知其然也?昔者纣为天子,帅天下将甲百万,左饮于淇谷[1],右饮于洹水[2],淇水竭而洹水不流,以与周武为难。武王将素甲[3]三千领,战一日,破纣之国,禽[4]其身,据其地,而有其民,天下莫伤。智伯[5]帅三国之众,以攻赵襄主[6]于晋阳[7],决水灌之,三年,城且拔矣。襄主错龟[8]、数策[9]、占兆[10],以视利害,何国可降,而使张孟谈[11],于是潜行而出,反智伯之约,得两

译文

"况且我听说,战战兢兢,一天比一天小心。如果能小心地遵循这个道理,就可以得到天下了。怎么知道是这样的呢?从前商纣王为天子时,率领天下将士有百万之众,队伍左边在淇水饮马,右边在洹水饮马,淇水喝光,洹水断流,用这支军队与周武王对抗。周武王率领身穿素甲的三千名将士,在甲子日一战,就攻破了商纣王的国都,擒获了他,占据了他的国土,拥有了他的百姓,天下没有谁同情他。智伯率领智、韩、魏三家的军队,在晋阳攻打赵襄子,挖开晋水冲灌晋阳,战争持续三年,城将要攻破。赵襄子设置龟甲,数蓍草,观察龟裂纹理,来察看吉凶,看哪一方可

国之众，以攻智伯之国，禽其身，以成襄子之功。今秦地断长续短，方数千里，名师数百万，秦国号令赏罚，地形利害，天下莫如也。以此与天下，天下可兼而有也。

以争取，并派张孟谈悄悄出城，离间了智伯的盟约，获得韩、魏两家的军队支持，来攻打智伯的领地，将其擒住，成就了赵襄子的功业。现在秦国的土地，取长补短，方圆数千里，精兵数百万，秦国号令严明，赏罚分明，地形便利，天下诸侯没有哪个能比得上。以这些条件和天下诸侯争雄，天下诸侯可以为秦所兼并。

注释

1 **淇谷**：即淇水，发源于山西，流经河南，南流入卫河。

2 **洹(huán)水**：发源于今河南林州，流经安阳、内黄，入卫河。

3 **素甲**：白甲。武王伐纣时，还在为父亲文王服丧，故士卒身穿素甲。

4 **禽**：通"擒"。

5 **智伯**：姓荀，名瑶，晋卿，封地为智。晋卿之中，实力最强。公元前455年，智伯向韩、赵、魏索地，赵氏未给，智伯帅韩、魏伐赵。后韩、赵、魏联合灭智，瓜分其地。

6 **赵襄主**：赵襄子，晋卿。

7 **晋阳**：地名。赵邑。今山西太原。

8 **错龟**：设置龟甲占卜。

9 **数策**：数蓍(shī)草的数目进行占卜。策，古代卜筮用的蓍草。

10 **占兆**：在龟壳上钻孔，用火灼烧，察看裂纹以占吉凶。兆，裂纹的形状。

11 **张孟谈**：人名。赵襄子的谋臣。

原文

"臣昧死望见大王，言所以一举破天下之从，举赵亡韩，臣荆、魏，亲齐、燕，以成伯王之

译文

"我冒死希望面见大王，陈述如何一举击败诸侯合纵联盟，灭亡赵、韩，臣服楚、魏，使齐、燕亲附，以树立霸王的声名，让四邻诸侯来朝拜秦国的方法。大王试着听听

名，朝四邻诸侯之道。大王试听其说，一举而天下之从不破，赵不举，韩不亡，荆、魏不臣，齐、燕不亲，伯王之名不成，四邻诸侯不朝，大王斩臣以徇于国，以为王谋不忠者。”

我的建议，一举而不能击破诸侯合纵联盟，赵国不攻克，韩国不灭亡，楚、魏不臣服，齐、燕不亲附，霸王的声名不能树立，四邻的诸侯不来朝拜，大王斩了我在全国示众，来警示那些为大王谋划而不尽忠的人。”

司马错与张仪争论于秦惠王前

导读

秦国经过商鞅变法后国势渐强，在称霸的道路上面临一次重大战略抉择。张仪主张亲魏、楚，攻周、韩，挟天子以令诸侯。司马错则主张攻打弱小的蜀国，既可得其利，又可得美名，同时又避免了攻打周、韩后背负不义的恶名以及成为众矢之的的危险。显然，司马错的主张比张仪更高一筹。秦惠王采用了司马错的主张，使得秦国在扩张的道路上迈出了正确的一步，为后来的一统天下奠定了坚实的基础。文中二人的辩词观点鲜明，逻辑严密，语言参差错落，简洁有力，又各有特色，极具说服力。

原文

司马错[1]与张仪争论于秦惠王前。司马错欲伐蜀[2]，张仪曰：“不如

译文

司马错和张仪在秦惠王面前争论。司马错打算攻打蜀国，张仪说：“不如攻打韩国。”秦惠王说：“请说说你们的理由。”张

伐韩。”王曰：“请闻其说。”对曰：“亲魏善楚，下兵三川[3]，塞轘辕[4]、缑氏[5]之口，当屯留[6]之道，魏绝南阳[7]，楚临南郑[8]，秦攻新城[9]、宜阳[10]，以临二周之郊，诛周主之罪，侵楚、魏[11]之地。周自知不救，九鼎宝器必出。据九鼎，案图籍[12]，挟天子以令天下，天下莫敢不听，此王业也。今夫蜀，西辟之国，而戎狄之长也，弊兵劳众不足以成名，得其地不足以为利。臣闻‘争名者于朝，争利者于市’。今三川、周室，天下之市朝也，而王不争焉，顾争于戎狄，去王业远矣。”

仪回答说：“亲近魏国、楚国，出兵韩国三川，堵塞轘辕、缑氏关口，挡住屯留要道，魏国切断南阳，楚军发兵南郑，秦军攻打新城和宜阳，挺进东、西周的郊外，声讨二周国君的罪名，侵入周边楚国、魏国地区。周室自知无法援救，必然将九鼎和其他宝器献出。占有了九鼎，掌握了天下的地图和户籍等档案，挟持天子来诏令天下，天下没有谁敢不听从，这是统一天下的大业。现在的蜀国，不过是西部偏远的国家和戎狄部落的首领，劳师动众不足以树立名声，得到它的土地也没有多大好处。我听说‘在朝廷上争夺名声，在集市上争夺利益’。如今三川、周室，是天下的集市和朝廷，而大王不去争夺，反而去争夺戎狄，离统一天下的大业实在太远了。”

注释

1 **司马错：**秦国人，秦国著名将领，司马迁的远祖。

2 **蜀：**周代诸侯国名，在今四川成都一带。

3 **三川：**韩郡名。因有黄河、洛水、伊水三河流经，故称为三川。在今河南省西北部。

4 **轘辕(huán yuán)：**即轘辕山，在今河南巩义西南部。

5 **缑(gōu)氏：**山名。在今河南偃师东南部。

6 **屯留：**地名。在今山西屯留南部。

7 **南阳：**地区名，在韩、魏之间。在今河南济源、孟州、温县一带。

8 **南郑:**韩国国都。在今河南新郑。
9 **新城:**地名。在今河南伊川西南。
10 **宜阳:**地名。在今河南宜阳西北。
11 **楚、魏:**一说疑作“三川”。
12 **图籍:**地图和户籍。

原文

司马错曰:“不然。臣闻之,欲富国者,务广其地;欲强兵者,务富其民;欲王者,务博其德。三资者备,而王随之矣。今王之地小民贫,故臣愿从事于易。夫蜀,西辟之国也,而戎狄之长也,而有桀、纣之乱,以秦攻之,譬如使豺狼逐群羊也。取其地,足以广国也;得其财,足以富民;缮兵[1]不伤众,而彼已服矣。故拔一国,而天下不以为暴;利尽西海[2],诸侯不以为贪。是我一举而名实两附,而又有禁暴正乱之名。今攻韩劫天子,劫天子,恶名也,而未必利也,又有不义之名,而攻天下之所不欲,危!臣请谒[3]其故。周,天下之宗室也;

译文

司马错说:“不对。我听说,想要国家富裕,务必扩大疆域;要想军队强大,务必使百姓富足;要想称王天下,务必广施仁德。这三种条件具备了,称王天下自然就随之而来。如今大王土地狭小、百姓贫困,所以我希望先从容易的事做起。蜀国,是西部偏远的国家,又是戎狄部落的首领,况且正经历像夏桀、商纣一样的内乱,用秦国攻打它,就好像让豺狼追逐羊群一样。占有它的土地,足以拓展国土;得到它的财物,足以使百姓富裕;用兵不会有多少伤亡,而蜀国就已经降服了。所以攻占一个国家,天下不会认为秦国残暴;占有蜀国的全部财产,诸侯不觉得秦国贪婪。这样我们一举而名利双收,还有禁暴平乱的美名。现在去攻打韩国、劫持天子,劫持天子,就会招致坏名声,而且未必能够得到利益,还背上不义的名声,况且还是攻打天下都不想攻打的国家,实在危险啊!我请求陈述原因。周国,是天下的宗室;齐国,是韩

齐，韩、周之与国也。周自知失九鼎，韩自知亡三川，则必将二国并力合谋，以因于齐、赵，而求解乎楚、魏。以鼎与楚，以地与魏，王不能禁，此臣所谓危，不如伐蜀之完[4]也。”惠王曰：“善！寡人听子。”卒起兵伐蜀，十月取之，遂定蜀。蜀主更号为侯，而使陈庄[5]相蜀。蜀既属，秦益强富厚，轻诸侯。

国和周国的盟国。周国知道自己要失去九鼎，韩国知道自己要失去三川，那么这两国肯定会齐心协力，来依靠齐国和赵国，并向楚国、魏国求救。周国把九鼎交给楚国，韩国把土地赠给魏国，大王无法禁止，这是我所说的危险，不如攻打蜀国稳妥。”秦惠王说：“好！我听你的。”最后秦国出兵讨伐蜀国，用了十个月攻打下来，于是平定了蜀国。蜀国君主改称号为侯，秦王派陈庄做蜀相。蜀国已经归属秦国，秦国越来越强大富裕，更加轻视各国诸侯。

注释

1 **缮兵：**用兵。缮，治。
2 **西海：**此处指蜀国。
3 **谒(yè)：**陈述。
4 **完：**稳妥。
5 **陈庄：**战国时秦国大臣。

齐助楚攻秦

导读

齐、楚联合攻占了秦国曲沃，秦欲伐齐，于是派张仪游说楚王，欲先破齐、楚之盟。张仪许以方圆六百里的商於之地于楚怀王，诱其与齐断交，结果怀王中计被骗，恼羞成怒兴师伐秦，被秦、齐、韩联军大败，几近亡国。文章刻画出几个鲜明的人物形象。张仪是一个诡诈的纵横家，他先以六百里土地诱骗怀王，事成后耍赖，可谓为达目的不择手段，毫无诚信可言。楚怀王是一个昏庸透顶、目光短浅的国君，不仅为一点小利所迷惑，又自以为是，屡不接受臣下的意见，特别是在绝齐事件上，居然上演了派勇士骂齐王这一闹剧，楚国在其手中走向灭亡是必然。陈轸是一位冷静明智而又有卓识的谋臣，他始终保持着清醒的头脑，关键时刻总能预测事件走向，给予怀王以忠谏，惜不遇明君，终遭冷落。

原文

齐助楚攻秦，取曲沃[1]。其后，秦欲伐齐，齐、楚之交善，惠王患之，谓张仪曰："吾欲伐齐，齐、楚方欢，子为寡人虑之，奈何？"张仪曰："王其为臣约车并币[2]，臣请试之。"张仪南见楚王[3]曰："弊邑之王所甚说[4]者，无大[5]大王；唯仪之所甚愿为臣者，亦无大大王。弊邑之王所甚憎者，无大齐王[6]；唯仪之所甚憎者，亦无大齐王。今齐王之罪，其于弊邑之王甚厚，弊邑欲伐之，而大国与之欢，是以弊邑之王

译文

齐国帮助楚国攻打秦国，夺取了曲沃。后来秦国打算讨伐齐国，齐国和楚国的关系友善，秦惠王对此很担心，对张仪说："我打算讨伐齐国，但是齐国和楚国现在关系融洽，你替我想想，该怎么办？"张仪说："请大王为我准备好车马和财物，我愿意去试试。"张仪南行见到楚怀王，说："我国的君王最喜欢的，莫过于大王；就是我张仪最愿意给他做臣子的，也莫过于大王。我国的君王最痛恨的，莫过于齐王；就是我张仪最痛恨的，也莫过于齐王。如今齐王的罪恶，对于我国君王来说实在太重了，我国打算讨伐他，但是贵国和他关系亲密，所以我国的君王不能善事于您，而

不得事令[7]，而仪不得为臣也。大王苟能闭关绝齐，臣请使秦王献商於[8]之地，方六百里。若此，齐必弱，齐弱则必为王役矣。则是北弱齐，西德于秦，而私商於之地以为利也，则此一计而三利俱至。”

我张仪也不能做您的臣子。大王如果能关闭边关和齐国断绝关系，我愿意让秦王献出商於之地，方圆有六百里。如果这样，齐国必定削弱，齐国削弱了那么就可为大王驱使了。如此，北边削弱了齐国，西边施恩于秦国，而且还占有了商於之地做为好处，那么这一个计策可以获得三方面的利益。”

注释

1 **曲沃**：地名。今河南陕州曲沃。

2 **约**：置办配备。**并**：同。**币**：货物。

3 **楚王**：楚怀王。

4 **说**：通“悦”，喜欢。

5 **大**：过。

6 **齐王**：齐宣王。

7 **令**：善。

8 **商於**(wū)：秦邑，即当年商鞅所封之地，在秦、楚边境。

原文

楚王大说，宣言之于朝廷曰：“不穀[1]得商於之田，方六百里。”群臣闻见者毕贺，陈轸后见，独不贺。楚王曰：“不穀不烦一兵，不伤一人，而得商於之地六百里，寡人自以为智矣！

译文

楚王非常高兴，在朝廷上宣布说：“我得到了商於的土地，方圆有六百里。”群臣听到了都来祝贺，陈轸后到，唯独他不祝贺。楚王说：“我没有劳烦一兵，没有伤害一人，就得到了商於六百里的土地，我自己认为这是明智之举！各位士大夫都来祝贺，唯独你不祝贺，为什么？”陈轸回答说：“我认为商於的土地得不到，而且灾患一定到来，所以

诸士大夫皆贺，子独不贺，何也？”陈轸对曰：“臣见商於之地不可得，而患必至也，故不敢妄贺。”王曰：“何也？”对曰：“夫秦所以重王者，以王有齐也。今地未可得而齐先绝，是楚孤也，秦又何重孤国？且先出地后绝齐，秦计必弗为也；先绝齐后责[2]地，且必受欺于张仪；受欺于张仪，王必惋之。是西生秦患，北绝齐交，则两国兵必至矣。”楚王不听，曰：“吾事善矣！子其弭口无言，以待吾事。”楚王使人绝齐，使者未来，又重绝之。

不敢随便祝贺。”楚王问：“为什么？”陈轸回答说：“秦国之所以重视大王，是因为大王有齐国这个盟友。如今土地还没得到却先和齐国断交，这就使楚国孤立了，秦国又怎么会重视一个孤立的国家？况且先献出土地再和齐国断交，秦国的计策肯定不会这样做；先和齐国断交再去索要土地，一定会被张仪欺骗；被张仪欺骗，大王肯定会后悔。这样西边生出了秦国这个祸患，北边又和齐国断交，那么两国定会兵临城下。”楚王不听，说：“我做的这件事是对的！你闭上嘴巴不要讲话，等我办成这件事。”楚王派使者去和齐国断交，使者还没回来，又派人重申此令。

注释

1 **不穀：**王侯对自己的谦称。

2 **责：**索要。

原文

张仪反[1]，秦使人使齐，齐、秦之交阴[2]合。楚因使一将军受地于秦。张仪至，称病不朝。楚王曰：“张

译文

张仪返回秦国，秦国派人出使齐国，齐国和秦国暗地里联合。楚国于是派遣一位将军去秦国接受土地。张仪返程，谎称有病不去上朝。楚王说：“张先生认为我不与齐国断交吗？”于是派出勇士去大骂齐王。张仪知道

子以寡人不绝齐乎？”乃使勇士往詈齐王。张仪知楚绝齐也，乃出见使者曰：“从某至某，广从[3]六里。”使者曰：“臣闻六百里，不闻六里。”仪曰：“仪固以小人，安得六百里？”使者反报楚王，楚王大怒，欲兴师伐秦。陈轸曰：“臣可以言乎？”王曰：“可矣。”轸曰：“伐秦非计也，王不如因而赂之一名都，与之伐齐，是我亡于秦而取偿于齐也。楚国不尚全乎？王今已绝齐，而责欺于秦，是吾合齐、秦之交也，国必大伤。”楚王不听，遂举兵伐秦。秦与齐合，韩氏从之，楚兵大败于杜陵[4]。故楚之土壤士民非削弱，仅以救亡者，计失于陈轸，过听于张仪。计听知覆逆者，唯王可也。计者，事之本也；听者，存亡之机。计失而听过，能有国者寡也。故曰：计有一二者难悖也，听无失本末者难惑。[5]

楚国和齐国断交后，才出来接见楚国使者，说：“从这地到那地，方圆六里。”使者说：“我听说是六百里，没听说六里。”张仪说：“我只是个小人物，哪能给六百里呢？”使者回去报告楚王，楚王勃然大怒，打算起兵讨伐秦国。陈轸说：“我可以说话吗？”楚王说：“可以。”陈轸说：“讨伐秦国不是办法，大王不如顺势送一座城市来贿赂秦国，和它一起讨伐齐国，这样我们在秦国失去的土地可以在齐国得到补偿。楚国不也还完好吗？大王如今已和齐国断交，又去责备秦国的欺骗，那我们就促成了齐国和秦国的联合，国家肯定会严重受伤。”楚王不听，于是起兵讨伐秦国。秦国和齐国联合，韩国跟从他们，楚军在杜陵大败。所以说楚国物力和人力并不微弱，但仅仅能够保住国家不被灭亡，这是因为没有采纳陈轸的计策，错误地听信了张仪的谎话。虚心听取那些能预知事情逆顺的人的计谋，即使称王天下也是可以的。计谋是做事情的根本；能否听取建议，是国家存亡的关键。计谋失误而又听信错误的建议，能守住国家的很少。所以说：计谋反复斟酌才少犯错，听取建议不要本末倒置才不会被迷惑。

注释

1 **反:**同“返”。

2 **阴:**暗地。

3 **广从:**即“广纵”,横向为广,竖向为纵。从,通“纵”。

4 **杜陵:**当为“杜阳”,战国秦邑。在今陕西麟游西北。

5 **“计听知覆逆者”至“本末者难惑”:**此几句本在《秦策二·楚绝齐齐举兵伐楚》篇末,根据王念孙等人说移此。

医扁鹊见秦武王

导读

扁鹊给秦武王治病的故事,当是一则寓言。文中秦武王一方面让扁鹊为其治病,另一方面又受身边人的影响而狐疑,引起扁鹊的不满,以致告诫武王,治国若如此,当有亡国的危险。扁鹊的话并非危言耸听,现实生活中这样的例子不胜枚举,事情要交给懂行的人来做,切忌受到不懂装懂的人指手画脚的干扰。

原文

医扁鹊[1]见秦武王[2],武王示之病,扁鹊请除。左右曰:“君之病在耳之前,目之下,除之未必已也,将使耳不聪,目不明。”君以告扁鹊。扁鹊怒而投

译文

医生扁鹊去拜见秦武王,武王告诉扁鹊自己的病情,扁鹊请求为他治病。武王身边的人说:“君王的病在耳朵的前面,眼睛的下面,治疗未必能治好,反而会使耳朵听不清,眼睛也看不清。”武王把这话告诉了扁鹊。扁鹊生气地把治病的针

其石[3]:"君与知之者谋之,而与不知者败之。使此知[4]秦国之政也,而君一举而亡国矣。"

石一扔,说:"您同懂医术的人商量治病,又同不懂医术的人破坏治疗。假如像这样来主持秦国的政事,那么您一个举动就亡国了。"

注释

1 **扁鹊:**姬姓,秦氏,字缓,名越人,春秋战国时期名医,渤海郡(今河北任丘)人。

2 **秦武王:**嬴姓,名荡,秦惠文王之子。在位期间,平蜀乱,拔宜阳,置三川。后与力士孟说比赛举鼎,砸断胫骨,气绝而亡。

3 **石:**针石,针砭医用工具。

4 **知:**主持,执掌。

秦武王谓甘茂

导读

秦武王有攻韩灭周、窥伺中原的野心,而实现这一野心的关键是攻下韩国重镇宜阳。面对武王交给自己的艰巨任务,大将甘茂并没有一意孤行、逞强好胜,而是冷静地意识到,攻取宜阳是一场持久战,其成败的决定因素在于秦武王对自己这位羁旅之士的信任与否。为防止亲韩的大臣从中作梗,动摇武王信心,中途生变,甘茂防患于未然,积极做武王的思想工作。甘茂先从正面列举了先王与张仪、魏文侯与乐羊的故事,来说明事情成功的关键取决于君,而非臣。又从反面借用"曾子杀人、慈母投杼"的故事,表明自己担心秦王会因亲韩者的言论而动摇对自己的信心。息壤之盟的订立,免除了甘茂的后顾之忧,最终经过长期苦战,拿下了宜阳。甘茂的高瞻远瞩和未雨绸缪的能力以及出色的论辩技巧给我们留下了深刻的印象。

原文

秦武王谓甘茂[1]曰:“寡人欲车通三川,以窥周室,而寡人死不朽矣。”甘茂对曰:“请之魏,约伐韩。”王令向寿辅行[2]。甘茂至魏,谓向寿:“子归告王曰:‘魏听臣矣,然愿王勿攻也。’事成,尽以为子功。”向寿归以告王,王迎甘茂于息壤[3]。甘茂至,王问其故。

译文

秦武王对甘茂说:“我想让车马畅通于三川,伺机图谋周室,这样,我就是死也能名垂青史了。”甘茂回答说:“我请求出使魏国,和他们约定一起攻打韩国。”秦武王派向寿做甘茂的副使。甘茂到达魏国,对向寿说:“您回去告诉武王说:‘魏王已接受我的建议,不过希望大王不要进攻韩国。’事情成功之后,一切的功劳都是您的。”向寿回到秦国后把甘茂的话转告了武王,武王便到息壤迎接甘茂。甘茂到了息壤,武王问他为何不要进攻韩国。

注释

1 **甘茂:**楚国下蔡人,曾任秦国左丞相,后奔齐任上卿。

2 **向寿:**战国时秦国将领,秦武王的亲信。**辅行:**副使。

3 **息壤:**秦邑,在今陕西咸阳东郊。

原文

对曰:“宜阳,大县也,上党、南阳积之久矣,名为县,其实郡也。今王倍[1]数险,行千里而攻之,难矣!臣闻张仪西并巴蜀

译文

甘茂回答说:“宜阳是韩国的大县,上党和南阳两郡的财富都长期积聚在这,它名义上是县,其实相当于一个郡。现在大王要背对重重险阻,跋涉千里去攻打宜阳,太难了!我听说,张仪西边兼并了巴、

之地，北取西河之外，南取上庸[2]，天下不以为多张仪而贤先王。魏文侯[3]令乐羊[4]将，攻中山[5]，三年而拔之，乐羊反而语功，文侯示之谤书一箧[6]，乐羊再拜稽首[7]曰：'此非臣之功，主君之力也！'今臣羁旅之臣也，樗里疾[8]、公孙郝[9]二人者，挟韩而议，王必听之。是王欺魏而臣受公仲侈[10]之怨也。

蜀的土地，北边夺取了西河之外的地方，南边占领了上庸，天下人并不赞扬张仪，而是称颂先王。魏文侯派乐羊为将，进攻中山国，三年灭掉了它。乐羊回国后称道自己的战功，魏文侯拿出一箱诽谤他的奏章给他看，乐羊拜了两拜并行跪拜礼说：'这不是我的功劳，完全是君主的功劳！'我现在只不过是寄居在秦国的人，而樗里疾、公孙郝这两位大臣，因亲近韩国难免非议攻韩，大王必会听从。这样，大王就欺骗了魏国，而我也会受到韩相公仲侈的怨恨。

注释

1 **倍：**通"背"，背对、背向。

2 **上庸：**楚地，在今湖北竹山一带。

3 **魏文侯：**姬姓，魏氏，名斯，战国时魏国开国君主。在位期间，重视儒学，师事卜子夏，并任用李悝、西门豹等，国力日盛，称誉诸侯。

4 **乐羊：**魏将，乐毅先祖。魏文侯三十八年，他帅军进攻中山国，三年攻克，后封于灵寿。

5 **中山：**中山国。在今河北定州、唐县一带，先为魏所灭，后复国，最终为赵所灭。

6 **箧(qiè)：**箱子。

7 **稽(qǐ)首：**古代一种隆重的礼节，叩头至地的跪拜礼。

8 **樗(chū)里疾：**秦孝公庶子，秦惠文王异母弟，秦武王叔父，有智谋，曾辅佐秦惠王、秦武王、秦昭王。

9 **公孙郝：**秦国公族，与樗里疾同是亲韩者。

10 **公仲侈：**即公仲倗，韩相。

原文

"昔者曾子处费[1]，费人有与曾子同名族者而杀人，人告曾子母曰：'曾参杀人。'曾子之母曰：'吾子不杀人。'织自若。有顷焉，人又曰：'曾参杀人。'其母尚织自若也。顷之，一人又告之曰：'曾参杀人。'其母惧，投杼[2]逾墙而走。夫以曾参之贤，与母之信也，而三人疑之，则慈母不能信也。今臣之贤不及曾子，而王之信臣又未若曾子之母也，疑臣者不适[3]三人，臣恐王为臣之投杼也。"

译文

"从前，曾参住在费地，费地有个与曾参同名同姓的人杀了人，有人告诉曾参的母亲说：'曾参杀了人。'曾参的母亲说：'我的儿子不会杀人。'仍然淡定地织布。过了一会儿，又有人来说：'曾参杀了人。'曾参的母亲还是淡定地织布。又过了一会，又有个人来说：'曾参杀了人。'曾参的母亲害怕了，丢掉梭子，跳墙逃跑了。像曾参这样贤德的人，母亲对他那么信任，却因三个人怀疑他，使得慈母也不能相信自己的儿子了。现在我的贤德比不上曾参，大王信任我的程度又不如曾参的母亲，怀疑我的更不止三人，我担心大王会为我扔掉梭子啊！"

注释

1 **费**(bì)：鲁邑，今山东费县西北。

2 **杼**(zhù)：织布的梭子。

3 **不适**：不啻，不止。适，通"啻"。

原文

王曰："寡人不听也，请与子盟。"于是与之盟于息壤。果攻宜阳，五月而不能拔也。樗里

译文

武王说："我不会听信别人的言论，愿意同你订立盟约。"于是和甘茂在息壤立下了盟约。果然甘茂攻打宜阳，连续五个月没能攻下。樗里疾和公孙郝二人果然在武王面

疾、公孙郝二人在争之王，王将听之，召甘茂而告之。甘茂对曰："息壤在彼。"王曰："有之。"因悉起兵，复使甘茂攻之，遂拔宜阳。

前非议甘茂，武王打算听从他们的意见，召见甘茂告诉他情况。甘茂回答说："息壤之约还在那里。"武王说："有这回事。"于是出动全部兵力，继续让甘茂攻打，最终攻下了宜阳城。

范雎至秦

导读

为了顺利对外扩张，秦昭王礼贤下士，向从魏入秦的范雎虚心请教。第一次面见昭王，范雎心存顾忌，并不敢贸然直言，而是先试探昭王的态度，于是先发表了一番铺垫性的言论，既让昭王同情理解自己当下的身份与处境，又表明了自己不计生死、忠于秦王的决心，最后又阐述了自己对秦国内政危机的担忧。言说张弛有度，缓重结合，吊足了秦王的胃口，既诱使秦王赋予自己畅所欲言的权力，又避免了因言获罪带来的危险，为自己留了退路。在得到昭王的亲口承诺后，范雎毫无顾忌，大胆批评强大的秦国当下的闭关窘境，将原因直接归罪于穰侯的不忠与昭王的失计，在慷慨陈词之后，提出了远交近攻的战略，引导昭王将战略重心从攻齐转到攻韩、魏上来，为秦国的统一大业指明了方向。本文显示出范雎巧于言辞、冷静果敢、深于智谋、运筹帷幄的超凡政治军事智慧。

原文

范雎[1]至秦，王[2]庭迎，谓范雎曰："寡人宜以身受令久矣。今者义渠[3]之事急，寡人日自请太后[4]。今义渠之事已，寡人乃得以身受命，躬窃闵然[5]不敏，敬执宾主之礼。"范雎辞让。是日见范雎，见者无不变色易容者。秦王屏左右，宫中虚无人。秦王跪[6]而请曰："先生何以幸教寡人？"范雎曰："唯唯。"有间，秦王复请，范雎曰："唯唯。"若是者三。

译文

范雎到了秦国，秦王在宫中迎接他。秦王对范雎说："我早就应该亲自聆听您的教诲了。最近义渠的事情很紧急，我每天都要向太后请示。现在义渠的事情总算处理完了，我才能有机会亲自接受您的教诲，我深感自己昏昧迟钝，现在让我恭敬地行宾主之礼吧。"范雎表示谦让。这天接见范雎，在场目睹的人没有不神色惊恐的。秦王屏退身边的人，宫中没有旁人。秦王伸直腰跪着，询问说："先生用什么来赐教我？"范雎说："嗯，嗯。"过了一会儿，秦王再次询问，范雎还是"嗯嗯"了两声。像这样一连三次。

注释

1 **范雎**(jū)**:**战国时期魏国人，字叔，著名政治家、谋略家。秦昭王时拜为宰相，因封于应地，故称"应侯"。

2 **王:**秦昭王。

3 **义渠:**秦国西边羌族所建立的小国。

4 **太后:**宣太后，秦昭王之母。

5 **闵然:**昏昧的样子。

6 **跪:**两膝着地，腰部和大腿伸直，臀部抬起。由坐变跪，表示敬意。

原文

秦王跽[1]曰："先生不幸教寡人乎？"范雎谢曰："非敢然也。臣闻始时吕尚之

译文

秦王挺直身板，恭敬地说："先生不愿意赐教我吗？"范雎道歉说："不敢这样。我听说当初吕尚遇见文王的时候，

遇文王也，身为渔父而钓于渭阳[2]之滨耳，若是者交疏也。已一说而立为太师，载与俱归者，其言深也。故文王果收功于吕尚，卒擅天下，而身立为帝王。即使文王疏吕望[3]而弗与深言，是周无天子之德，而文、武无与成其王也。今臣羁旅之臣也，交疏于王，而所愿陈者，皆匡君之事，处人骨肉之间，愿以陈臣之陋忠，而未知王之心也，所以王三问而不对者是也。臣非有所畏而不敢言也，知今日言之于前，而明日伏诛于后，然臣弗敢畏也。大王信行臣之言，死不足以为臣患，亡不足以为臣忧，漆身而为厉[4]，被发而为狂，不足以为臣耻。

只是一个渔夫，垂钓于渭河北岸，那时，二人的交情还很疏远。经过一番交谈之后，被文王尊立吕尚为太师，载他同车而归，这是因为吕尚的话发人深省。后来文王果然依靠吕尚建立了功业，最后统一了天下，自己成为一代帝王。假使文王当时疏远吕尚，不和他深谈，那么周朝就不可能有天子的功德，而文王和武王也无人助其成就王业。现在我只是个旅居在秦国的臣子，和大王的交情还比较浅，愿意陈述的都是匡正辅助君主的事情，涉及的是君王的骨肉亲人，尽管我想表达浅陋的忠心，可又不知大王的心思，所以大王问我三次都没有回答。我并非害怕什么而不敢讲话，知道今天在大王面前说了，明天就可能被诛杀，但是我也并不畏惧。大王能采纳我的意见，就是死了我也不认为是祸患，流亡我也不忧虑，哪怕全身涂满漆长疮癞，披头散发成为疯子，我也不认为是耻辱。

注释

1 **跽：**与跪近似，两膝着地，整个上身挺直，表示程度很深的敬意。

2 **渭阳：**渭水的北边。河的北边为阳。渭水发源于甘肃，流经陕西入黄河。

3 **吕望：**即吕尚。

4 **厉：**通“癞”，指疮癞。

原文

“五帝之圣焉而死，三王之仁焉而死，五伯之贤焉而死，乌获[1]之力焉而死，奔、育[2]之勇焉而死。死者，人之所必不免也。处必然之势，可以少有补于秦，此臣之所大愿也，臣何患乎？伍子胥橐[3]载而出昭关[4]，夜行而昼伏，至于蔆水[5]，无以饵其口，坐行蒲服，乞食于吴市，卒兴吴国，阖庐[6]为霸。使臣得进谋如伍子胥，加之以幽囚，终身不复见，是臣说之行也，臣何忧乎？箕子[7]、接舆[8]，漆身而为厉，被发而为狂，无益于殷、楚。使臣得同行于箕子、接舆，可以补所贤之主，是臣之大荣也，臣又何耻乎？臣之所恐者，独恐臣死之后，天下见臣尽忠而身蹶[9]也，是以杜口裹足，莫肯即秦耳。足下上畏太后之严，下惑奸臣之态；居深宫之中，不离保傅[10]之手；终身暗惑，无与照奸；大者宗庙灭覆，小者

译文

“五帝那样的圣人会死，三王那样的仁人会死，五霸那样的贤人会死，乌获那样的大力士会死，孟奔、夏育那样的勇士也会死。死亡，是人人都不可避免的。面对必然的死亡，能够对秦国稍有裨益，这是我最大的愿望，我又担心什么呢？当年伍子胥藏在口袋里被车载着逃出昭关，晚上行路，白天隐藏，到了蔆水，没有食物充饥，跪着爬行，在吴国集市上乞讨，最终使吴国兴盛，辅佐阖闾成就霸业。如果让我像伍子胥那样得以进献计谋，即使身遭囚禁，终身不能和大王相见，我的建议得以推行，我又有什么担心的呢？箕子、接舆，全身涂满漆长疮癞，披头散发成为疯子，终究对商朝和楚国没有好处。假使我做出像箕子、接舆那样的行为，能够有益于我心仪的君主，这是我最大的光荣，我又有什么耻辱的呢？我所害怕的，只是害怕我死了之后，天下人看到我尽忠于大王却身遭不幸，因而闭上嘴巴、止步不前，不肯到秦国来。大王您上面畏惧太后的威严，下面又被奸臣的媚态所迷惑；住在深宫之中，离不开保傅的侍奉；终身不能明察，没有人帮您看清奸人；往大了说国家覆亡，往小了

身以孤危。此臣之所恐耳！若夫穷辱之事，死亡之患，臣弗敢畏也。臣死而秦治，贤于生也。”

说自己处境孤立、危险。这才是我所害怕的！至于那穷困、受辱的事情，身死、流亡的祸患，我并不畏惧。假如我死了而秦国治理得很好，比我活着还好。”

注释

1 **乌获：**人名。战国时秦国的大力士。

2 **奔、育：**战国时的勇士孟奔(一作孟贲)、夏育。

3 **橐(tuó)：**口袋。

4 **昭关：**地名。在今安徽含山北。

5 **蔆(líng)水：**即溧水。发源于今安徽芜湖，流入太湖。

6 **阖庐：**亦作“阖闾”，姬姓，名光，又称“公子光”，吴王诸樊之子，后为春秋末期吴国国君。公元前515年，他派专诸刺杀吴王僚夺取吴国王位。在位期间以伍子胥为相，以孙武为将军，兴国强兵，大败楚国，后在讨伐越国的战役中重伤而死。

7 **箕子：**名胥余，商纣王叔叔，官太师，封于箕。纣王无道，箕子屡谏不听，于是佯狂，被贬为奴。

8 **接舆：**春秋时期楚国的隐士。

9 **蹶：**跌倒。

10 **保傅：**古代负责保育、教导贵族子弟及未成年帝王或诸侯的官员，统称为保傅。

原文

秦王跽曰：“先生是何言也！夫秦国僻远，寡人愚不肖，先生乃幸至此，此天以寡人恩[1]先生，而存先王之庙也。寡人得受命

译文

秦王挺直身子恭敬地说：“先生怎么说这样的话！秦国偏僻遥远，我又愚钝无能，先生有幸光临此地，这是上天让我来烦扰先生，使先王的宗庙得以保存。我能够得到先生的教诲，这是上天垂爱先王

于先生，此天所以幸先王而不弃其孤也！先生奈何而言若此？事无大小，上及太后，下至大臣，愿先生悉以教寡人，无疑寡人也。”范睢再拜，秦王亦再拜。范睢曰：“大王之国，北有甘泉[2]、谷口[3]，南带泾、渭[4]，右陇、蜀[5]，左关、阪[6]；战车千乘，奋击百万。以秦卒之勇，车骑之多，以当诸侯，譬若驰韩卢[7]而逐蹇[8]兔也，霸王之业可致。今反闭关而不敢窥兵于山东者，是穰侯为国谋不忠，而大王之计有所失也！”

而不遗弃他的后人啊！先生怎么说出这样的话呢？事情无论大小，上到太后，下到大臣，希望先生都能对我悉心教导，不要怀疑我。”范睢拜了两拜，秦王也拜了两拜。范睢说：“大王的国家，北边有甘泉、谷口，南边有泾河、渭河，西边有陇山、蜀山，东边有函谷关、殽阪；拥有千乘战车，百万精兵。凭借秦兵的骁勇，战车的众多，来对抗各国诸侯，就好比驱赶韩卢来追逐跛脚的兔子，霸王之业唾手可得。如今反而关闭关门，不敢伺机进军中原，这是由于穰侯没有为国家尽心谋划，而大王的决策也有所失啊！”

注释

1 **慁**(hùn)：烦扰。

2 **甘泉**：山名。在今陕西淳化。

3 **谷口**：地名。在今陕西礼泉。

4 **泾、渭**：泾水和渭水。流经陕西中部的两条河。

5 **陇、蜀**：陇山和蜀山。分别在今陕西陇县和四川眉山。

6 **关、阪**：函谷关和殽阪。

7 **韩卢**：韩国出产的一种犬，善奔跑。

8 **蹇**(jiǎn)：跛脚。

原文

王曰："愿闻所失计。"睢曰："大王越韩、魏而攻强齐，非计也。少出师则不足以伤齐，多之则害于秦。臣意王之计，欲少出师而悉韩、魏之兵，则不义矣。今见与国之不可亲，越人之国而攻，可乎？疏于计矣！昔者，齐人伐楚，战胜，破军杀将，再辟千里，肤寸之地无得者，岂齐不欲地哉，形弗能有也。诸侯见齐之罢露[1]，君臣之不亲，举兵而伐之，主辱军破，为天下笑。所以然者，以其伐楚而肥韩、魏也。此所谓借贼兵而赍[2]盗食者也。王不如远交而近攻，得寸则王之寸，得尺亦王之尺也。今舍此而远攻，不亦缪乎？且昔者，中山之地方五百里，赵独擅[3]之，功成、名立、利附，则天下莫能害。今

译文

秦王说："我希望听听决策失误的地方。"范睢说："大王越过韩国、魏国去进攻强大的齐国，这不是好计策。出兵少就不能够伤害齐国，出兵多了对秦国又有损害。我揣摩大王的计策，是想秦国少出兵，而让韩国、魏国全部出兵，可这不合适。如今明知韩国、魏国并不可信，却越过他们的国土去攻齐，这样行吗？显然谋划不当啊！从前，齐国攻打楚国，获得胜利，击败楚军，杀死楚将，又开辟了上千里的土地，最后连寸尺土地都没有得到，难道是齐国不想得到土地吗，只是形势所迫无法占有罢了。诸侯们看见齐国疲敝困顿，君臣又不和睦，出动军队来攻打它，齐王受辱，军队溃败，被天下人耻笑。之所以会这样，是因为齐国攻打楚国反而增强了韩国和魏国的实力。这就是所谓的借给强盗兵器，把粮食送给小偷。大王不如结盟远方国家而攻击近邻国家，得到一寸土地就是大王的一寸土地，得到一尺土地也就是大王的一尺土地。如今放弃这个策略而去攻打远方，这不是很荒谬吗？从前中山国的土地方圆五百里，赵国独自占有，功成名就，又得到利益，天下没有谁能伤害它。如今韩国、魏国处于中原地带，是天下的中枢。大王如果想要称霸天下，必须先亲近中原国家，将它们作为天下

韩、魏中国之处，而天下之枢也。王若欲霸，必亲中国而以为天下枢，以威楚、赵。赵强则楚附，楚强则赵附。楚、赵附则齐必惧，惧必卑辞重币以事秦，齐附而韩、魏可虚也。”

的枢纽，用来威慑楚国和赵国。赵国强大那么楚国就会亲附我们，楚国强大那么赵国就会亲附我们。楚国和赵国都亲附我们，那么齐国必定会害怕，害怕就必定会用谦卑的语言和厚重的礼物来服事秦国，齐国一旦亲附了我们，那么就可以将韩、魏两国变成废墟了。”

注释

1 **罢(pí)露：** 疲敝羸弱。罢，通“疲”。露，羸(léi)弱。

2 **赍(jī)：** 赠送。

3 **擅：** 占有，占据。

原文

王曰：“寡人欲亲魏，魏多变之国也，寡人不能亲。请问亲魏奈何？”范雎曰：“卑辞重币以事之不可，削地而赂之不可，举兵而伐之。”于是举兵而攻邢丘[1]，邢丘拔而魏请附。曰：“秦、韩之地形相错如绣。秦之有韩，若木之有蠹，人之病心腹。天下有变，为秦害者莫大于韩，王不如收韩。”王曰：“寡人欲收韩，不听，为之奈何？”范雎曰：“举兵

译文

秦王说：“我打算亲近魏国，但魏国是个变化无常的国家，我无法亲近它。请问亲近魏国怎么做？”范雎说：“如果用谦卑的言辞、厚重的礼物来服事它行不通，用割地来贿赂它也行不通，那么就出动军队攻打它。”于是兴兵攻打邢丘，邢丘被攻陷，魏国表示愿意亲附。范雎说：“秦、韩两国的地形相互交错就像锦绣一样。韩国对于秦国来说，就像树木上长蛀虫，人的心与腹生疾病。如果天下有变化，伤害秦国最大的非韩国莫属，大王不如收服韩国。”秦王说：“我也想收服韩国，可是韩国不听话，怎么

而攻荥阳[2]，则成睾[3]之路不通；北斩太行之道[4]，则上党[5]之兵不下；一举而攻荥阳，则其国断而为三[6]。韩见必亡，焉得不听？韩听而霸事可成也。”王曰：“善。”

办呢？”范雎说：“发兵攻打荥阳，那么成睾的道路就不通了；北边截断太行山的道路，那么上党的兵就不能南下了；一举攻下荥阳，那么韩国就被斩断成了三部分。韩国看到自己必定覆亡，哪敢不听话呢？韩国听话了，那么霸业就可以成功了。”秦王说：“好！”

注释

1 **邢丘：**魏邑，在今河南温县。

2 **荥阳：**韩邑，在今河南荥阳。

3 **成睾：**韩邑，在今河南荥阳汜水镇。

4 **太行之道：**太行山上的小道。太行山，在今山西晋城南。

5 **上党：**郡名。韩、赵两国各置一郡，后韩郡归赵。在今山西长治北边。

6 **其国断而为三：**韩国断裂为新郑、成睾、泽潞三个部分。

范雎曰

导读

范雎入秦取得秦昭王信任后，开始游说昭王清除阻碍秦国发展的旧势力及其利益集团。文章中范氏这段说辞，将矛头直指秦国宣太后、穰侯、泾阳君与华阳君这“四贵”，指出他们犯有欺君罔上、独断专行等罪行，并以穰侯为重点批判的靶子，指责他在对外扩张、征伐天下的过程中独擅大权，罔顾国家利益，干着损公利己、祸害社稷的勾当，进而引用历史上淖齿、李兑专政后杀害自己君王的史实，告诫昭王若继续放纵“四贵”，任其相互勾结、把持朝政，不仅将危及自身安全，而且江山恐怕会旁落他人。范雎这一番声色俱厉、危言耸听的说辞，其威力不亚于一枚重型炸弹，具有强大的震撼力，不但使昭王果断地铲除了“四贵”，而且使自己在秦国的地位得到了极大的提高。

原文

范雎曰：“臣居山东，闻齐之内有田单[1]，不闻其王。闻秦之有太后、穰侯、泾阳[2]、华阳[3]，不闻其有王。夫擅国之谓王，能专利害之谓王，制杀生之威之谓王。今太后擅行不顾，穰侯出使不报，泾阳、华阳击断[4]无讳。四贵备而国不危者，未之有也。为此四者下，乃所谓无王已！然则权焉得不倾，而令焉得从王出乎？臣闻：‘善为国者，内固其威而外重其权。’穰侯使者操王之重，决裂诸侯，剖符[5]于天下，征敌伐国，莫敢不听。战胜攻取，则利归于陶[6]；国弊，御于诸侯；战败，则怨结于百姓，而祸归社稷。《诗》[7]曰：‘木实繁者披其枝，披其枝者伤其心。大其

译文

范雎说：“我在东边时，只听说齐国国内有田单，没听说过他们的君王。只听说秦国有太后、穰侯、泾阳君、华阳君，没听说过他们有君王。掌控国家政权才能称为王，决断国家利害才能称为王，执掌生杀大权才能称为王。现在宣太后独断专行，无所顾忌；穰侯派遣使臣，从不上报大王；泾阳君、华阳君随便杀人，无所忌惮。这四个权贵集于一朝，国家不出危险，是不可能的。大王的地位在这四人之下，这就是所谓的没有君王啊！既然这样，那么大权怎能不旁落，政令怎能出自大王呢？我听说：‘善于治理国家的，对内要巩固权威，对外要加强权力。’穰侯的使者操控大王的重权，任意和诸侯决裂，发令于天下，征伐敌国，没有谁敢不听从。战胜克敌，那么利益就归属封邑陶；国家疲敝了，受制于诸侯；

都者危其国，尊其臣者卑其主。’淖齿[8]管[9]齐之权，缩[10]闵王之筋，县[11]之庙梁，宿昔而死。李兑[12]用赵，减食主父[13]，百日而饿死。今秦太后、穰侯用事，高陵[14]、泾阳佐之，卒无秦王，此亦淖齿、李兑之类已。臣今见王独立于庙朝矣，且臣将恐后世之有秦国者，非王之子孙也。”秦王惧，于是乃废太后，逐穰侯，出高陵，走泾阳于关外。昭王谓范雎曰：“昔者齐公得管仲，时以为‘仲父’[15]。今吾得子，亦以为父。”

战争失败了，那么结怨于百姓，祸害由国家承担。《诗》中说：‘树上的果实多了会压折枝条，枝条折了会伤及树心。都邑过大了会危及国家，大臣过于尊贵会使君王地位下降。’淖齿独揽齐国政权，抽了齐闵王的筋，将他悬挂在庙堂的大梁上，一夜就死了。李兑在赵国擅政，减少赵武灵王的饮食，一百天后将他饿死了。现在的秦国是宣太后、穰侯主事，高陵君、泾阳君辅佐他们，眼里没有秦王，这也和淖齿、李兑这类人的行为差不多。我现在看到大王孤零零地站在朝廷上，而且我害怕将来拥有秦国的，不再是大王的子孙啊！”秦王听后惊恐，于是废黜太后，驱逐穰侯，把高陵君、泾阳君赶出函谷关外。昭王对范雎说：“从前齐桓公得到管仲，当时把他称为‘仲父’。现在我得到先生，也以父待您。”

注释

1 **田单**：齐将，妫姓，田氏，名单，临淄人。燕将乐毅率军一举击破齐国，田单以即墨城反击，用火牛阵击破燕军，恢复齐国，后被任为相国，封安平君。

2 **泾阳**：泾阳君，秦昭王同母弟公子市（fú）的封号。

3 **华阳**：华阳君，秦昭王舅舅、宣太后弟弟芈（mǐ）戎封号。

4 **击断**：杀人。一说专断。

5 **剖符**：古代传令、调兵、出使所持的凭证。剖，分。符，古代朝廷传达命令或征调兵将用的凭证。

6 **陶**：穰侯魏冉封地。

7 **《诗》**：此处应是泛指，并非指《诗经》。一说是逸《诗》。

8 **淖(zhuō)齿:**战国时楚将。乐毅率燕军攻破齐国,淖齿奉楚顷襄王之命率兵救齐,被齐闵王任命为国相。后杀闵王,旋被齐人所杀。

9 **管:**专。

10 **缩:**抽。

11 **县:**同“悬”。

12 **李兑:**战国赵惠文王司寇,后任相国,封奉阳君。

13 **主父:**赵武灵王,晚年传位于子赵惠文王,自号“主父”。

14 **高陵:**指高陵君,秦昭王同母弟,名悝。

15 **仲父:**齐桓公对管仲的尊称。

蔡泽见逐于赵

导读

秦相范雎因用人不当而陷入困境,落魄的辩士蔡泽乘虚而入,欲取而代之。本文记述了蔡泽游说范雎、成功拜相、功成身退的过程,以记言为主,叙事为辅,较为完整地刻画了蔡泽的形象。首先,蔡泽是一位智者。为了能见到范雎,他故意放话激怒对方,待对方召见自己时又表现得傲慢无礼,这些心理战术的成功运用,体现了其过人的胆识和智慧;相秦王数月即称病隐退,不贪恋权势,避免了祸患,得以善终,彰显了一种人生大智。其次,蔡泽是一位优秀的辩士。面对范雎这样一位位高权重的谋略家,蔡泽的论辩以敏锐的历史识见和深刻的政治智慧见长,他列举了历史上著名人物的不同结局,辨析了忠臣孝子与明君贤父的关系,分析了范雎所处现实政治环境,全面论证了功成身退、全身远害的道理,成功地说服了范雎。

原文

蔡泽[1]见逐于赵，而入韩、魏，遇夺釜鬲[2]于涂[3]。闻应侯任郑安平[4]、王稽[5]皆负重罪，应侯内惭，乃西入秦，将见昭王，使人宣言，以感怒应侯曰："燕客蔡泽，天下骏雄、弘辩之士也。彼一见秦王，秦王必相之而夺君位。"应侯闻之，使人召蔡泽。蔡泽入，则揖应侯。应侯固不快，及见之，又倨。应侯因让[6]之曰："子常宣言欲代我相秦，岂有此乎？"对曰："然。"应侯曰："请闻其说。"蔡泽曰："吁！何君见之晚也。夫四时之序，成功者去。夫人生手足坚强，耳目聪明，而心圣知，岂非士之所愿与？"应侯曰："然。"蔡泽曰："质仁秉义，行道施德于天下，天下怀乐敬爱，愿以为君王，岂不辩智之期与？"应侯曰："然。"蔡泽复曰："富贵显荣，成理万物，万物各得其所；生命寿长，终其年而不夭伤；天下继其统，守其业，传

译文

蔡泽被赵国驱逐，来到韩国、魏国，途中被人抢走了炊具。他听说秦国应侯举荐任用的郑安平、王稽两人都犯下了重罪，应侯范雎内心愧疚不安，于是西行进入秦国，想拜见秦昭王，他让人到处放话以激怒应侯说："燕国客人蔡泽，是天下豪迈出众、善于雄辩的士人。只要他一见到秦王，秦王必定任命他为相国，夺取您的相位。"应侯听说，派人召见蔡泽。蔡泽入见，只向应侯拱了拱手。应侯本来就不高兴，等见到蔡泽，又看他这样傲慢无礼。应侯于是责备他说："你曾放话要取代我为秦相，真有这事吗？"蔡泽回答说："是的。"应侯说："请让我听听你的想法。"蔡泽说："唉！您的见识怎么如此迟钝。四季运行的顺序，是成就各自的事功后就逝去。人生下来身体健康，耳聪目明，内心拥有圣人的智慧，这难道不是士人所希望的吗？"应侯说："是的。"蔡泽说："秉持仁义，施行道德于天下，天下人快乐，尊敬爱戴他，希望他能成为君王，这难道不是口才敏捷又有智慧的人所希望的吗？"范雎说："是的。"蔡泽又说："享受富贵荣华，治理万物，万物井然有序；生命长寿，

之无穷，名实纯粹，泽流千世，称之而毋绝，与天地终始。岂非道之符，而圣人所谓吉祥善事与？”应侯曰：“然。”泽曰：“若秦之商君，楚之吴起[7]，越之大夫种[8]，其卒亦可愿矣？”

颐养天年而不中途夭折；天下承继他的传统，守卫他的事业，永远流传下去，名声与实绩都精纯完美，恩泽布施千世，永远受到后人颂扬，与天地一样长久。这难道不是与大道契合，圣人所说的吉祥善事吗？”应侯说：“是的。”蔡泽说：“像秦国的商君，楚国的吴起，越国的大夫文种，这些人的结局是您希望的吗？”

注释

1 **蔡泽**：战国时燕人，纵横家。秦昭王时被范雎举荐，任为相国，不久即辞，封纲（刚）成君。后一直在秦为官。

2 **釜鬲**（lì）：泛指炊器。釜，锅。鬲，足部中空似鼎的炊具。

3 **涂**：通“途”。

4 **郑安平**：战国时魏人。曾帮范雎逃往秦，范雎做相后保荐其为将军，后在邯郸之战中被赵军包围而投降赵国。

5 **王稽**：战国时秦人。出使魏国时帮助范雎逃到秦国，后被范雎举荐为河东郡郡守，因被人告发私通诸侯，被处死。

6 **让**：责备。

7 **吴起**：战国时卫国左氏（今山东菏泽）人。善军事，先后仕鲁国、魏国，魏文侯时任之为大将，大破秦军。后奔楚，楚悼王任之为令尹，实行变法，悼王死后，楚贵族作乱，被杀害。

8 **大夫种**：春秋末期越国大夫文种，字少禽，楚国郢（今湖北荆州）人。有谋略，助越王勾践灭吴，后被勾践赐死。

原文

应侯知蔡泽之欲困己以说，复曰：“何为不可？夫公孙鞅事孝公，极身毋

译文

应侯知道蔡泽想用他的那套学说困住自己，就又说：“为什么不可以呢？公孙鞅侍奉秦孝公，鞠躬尽瘁，一心为公而不

二，尽公不还[1]私，信赏罚以致治，竭智能，示情素，蒙怨咎，欺旧交，虏魏公子卬[2]，卒为秦禽将破敌，攘地千里。吴起事悼王[3]，使私不害公，谗不蔽忠，言不取苟合，行不取苟容，行义不固毁誉，必有伯主强国，不辞祸凶。大夫种事越王[4]，主离[5]困辱，悉忠而不解[6]，主虽亡绝，尽能而不离，多功而不矜，贵富不骄怠。若此三子者，义之至，忠之节也。故君子杀身以成名，义之所在，身虽死，无憾悔，何为不可哉？"蔡泽曰："主圣臣贤，天下之福也；君明臣忠，国之福也；父慈子孝，夫信妇贞，家之福也。故比干忠而不能存殷，子胥知而不能存吴，申生[7]孝而晋国乱。是有忠臣、孝子，国家灭乱，何也？无明君贤父以听之，故天下以其君父为戮辱，而怜其臣子。夫待

谋取私利，赏罚有信使国家安定，竭尽自己的智慧和能力，表现出赤诚之心，蒙受怨恨和责备，欺骗老朋友，俘虏魏公子卬，最终为秦国擒拿敌将击溃敌人，夺取了千里的土地。吴起侍奉楚悼王，使私利不妨碍公务，谗言不蒙蔽忠诚，说话不随声附和，行事不取容世俗，施行道义不管别人是诋毁还是赞美，为了国家的霸业和强大，不怕灾祸凶险。大夫文种侍奉越王，君主遭受困境屈辱，仍忠心耿耿而坚持不懈，君主即使败亡，仍竭尽所能而不离弃，功劳多却不夸耀，富贵了却不骄傲怠惰。像这三个人，是道义的极点，忠诚的楷模。所以君子牺牲生命来成就名声，大义所在，即使死了，也没有遗憾和悔恨，怎么不可以呢？"蔡泽说："君主圣德，臣子贤能，这是天下人的福气；君主英明，臣子忠诚，这是国家的福气；父亲慈爱，儿子孝顺，丈夫守信，妻子忠贞，这是家庭的福气。然而比干忠诚，却不能保存殷商；伍子胥聪明，却不能保存吴国；申生孝顺，但晋国发生动乱。即使有忠臣、孝子，国家也灭亡混乱，为什么？因为没有明君和贤父听取他们的意见，所以天下人都认为他们的君主和父亲是残忍而可耻的，而同情这些君主和父亲的臣下和儿子。等到死了才能确立忠诚、成

死而后可以立忠成名，是微子[8]不足仁，孔子不足圣，管仲不足大也。”于是应侯称善。

就名声，那么微子不足以成为仁人，孔子不足以成为圣人，管仲不足以被称赞。”于是应侯认为他说得很对。

注释

1 **还**：谋求。

2 **公子卬**(áng)：魏惠王子，与商鞅有旧交。后秦孝公派商鞅攻魏，商鞅用诡诈之计擒公子卬。

3 **悼王**：楚悼王，任用吴起变法，使楚国由弱变强。

4 **越王**：越王勾践。

5 **离**：通“罹(lí)”，遭受。

6 **解**：通“懈”，怠惰。

7 **申生**：姬姓，名申生，晋献公长子。晋献公爱妾骊姬为使其子奚齐成为继承人，诋毁太子申生，迫使申生自缢而亡。

8 **微子**：子姓，宋氏，名启，商王帝乙的长子，商纣王庶兄。周灭商后，被封于宋，成为周朝宋国的开国君王。

原文

蔡泽得少间，因曰：“商君、吴起、大夫种，其为人臣尽忠致功，则可愿矣。闳夭[1]事文王，周公辅成王也，岂不亦忠乎？以君臣论之，商君、吴起、大夫种，其可愿孰与闳夭、周公哉？”应侯曰：“商君、吴起、大夫种不若也。”蔡泽曰：“然则君之主，慈仁任忠，不欺旧故，孰与秦孝公、楚悼王、越王乎？”应侯曰：“未知

译文

蔡泽稍微停了一会儿，接着说：“商鞅、吴起、大夫文种，他们作为人臣尽忠建功，是值得羡慕的了。闳夭侍奉文王，周公辅佐成王，难道不也是一片忠心吗？就君臣关系而言，商鞅、吴起、大夫文种，他们和闳夭、周公相比，哪个更值得羡慕呢？”应侯说：“商鞅、吴起、大夫文种比不上。”蔡泽说：“那么您的君主，慈爱仁德，任用忠良，不欺骗旧友，能比得过秦孝公、楚悼王、越王勾践吗？”应侯说：“不知道是否

何如也。”蔡泽曰：“今主固亲忠臣，不过秦孝、越王、楚悼。君之为主正乱、披患、折难，广地、殖谷，富国、足家、强主，威盖海内，功章万里之外，不过商君、吴起、大夫种。而君之禄位贵盛，私家之富过于三子，而身不退，窃为君危之。语曰：‘日中则移，月满则亏。’物盛则衰，天之常数也；进退、盈缩、变化，圣人之常道也。昔者，齐桓公九合诸侯，一匡天下，至葵丘之会[2]，有骄矜之色，畔者九国。吴王夫差无適[3]于天下，轻诸侯，凌齐、晋，遂以杀身亡国。夏育[4]、太史启[5]叱呼骇三军，然而身死于庸夫。此皆乘至盛不及道理也！

比得上。”蔡泽说：“您的君主固然亲近忠臣，但比不上秦孝公、越王勾践、楚悼王。您为秦王拨乱反正、排忧解难，拓展国土、种植粮食，使国家富有、使家庭富足、使君主强大，声威天下第一，功业扩展到万里之外，但比不上商鞅、吴起、大夫文种。但是您的官位显赫，家庭的富裕超过了这三位，却还不隐退，我私下替您感到危险。俗语说：‘太阳到中午就会西移，月亮圆了就会亏缺。’万物盛极而衰，这是大自然的普遍规律；知道前进后退、扩张收缩、与时变化，这是圣人遵循的普遍规则。从前，齐桓公九次会合诸侯国，匡正天下秩序，到了葵丘之会的时候，流露出傲慢的神色，结果许多国家背叛了他。吴王夫差天下无敌，轻视诸侯，欺凌齐国、晋国，最终身亡国破。夏育、太史启一声呼喝，震骇三军，然而身死于庸夫手中。他们都是在鼎盛之时不懂得适可而止的道理啊。

注释

1 **闳(hóng)夭：**周文王的谋臣。

2 **葵丘之会：**公元前 651 年，齐桓公在葵丘邀集鲁、宋、卫、郑、许、曹等国参加会盟，成为中原的首位霸主。葵丘，春秋宋地，在今河南民权境内。

3 **適：**通“敌”。

4 **夏育：**周时卫人，有勇力，传说能力举千钧。

5 **太史启：**人名，生平不详。

原文

“夫商君为孝公平权衡、正度量、调轻重，决裂阡陌，教民耕战，是以兵动而地广，兵休而国富，故秦无敌于天下，立威诸侯。功已成矣，遂以车裂。楚地持戟百万，白起率数万之师以与楚战，一战举鄢、郢[1]，再战烧夷陵[2]，南并蜀、汉，又越韩、魏，攻强赵，北坑马服[3]，诛屠四十余万之众，流血成川，沸声若雷，使秦业帝。自是之后，赵、楚慑服，不敢攻秦者，白起之势也。身所服者七十余城，功已成矣，赐死于杜邮[4]。吴起为楚悼罢无能，废无用，损不急之官，塞私门之请，壹楚国之俗，南攻杨越[5]，北并陈、蔡[6]，破横散从，使驰说之士无所开其口。功已成矣，卒支解。大夫种为越王垦草[7]创邑，辟地殖谷，率四方之士，专上下之力，以禽劲吴，成霸功，勾践终棓[8]而杀之。此四子者，成

译文

“商鞅为秦孝公统一度量衡，废井田开阡陌，教导百姓耕种和作战，所以军队一出动，国土就扩张，战事一停止，国家就富足，因此秦国能够天下无敌，威震诸侯。功业完成了，却被车裂。楚国有手持战戟的百万军队，白起率领几万军队和楚国作战，一战就攻下了鄢、郢，再战焚烧了夷陵，南边吞并了蜀、汉，又越过韩国、魏国，攻打强大的赵国，北边坑杀赵括，屠杀了赵军四十余万人，血流成河，哀嚎声像隆隆的雷声，使秦国成就帝王之业。从此以后，赵国、楚国畏惧臣服，再不敢攻打秦国，这是由于白起的威势。亲身攻取七十余城，功业已经完成了，却被赐死在杜邮。吴起为楚悼王罢除无能的官员，废除没用的庸吏，裁减多余的冗官，堵塞了私门的人情，统一楚国的风俗，南边攻打杨越，北边吞并陈、蔡，破解了针对楚国的连横、合纵行为，使游说之士无法开口。功业已经完成了，最终却被肢解。大夫文种为越王勾践开垦荒地，建造城邑，开辟土地，种植粮食，率领全国人民，同心协力，降服强大的吴国，成就霸业，越王勾践最终背叛并杀死了他。这四个人，功业完成了而不离开，以至于灾祸

功而不去，祸至于此。此所谓信[9]而不能诎[10]，往而不能反者也。范蠡知之，超然避世，长为陶朱[11]。

降临。这就是所谓的能伸而不能屈，一直向前而不肯回头。范蠡懂得这个道理，离尘脱俗，悄然遁世，成为巨富陶朱公。

注释

1 **鄢**：在今湖北宜城东南。**郢**：楚都，在今湖北荆州。

2 **夷陵**：在今湖北宜昌东南。楚先王的坟墓建于此。公元前 278 年，白起占领此地，焚烧楚先王墓。

3 **马服**：赵武灵王时赵人改穿胡服，故称“马服”。此处指赵将赵括。

4 **杜邮**：在今陕西咸阳。

5 **杨越**：即“扬越”，古族名。居地一说在今江淮及以南地区，一说岭南，一说江汉一带。

6 **陈**：周时诸侯国名，位于今河南淮阳。**蔡**：周时诸侯国名，位于今河南上蔡至新蔡一带。

7 **草**：荒地。

8 **棓**：当作“倍”，通“背”，背叛。

9 **信**：通“伸”。

10 **诎**(qū)：通“屈”。

11 **陶朱**：范蠡辅佐越王勾践灭吴后，遂隐居于陶邑经商，改名“朱公”，世称“陶朱公”。

原文

“君独不观博者乎？或欲大投[1]，或欲分功[2]，此皆君之所明知也。今君相秦，计不下席，谋不出廊庙，坐制诸侯，利施

译文

“您难道没看到过赌博的人吗？有的人想据为己有，有的人想与人共享，这都是您明确了解的。现在您身为秦国国相，计谋从没下过席子、走出朝廷，坐着就控制诸侯，占领韩国三川，来充实宜阳实力，控制

三川，以实宜阳，决羊肠之险，塞太行之口，又斩范、中行[3]之途，栈道千里于蜀、汉，使天下皆畏秦。秦之欲得矣，君之功极矣，此亦秦之分功之时也！如是不退，则商君、白公[4]、吴起、大夫种是也。君何不以此时归相印，让贤者授之，必有伯夷之廉，长为应侯，世世称孤，而有乔、松[5]之寿，孰与以祸终哉？此则君何居焉？”应侯曰：“善。”乃延入坐为上客。

羊肠险道，堵塞太行山口，又截断三晋来往的道路，修筑千里栈道，通到蜀、汉之地，使天下诸侯都畏惧秦国。秦国的目的实现了，您的功劳也达到极点，这正是秦国分享功劳的时候！如果这时还不抽身而退，那么结局就和商鞅、白起、吴起、大夫文种他们一样了。您为什么不在这个时候归还相印，让贤能的人接任，必定会有伯夷一样的廉名，永远为应侯，世代称孤，享有王子乔、赤松子那样的寿命，与最终遭受祸患比起来哪个更好呢？您应该怎么做呢？”应侯说：“好。”于是请他入座，待为上宾。

注释

1 **大投：**赌博时孤注一掷。

2 **分功：**赌博时和他人合作共分彩金。

3 **范、中行：**晋国二卿，代指晋国。

4 **白公：**即白起。

5 **乔、松：**古代传说中的两位长寿仙人。乔，王子乔。松，赤松子。

原文

后数日，入朝，言于秦昭王曰：“客新有从山东来者蔡泽，其人辩士。臣之见人甚众，莫有及者，臣不如也。”秦昭王召见，与语，大说之，拜为客卿。应侯

译文

过了几天，范雎上朝，对秦昭王说：“最近有个从东方来的客人叫蔡泽，是个能言善辩的人。我见过的人很多，没有能比得上他的，我也不如他。”秦昭王召见蔡泽，和他交谈，非常高兴，拜他为客卿。范雎就称病辞官，请求归还相印。

因谢病,请归相印。昭王强起应侯,应侯遂称笃,因免相。昭王新说蔡泽计画,遂拜为秦相,东收周室。蔡泽相秦王数月,人或恶之,惧诛,乃谢病归相印,号为刚成君。居秦十余年,事昭王、孝文王、庄襄王,卒事始皇帝。为秦使于燕,三年而燕使太子丹入质于秦。

昭王竭力挽留范雎,范雎声称病重,于是免去他的相位。秦昭王近来欣赏蔡泽的计划,于是拜他为相国,向东灭了周室。蔡泽辅佐秦王几个月后,有人诋毁他,他怕被诛杀,于是称病归还相印,被封为刚成君。蔡泽在秦国生活了十余年,侍奉过秦昭王、孝文王、庄襄王,最后侍奉秦始皇。他曾为秦国出使燕国,三年之后燕国派太子丹来秦国做人质。

濮阳人吕不韦贾于邯郸

导读

商人吕不韦在赵国邯郸遇见了秦国人质公子异人,决定进行一场政治投资,于是上演了历史上著名的"奇货可居"的故事。这场投资是吕氏的一次人生大冒险,只要一个环节出现纰漏即功亏一篑,倾家荡产。在这场游戏中,两个主角分工明确,互相配合,各司其职。吕不韦先成功游说秦王王后华阳夫人的弟弟阳泉君,让其劝说姐姐收异人为子,让异人回国,又成功游说赵国隆重地将异人送回秦国。以上工作不仅体现了吕不韦作为商人极为精明的一面,更展示了他非凡的政治才华。异人在吕不韦的调教下,其表现亦令人满意,着楚服讨得了华阳夫人的欢心,略献小计赢得了秦王青睐。最后吕不韦导演的这场戏剧完美谢幕，堪称历史上最经典、最成功的政治投资。同时我们也不得不感叹，政治还可以这样玩。

原文

濮阳[1]人吕不韦[2]贾[3]于邯郸，见秦质子异人[4]，归而谓父曰："耕田之利几倍？"曰："十倍。""珠玉之赢[5]几倍？"曰："百倍。""立国家之主赢几倍？"曰："无数。"曰："今力田疾作，不得暖衣余食；今建国立君，泽可以遗世。愿往事之。"秦子异人质于赵，处于鄗城[6]。故往说之曰："子傒[7]有承国之业，又有母在中。今子无母于中[8]，外托于不可知之国，一日倍约，身为粪土。今子听吾计事，求归，可以有秦国。吾为子使秦，必来请子。"

译文

濮阳人吕不韦在邯郸做买卖，见到秦国的人质公子异人，回到家对自己的父亲说："耕种田地获利有几倍？"父亲说："十倍。"吕不韦问："经营珠宝生意获利有几倍？"父亲回答："一百倍。"吕不韦问："拥立一个国家的君主获利有几倍？"回答："无数倍。"吕不韦说："现在努力耕田劳作，不能够穿暖吃饱；假如拥立一个国君，福泽能够流传后世。我希望去事奉他。"秦国公子异人在赵国做人质，住在聊城。吕不韦前去游说他说："子傒将继承国家君位，又有母亲在宫中支持。现在您没有母亲在宫中支持，在外又寄居在态度不明的赵国，一旦两国背弃盟约，您将一文不值。现在您听从我的谋划，请求回国，就可以拥有秦国。我替您去秦国活动，他们必定会来请您回去。"

注释

1 **濮阳：**卫邑，在今河南濮阳西南。

2 **吕不韦：**姜姓，吕氏，名不韦，卫国濮阳人，战国末期著名商人、政治家。助秦庄襄王继位，任相国，封文信侯。主持编纂《吕氏春秋》。秦始皇时被尊为“仲父”，后因太后之事被废自杀。

3 **贾(gǔ)**:经商。

4 **异人**:嬴姓，赵氏，秦孝文王之子。曾在赵国做人质，后为秦庄襄王。秦始皇之父。

5 **赢**:利润。

6 **聊(liáo)城**:地名。在今山东聊城西北。

7 **子傒(xī)**:秦孝文王的长子，异人的异母弟。

8 **无母于中**:异人母无地位，等于无母。

原文

乃说秦王后弟阳泉君[1]曰:“君之罪至死，君知之乎?君之门下无不居高尊位，太子[2]门下无贵者。君之府藏珍珠宝玉，君之骏马盈外厩，美女充后庭。王之春秋高[3]，一日山陵崩[4]，太子用事，君危于累卵而不寿于朝生[5]。说有可以一切，而使君富贵千万岁，其宁于太山[6]四维，必无危亡之患矣。”阳泉君避席，请闻其说。不韦曰:“王年高矣，王后无子，子傒有承国之业，士仓[7]又辅之。王一日山陵崩，子傒立，士仓用事，王后之门必生蓬蒿。子异人贤材也，弃在于赵，无母于内，引领西望，而愿一得归。王

译文

吕不韦于是游说秦王王后的弟弟阳泉君说:“您犯了死罪，您知道吗?您的门下都占据高官尊位，太子门下没有一个尊贵的。您的府上藏满珍珠宝玉，您的骏马充满了马厩，美女充满了后宫。秦王年事已高，一旦哪一天去世，太子继位，您处境危如累卵，性命危在旦夕。有一个办法能够解决这一切，使您富贵长寿，稳如泰山，必定没有危亡的祸患。”阳泉君离开座位，请求指教。吕不韦说:“大王年纪大了，王后没有儿子，子傒有继承王位的资格，又有杜仓辅佐他。秦王一旦哪一天去世了，子傒继位，杜仓执掌朝政，王后的门庭必然冷落。公子异人是贤能的人，被遗弃在赵国，宫内没有母亲支持，伸着脖子遥望西边，希望有一天回到秦国。假如王后能恳请大王立他

后诚请而立之，是子异人无国而有国，王后无子而有子也。”阳泉君曰：“然。”入说王后，王后乃请赵而归之。

为太子，那么公子异人本没有国家却有国家了，王后本没有儿子却有儿子了。”阳泉君说：“是。”入宫告诉王后，王后就请求赵国让异人返回秦国。

注释

1 **阳泉君：**本名芈宸，秦孝文王王后华阳夫人的弟弟。

2 **太子：**指子傒。

3 **春秋高：**年事已高。

4 **山陵崩：**指秦王死，避讳的说法。

5 **朝生：**指朝开夕落的木槿花。

6 **太山：**即“泰山”，在今山东泰安北。

7 **士仓：**秦昭王时相国杜仓。

原文

赵未之遣，不韦说赵曰：“子异人，秦之宠子也，无母于中，王后欲取而子之。使秦而欲屠赵，不顾一子以留计，是抱空质也。若使子异人归而得立，赵厚送遣之，是不敢倍[1]德畔[2]施，是自为德讲。秦王老矣，一日晏驾[3]，虽有子异人，不足以结秦。”赵乃遣之。异人至，不韦使楚服而见。王后悦其状，高其知，曰：“吾楚人也。”而自子之，乃变其名曰

译文

赵国没有送公子异人回秦，吕不韦游说赵王说：“公子异人是秦王宠爱的儿子，在宫中没有母亲，王后想让他回去做自己的儿子。假使秦国要屠灭赵国，不会顾惜一个儿子而延缓进攻，这样您就留着一个没用的人质。假如让公子异人回国得以立为秦王，赵国将他隆重送回去，他肯定不会背叛赵国对他的恩惠，这是以德相交的办法。秦王老了，一旦哪一天去世，您即使有公子异人做人质，也不足以和秦国结好。”赵王于是把异人送回秦国。异人回国后，吕不韦让他穿着楚国服装去见王后。王后

楚。王使子诵，子曰：“少弃捐在外，尝无师傅所教学，不习于诵。”王罢之，乃留止。间曰：“陛下尝轫车[4]于赵矣，赵之豪杰得知名者不少。今大王反[5]国，皆西面而望。大王无一介之使以存之，臣恐其皆有怨心，使边境早闭晚开。”王以为然，奇其计。王后劝立之，王乃召相，令之曰：“寡人子莫若楚。”立以为太子。子楚立，以不韦为相，号曰文信侯，食蓝田[6]十二县。王后为华阳太后，诸侯皆致秦邑。

很喜欢他的装扮，认为他智商高，说：“我是楚国人。”于是把异人收为自己的儿子，就将他的名字改为“楚”。秦王让异人诵书，异人说：“我从小流落在外，没有师傅教我学习，不懂得诵书。”秦王作罢，把他留了下来。过了一会儿，异人对秦王说：“陛下曾经在赵国待过，赵国豪杰和您结识的不少。现在您回国了，他们都还西向相望呢。大王您没有派一位使者前去慰问过他们，我担心他们怨恨您，最好让边境关卡早关晚开，以防不测。”秦王认为有道理，奇异于他的计策。王后劝大王立子楚为太子，秦王于是召见相国，下令说：“我儿子中没有哪个比得上子楚的。”将他立为太子，子楚即位，让吕不韦做相国，号为文信侯，赐给他蓝田十二县作为封地。王后号为华阳太后，诸侯各国都来献上封邑。

注释

1 **倍：**通“背”。

2 **畔：**通“叛”。

3 **晏驾：**天子死亡的一种讳称。

4 **轫(rèn)车：**停车。对秦王在赵国做人质一事的委婉说法。

5 **反：**同“返”。

6 **蓝田：**地名。在今陕西蓝田。

战国策

齐策

靖郭君善齐貌辨

导读

靖郭君田婴厚待门客齐貌辨，即使齐氏行为不检，为人诟病，他也力排众议，待之为上宾。士为知己者死，齐貌辨在主人危难之际，置生死于度外，挺身而出，扭转了局势，报答了靖郭君的知遇之恩。文章成功地刻画了靖郭君知人善任和齐貌辨知恩图报的两种人物性格。

原文

靖郭君善齐貌辨[1]。齐貌辨之为人也多疵，门人弗说[2]。士尉[3]以证[4]靖郭君，靖郭君不听，士尉辞而去。孟尝君[5]又窃以谏，靖郭君大怒曰："刬[6]而类，破吾家，苟可慊[7]齐貌辨者，吾无辞为之。"于是舍之上舍，令长子御，旦暮进食。数年，威王[8]薨，宣王[9]立。靖郭君之交，大不善于宣王，辞而之薛，与齐貌辨俱留。无几何，齐貌辨辞而行，请见宣王。

译文

靖郭君很喜欢齐貌辨。齐貌辨为人有很多毛病，门客们都不喜欢他。门客士尉来劝说靖郭君，靖郭君不听，士尉便告辞离去。他的儿子孟尝君又私下劝谏，靖郭君非常生气地说："即使铲除你们这些人，毁掉我的家，如果能够满足齐貌辨的话，我一句话也不说就去做。"于是把齐貌辨安排在上等客舍，让长子侍候，早晚送去食物。几年以后，齐威王去世，齐宣王即位。靖郭君与齐宣王的关系很紧张，于是辞官回到薛邑，和齐貌辨一同留在那

原文	译文
靖郭君曰："王之不说婴甚，公往必得死焉！"齐貌辨曰："固不求生也，请必行。"靖郭君不能止。	里。没过多久，齐貌辨告辞离开，请求去见齐宣王。靖郭君说："宣王很不喜欢我，您去了必死无疑！"齐貌辨说："我本来就没打算活命，请务必让我去！"靖郭君不能阻止他。

注释

1 **齐貌辨**：齐人，靖郭君门客。

2 **说**：通"悦"。

3 **士尉**：齐人，靖郭君门客。

4 **证**：谏正。

5 **孟尝君**：田文，号孟尝君，靖郭君子。"战国四公子"之一，门下养士三千。

6 **刬**(chǎn)：通"铲"，铲除。

7 **慊**(qiè)：满足。

8 **威王**：齐威王，名因齐。在位期间励精图治、礼贤下士，任用邹忌、田忌、孙膑等人，称雄诸侯；并在国都临淄稷门外建稷下学宫，广招天下贤才，成为当时的文化中心。

9 **宣王**：齐宣王，名辟疆，齐威王子。在位时光大稷下学宫，文化繁荣，但在处理与燕、楚、秦等国外交关系时出现失误，导致齐国衰败。

原文	译文
齐貌辨行至齐，宣王闻之，藏怒以待之。齐貌辨见宣王，王曰："子，靖郭君之所听爱夫！"齐貌辨曰："爱则有之，听则无有。王之方为太子之时，辨谓靖郭君曰：'太子相不仁，过颐豕视[1]，若	齐貌辨到了齐都，宣王听说后，怀着怒气等待他。齐貌辨见到宣王，宣王说："先生就是靖郭君言听计从又很喜欢的那个人吧！"齐貌辨说："喜欢是有，不过言听计从却没有。大王当年做太子的时候，我曾对靖郭君说：'太子长相不仁厚，脸颊过长，目光呆滞，像这

是者倍[2]反。不若废太子，更立卫姬婴儿郊师[3]。’靖郭君泣而曰：‘不可，吾不忍也。’若听辨而为之，必无今日之患也。此为一。至于薛，昭阳[4]请以数倍之地易薛，辨又曰：‘必听之。’靖郭君曰：‘受薛于先王，虽恶于后王，吾独谓先王何乎？且先王之庙在薛，吾岂可以先王之庙与楚乎？’又不肯听辨。此为二。”宣王大息，动于颜色，曰：“靖郭君之于寡人一至此乎？寡人少，殊不知此。客肯为寡人来靖郭君乎？”齐貌辨对曰：“敬诺。”

种面相是一种背叛之相。不如废掉太子，改立卫姬的儿子郊师为太子。’靖郭君哭着说：‘不行，我不忍心。’如果听我的话做了，必定没有今天的忧患。这是其一。我们到了薛邑，楚将昭阳请求用数倍的土地交换薛邑，我又说：‘一定要同意他。’靖郭君说：‘我从先王那里接受薛邑，即便后面的王对我不好，我怎么能对不起先王呢？况且先王的宗庙在薛邑，我怎能把先王的宗庙给楚国呢？’又不肯听我的建议。这是其二。”宣王长叹一声，满脸感动地说：“靖郭君对待我，竟然到了这个地步吗？我年轻，完全不知道这些情况。您愿意替我将靖郭君请回来吗？”齐貌辨回答说：“好的。”

注释

1 **过颐豕视：**脸颊过长，目光无神。

2 **倍：**通“背”，背叛。

3 **郊师：**齐威王卫姬的儿子，齐宣王的异母弟。

4 **昭阳：**楚将，楚怀王时任令尹。

原文

靖郭君衣威王之衣冠，带其剑，宣王自迎靖郭君于郊，望之而泣。靖郭君至，因请相之。靖郭君辞，不得已

译文

靖郭君穿戴上威王赏赐的衣服和帽子，佩带着威王赏赐的宝剑，宣王亲自到郊外迎接他，远远看到他竟流下眼泪。靖郭君回来后，宣王请他担任

而受。七日，谢病强辞，靖郭君辞不得，三日而听。当是时，靖郭君可谓能自知人矣！能自知人，故人非之不为沮。此齐貌辨之所以外生、乐患、趣[1]难者也！

相国。靖郭君辞谢，不得已才接受。七天后，靖郭君称病坚决请辞，不被同意，三天后宣王才答应。在这个时候，靖郭君可以算得上真正了解人才了！能够真正了解人才，所以别人非议他也不会怀疑。这就是齐貌辨能忘记生死，乐于替他解忧，勇于奔赴困难的原因啊！

注释

1 **趣**：通"趋"。

邯郸之难

导读

赵国邯郸被魏军围攻，赵求救于齐，齐臣段干纶力排众议，主张救赵。对于此次军事行动，段干纶提出舍邯郸而攻魏襄陵的战略战术，这样可以达到赵破而魏弱的目的，符合齐国的国家利益。事实证明了段干纶的军事智慧，后来齐军于桂陵一举击溃不可一世的魏军。"围魏救赵"成为战国时期的经典战例。

原文

邯郸之难[1]，赵求救于齐。田侯[2]召大臣而谋曰：

译文

魏国围攻赵国都城邯郸，赵国向齐国求救。齐威王召集大臣商量说："是救

"救赵孰与勿救?"邹子[3]曰:"不如勿救。"段干纶[4]曰:"弗救,则我不利。"田侯曰:"何哉?""夫魏氏兼邯郸,其于齐何利哉?"田侯曰:"善。"乃起兵,曰:"军于邯郸之郊。"段干纶曰:"臣之求利且[5]不利者,非此也。夫救邯郸,军于其郊,是赵不拔而魏全也。故不如南攻襄陵[6]以弊魏,邯郸拔而承魏之弊,是赵破而魏弱也。"田侯曰:"善。"乃起兵南攻襄陵。七月,邯郸拔。齐因承魏之弊,大破之桂陵[7]。

赵国还是不救呢?"邹忌说:"不如不救。"段干纶说:"不救的话,对我国不利。"齐威王说:"为什么?"段干纶说:"魏国一旦兼并了邯郸,这对齐国有什么好处呢?"齐威王说:"好。"于是出兵,说:"驻军在邯郸城外。"段干纶说:"我所求的有利或不利,并不是这样。救援邯郸,在它的城外驻军,这样做赵都就不会被攻陷而魏军毫无损伤。所以不如向南进攻襄陵使魏军疲敝,邯郸被攻破而魏军疲敝,这样赵国残破而魏国也削弱了。"齐威王说:"好。"于是发兵向南攻打襄陵。七月,邯郸被攻破。齐军于是趁着魏军疲敝,在桂陵大败魏军。

注释

1 **邯郸之难:**指魏国围攻赵国都城邯郸。邯郸,赵国国都,在今河北邯郸西南。

2 **田侯:**即战国时齐国国君齐威王。

3 **邹子:**即邹忌,战国时齐国人,齐威王时曾任齐相,封地下邳(pī),号成侯。

4 **段干纶:**齐国大臣,生平不详。

5 **且:**抑或。

6 **襄陵:**魏邑,在今河南睢县西。

7 **桂陵:**在今河南长垣,一说在今山东菏泽。

成侯邹忌为齐相

导读

齐相邹忌与将军田忌不和，将相不和本是正常现象，但邹忌却接受了门客的建议，公报私仇，借刀杀人。更为恶劣的是，他们阴谋未遂，居然又设一毒计栽赃陷害田忌谋反，使田忌有口难辩，只好从齐国逃走。邹忌本是一位颇有才华和思想的政治人物，但为了打击异己，不择手段，暴露了其鲜为人知的阴暗一面。

原文

成侯邹忌为齐相，田忌为将，不相说[1]。公孙闬[2]谓邹忌曰："公何不为王谋伐魏？胜，则是君之谋也，君可以有功；战不胜，田忌不进，战而不死，曲挠而诛。"邹忌以为然，乃说王而使田忌伐魏。田忌三战三胜，邹忌以告公孙闬，公孙闬乃使人操十金而往卜于市，曰："我田忌之人也，吾三战而三胜，声威天下，欲为大事，亦

译文

成侯邹忌担任齐国相国，田忌担任将军，两人关系不好。公孙闬对邹忌说："您为什么不向齐王建议讨伐魏国？胜利了，那是您的谋划，您可以立功；战败了，那是田忌进攻不力，即使没有战死，也会因退缩而被杀。"邹忌认为有道理，于是劝说齐王命田忌讨伐魏国。田忌三战三胜，邹忌把此事告诉了公孙闬，公孙闬于是派人拿着十金到集市上去占卜，说："我是田忌的部下，我们三战三胜，威震天下，打算干一番大事业，算算是不是吉利？"占卜的人出

吉否？”卜者出，因令人捕为人卜者，亦验其辞于王前。田忌遂走。

来后，就命人逮捕了算卦先生，带他到齐王面前证明占卜者的话。田忌于是逃离了齐国。

注释

1 **说：**通“悦”。

2 **公孙闬(hàn)：**齐人，邹忌门客。

邹忌修八尺有余

导读

邹忌讽齐王纳谏的故事广为人知。齐相邹忌结合自己与徐公比美的故事，进谏齐威王，指出齐王所受之蔽。于是齐王广开言路，从谏如流，接纳群言，使齐国政治清明，国势强盛，威震诸侯。历史上像邹忌这样积极进谏的臣子并不少见，但像齐威王这样从谏如流的君王却是凤毛麟角，百年难遇。

原文

邹忌修[1]八尺[2]有余，身体昳丽[3]。朝服衣冠，窥镜，谓其妻曰：“我孰与城北徐公美？”其妻曰：“君美甚，徐公何能及君也！”城北徐公，齐国之美丽者也。

译文

邹忌身高八尺多，形象俊美。有一天早晨，他穿好衣服、戴上帽子，照着镜子，对他的妻子说：“我和城北的徐公相比哪个更美？”他的妻子说：“您更美，徐公哪能比得上您呢！”城北的徐公是齐国有名的美男子。邹忌不相信自己比

忌不自信，而复问其妾曰："吾孰与徐公美？"妾曰："徐公何能及君也！"旦日，客从外来，与坐谈，问之客曰："吾与徐公孰美？"客曰："徐公不若君之美也！"明日，徐公来。孰视之，自以为不如；窥镜而自视，又弗如远甚。暮寝而思之曰："吾妻之美我者，私我也；妾之美我者，畏我也；客之美我者，欲有求于我也。"

徐公还美，于是又问他的小妾说："我和徐公相比哪个更美？"小妾说："徐公哪能比得上您呢！"第二天，有客人来访，邹忌和他坐着谈话，问客人说："我和徐公相比哪个更美？"客人说："徐公比不上您美！"又过了一天，徐公来了。邹忌仔细打量他，自愧不如；照着镜子端详自己，又觉得相差甚远。晚上睡觉的时候思考这件事，自悟说："我的妻子认为我美，是偏爱我；小妾认为我美，是害怕我；客人认为我美，是有事相求于我啊。"

注释

1 **修：**长。

2 **尺：**周尺，1 尺约 20 厘米。

3 **昳(yì)丽：**光艳美丽。

原文

于是入朝见威王[1]曰："臣诚知不如徐公美，臣之妻私臣，臣之妾畏臣，臣之客欲有求于臣，皆以美于徐公。今齐地方千里，百二十城，宫妇左右，莫不私王；朝廷之臣，莫不畏王；四境之内，莫不有求于王。由此观之，王之蔽甚矣！"王曰："善。"乃下令："群

译文

于是邹忌上朝面见威王说："我自知确实不如徐公美，我的妻子偏爱我，我的小妾害怕我，我的客人有事相求于我，都说我比徐公美。如今齐国土地方圆千里，有一百二十座城池，宫中后妃和身边亲信，没有不偏爱大王的；朝堂上的大臣们，没有不害怕大王的；全国百姓，没有不有求于大王的。由此看来，大王所受的蒙蔽非常严重

臣吏民能面刺寡人之过者，受上赏；上书谏寡人者，受中赏；能谤议于市朝，闻寡人之耳者，受下赏。”

令初下，群臣进谏，门庭若市。数月之后，时时而间进。期年之后，虽欲言，无可进者。燕、赵、韩、魏闻之，皆朝于齐。此所谓战胜于朝廷。

啊！”威王说：“有道理。”于是下令：“无论朝廷大臣、官吏还是百姓，能够当面指责我过错的，受上等奖赏；在奏章中规劝我的，受中等赏赐；能在公开场合批评我，传到我耳朵里的，受下等赏赐。”

命令刚刚下达，大臣们都来提意见，朝廷内外像集市一样热闹。几个月之后，断断续续有人来提意见。一年之后，即便想进言，也没什么可说的了。燕国、赵国、韩国、魏国听说这件事后，都来朝拜齐国。这就是所说的在朝廷上战胜别国。

注释

1 **威王**：即齐威王。

秦假道韩魏以攻齐

导读

齐威王命令匡章率兵抵抗秦军，匡章率军队与秦军对垒扎营，让士兵易帜、易服混杂于秦军中，齐国的侦察人员三番五次地向齐王汇报说匡章投降了秦军，但齐王不为所动。不久齐军大胜，秦国称臣。原来齐王知道匡章是个大孝子，其父杀母埋于马棚下，父死后匡章不改父之志，不为母改葬。忠臣出于孝子之门，齐王可谓做到了知人善任，用人不疑。

原文

秦假道韩、魏以攻齐，齐威王使章子[1]将而应之。与秦交和而舍[2]，使者数相往来，章子为变其徽章[3]，以杂秦军。候者[4]言章子以齐入秦，威王不应。顷之间，候者复言章子以齐兵降秦，威王不应。而此者三。有司请曰："言章子之败者，异人而同辞。王何不发将而击之？"王曰："此不叛寡人明矣，曷为击之？"

译文

秦国借道韩、魏攻打齐国，齐威王派匡章率军应战。匡章和秦军对垒扎营，派使者多次来往于两军，并改变军队旗帜和衣服标识，混杂在秦军中。侦察兵向威王汇报说匡章率兵投降了秦军，威王没有理会。过了一会儿，侦察兵又说匡章率军投降了秦军，威王还是没有理会。像这样连续三次。主管官员请示说："说匡章背叛国家的，都是不同的人，说的都相同。大王为什么不派兵去攻打他？"威王说："他不会背叛我，事实很清楚，为什么要去攻打他呢？"

注释

1 **章子：**战国时齐国名将匡章，孟子学生。

2 **和：**军门。**舍：**驻扎。

3 **徽章：**旗帜和士兵服装的标识。

4 **候者：**侦察兵。

原文

顷间，言齐兵大胜，秦军大败，于是秦王[1]拜西藩之臣而谢于齐。左右曰："何以知之？"曰："章子之母启[2]得罪其父，其父杀之而埋马栈[3]之下。吾使章子将也，勉之曰：'夫子

译文

没过多久，就传来消息说齐军大胜，秦军大败，于是秦王向齐国自称西边的藩臣，并向齐国谢罪。齐王身边的亲信问："大王怎么知道匡章不会背叛您？"威王说："匡章的母亲启得罪了他的父亲，他的父亲杀了他的母亲并把她埋在马棚下面。我派匡章率兵，勉励他说：'你很勇敢，等

之强，全兵而还，必更葬将军之母。’对曰：‘臣非不能更葬先妾也。臣之母启得罪臣之父，臣之父未教而死。夫不得父之教而更葬母，是欺死父也，故不敢。’夫为人子而不欺死父，岂为人臣欺生君哉？”

率军凯旋，我一定重新安葬你的母亲。’匡章回答说：‘我并不是不能改葬我的母亲。我的母亲启得罪了我的父亲，我的父亲没有留下遗命就死了。没有得到父亲的命令就改葬母亲，这是辜负死去的父亲，所以不敢自作主张。’作为儿子不敢辜负死去的父亲，作为臣子又怎么会辜负活着的国君呢？”

注释

1 **秦王：**指秦惠文王。

2 **启：**匡章母亲名。

3 **马栈：**马棚。

苏秦为赵合从说齐宣王

导读

苏秦游说齐王加入赵国倡导的合纵联盟，其说辞主要从两个方面展开。其一，齐国地势险要，军力强大，人口众多，经济发达，百姓富庶，综合国力强。其二，相比于与秦接壤的韩、魏抗秦具有天然劣势不同，齐国抗秦具有地势险要、易守难攻的优势，此外秦国攻齐要跨过韩、魏，还有惧怕韩、魏袭击的后顾之忧。苏秦的说辞感染力强，很容易激发抗敌胜利的信念。文中苏秦对齐国临淄城市生活的渲染，对于我们了解战国时期城市商业化进程具有重要的参考价值。

原文

苏秦为赵合从说齐宣王[1]曰："齐南有太山[2]，东有琅邪[3]，西有清河[4]，北有渤海，此所谓四塞之国也。齐地方二千里，带甲数十万，粟如丘山。齐车[5]之良，五家之兵[6]，疾如锥矢，战如雷电，解如风雨。即有军役，未尝倍太山、绝清河、涉渤海也。临淄之中七万户，臣窃度之，下户三男子，三七二十一万，不待发于远县，而临淄之卒固以二十一万矣。临淄甚富而实，其民无不吹竽、鼓瑟、击筑、弹琴、斗鸡、走犬、六博[7]、蹹踘[8]者；临淄之途，车毂击，人肩摩，连衽[9]成帷，举袂[10]成幕，挥汗成雨，家敦而富，志高而扬。夫以大王之贤与齐之强，天下不能当。今乃西面事秦，窃为大王羞之！

译文

苏秦为赵国建立合纵联盟，游说齐宣王说："齐国南边有泰山，东边有琅邪山，西边有清河，北边有渤海，这是所谓的四边都险要的国家。齐国的土地方圆两千里，精兵数十万，粮食堆积如山。齐国的精兵良将，行动迅速得如锐利的短箭，战斗威力如电闪雷鸣，军队解散如骤风暴雨。即便有战争，也从没到背对泰山、横渡清河、越过渤海。临淄城有七万户人家，我私下计算，每户有三个男子，三七二十一万人，不用征调远方的军队，光是临淄城的士兵就有二十一万了。临淄非常富有殷实，百姓没有不吹竽、鼓瑟、击筑、弹琴、斗鸡、走犬、六博、踢球的；临淄的道路上，车辆穿梭，行人摩肩接踵，连起衣襟就成帷帐，举起袖子就成幕布，挥一把汗水就像下雨，家家殷实富裕，志气高扬。凭借大王的贤明和齐国的强大，天下没有哪国能够匹敌。如今却西面服事秦国，我私下替大王感到羞耻！

注释

1 **齐宣王：**田氏，名辟疆，齐威王之子。

2 **太山**:即“泰山”,在今山东泰安。

3 **琅邪**:山名。在今山东胶南南境。

4 **清河**:指济水。

5 **齐车**:当作“三军”。

6 **五家之兵**:即“五都之兵”,指齐军主力。

7 **六博**:古代一种棋戏。

8 **蹋鞠**(tà jū):古代一种类似足球的运动。

9 **衽**(rèn):衣襟。

10 **袂**(mèi):衣袖。

原文

“且夫韩、魏之所以畏秦者,以与秦接界也。兵出而相当,不至十日而战胜存亡之机决矣。韩、魏战而胜秦,则兵半折,四境不守;战而不胜,以亡随其后,是故韩、魏之所以重与秦战而轻为之臣也。今秦攻齐则不然,倍韩、魏之地,过卫阳晋[1]之道,径亢父[2]之险,车不得方轨[3],马不得并行,百人守险,千人不能过也。秦虽欲深入,则狼顾,恐韩、魏之议其后也。是故恫疑虚猲[4],高跃而不敢进,则秦不能害齐,亦已明矣。夫不深料秦之不奈我何也,而欲西面事秦,是群臣之计过

译文

“韩国、魏国之所以害怕秦国,是因为和秦国接壤。一旦兵戎相见,不到十天,胜负存亡就见分晓了。即便韩国、魏国战胜了秦国,兵力也损失一半,边境无法守卫;如果战争失败了,紧接着就是国家灭亡,所以韩国、魏国不愿和秦国打仗,而轻易地向秦国俯首称臣。如今秦国攻打齐国却不是这样,背对韩、魏国土,越过卫国阳晋要道,穿过亢父的险路,战车不能并驾,战马不能并行,一百人防守险隘,一千人也不能通过。秦国即便想要深入腹地,也会像狼一样狐疑,害怕韩国、魏国在后面袭击它。所以虚张声势,恐吓威胁,动静很大却不敢前行,那么秦国不能危害齐国,是很明显的。不仔细考虑秦国不能把我怎么样,却想向西面

也。今无臣事秦之名，而有强国之实，臣固愿大王之少留计。”齐王曰：“寡人不敏，今主君以赵王之教诏之，敬奉社稷以从。”

服事秦国，这是群臣们的计谋错了。现在齐国还没有称臣服事秦国的名声，而有强国的实力，我坚决地希望大王稍微考虑一下。”齐王说：“我不聪明，现在您把赵王的教诲告诉我，我恭敬地把国家托付给您。”

注释

1 **阳晋**：卫地，在今山东郓城西。
2 **亢父**：齐邑，在今山东济宁南。
3 **方轨**：两车并行齐驱。
4 **猲(hè)**：通“喝”。

昭阳为楚伐魏

导读

昭阳替楚国攻打魏国，大获全胜，想一鼓作气，移师齐国。齐王派遣陈轸劝其罢兵。陈轸抓住与其利益息息相关的升迁问题，用画蛇添足的寓言故事形象地告诫昭阳，破魏已让其立身扬名，功成名就，应该适可而止，否则会招来杀身之祸，最终一无所有。陈轸的说辞举重若轻，寓意深刻，极有说服力，使昭阳轻易就范。

原文

昭阳[1]为楚伐魏，覆军杀将得八城，移

译文

昭阳替楚国攻打魏国，歼灭魏军，杀其将领，拿下了八座城池，进而转移军队攻打齐兵而攻齐。陈轸为齐王[2]使，见昭阳，再拜贺战胜，起而问：“楚之法，覆军杀将，其官爵何也？”昭阳曰：“官为上柱国[3]，爵为上执圭[4]。”陈轸曰：“异贵于此者何也？”曰：“唯令尹[5]耳。”陈轸曰：“令尹贵矣！王非置两令尹也，臣窃为公譬可也。楚有祠者，赐其舍人卮[6]酒。舍人相谓曰：‘数人饮之不足，一人饮之有余。请画地为蛇，先成者饮酒。’一人蛇先成，引酒且饮之，乃左手持卮，右手画蛇，曰：‘吾能为之足。’未成，一人之蛇成，夺其卮曰：‘蛇固无足，子安能为之足？’遂饮其酒。为蛇足者，终亡其酒。今君相楚而攻魏，破军杀将得八城，不弱兵，欲攻齐，齐畏公甚。公以是为名居足矣，官之上非可重也。战无不胜而不知止者，身且死，爵且后归，犹为蛇足也！”昭阳以为然，解军而去。

国。陈轸受齐王派遣，面见昭阳，他向昭阳拜了两拜，祝贺他打了胜仗，起身问道：“依照楚国的制度，歼灭敌军，杀其将领，能够得到什么官爵呢？”昭阳说：“官位能封为上柱国，爵位能封为上执圭。”陈轸说：“比这更尊贵的是什么？”昭阳说：“只有令尹了。”陈轸说：“令尹是最显贵的了！大王不会设置两个令尹啊，让我私下给您打个比方吧。楚国有个祭祀的人，赐给他身边的门客一杯酒。门客们互相商量说：‘这酒我们几人喝不够，一人喝有余。请大家在地上画一条蛇，先画成的喝了此酒。’有一人先画完，拿起酒杯准备喝，他左手端着酒杯，右手画蛇，说：‘我能给它画上脚。’还没画成，另一个人的蛇画完了，夺过他手中的酒杯说：‘蛇本来就没有脚，你怎么能给它画上脚？’于是将酒一饮而尽。为蛇画脚的人，最终没有喝到酒。现在您辅佐楚国攻打魏国，破军杀将，拿下了八座城池，兵力没有耗损，又打算攻打齐国，齐国很惧怕您。您凭这些立身扬名足够了，官位不可能再有加封了。战无不胜却不懂得适可而止的人，将有杀身之祸，官爵也将为后来的人所有，就像给蛇画上脚一样啊！”昭阳认为他的话有道理，就罢兵回国了。

注释

1 **昭阳**:名云,字阳,楚昭王后裔,楚国“三户”(昭、屈、景)之一。楚怀王时率兵伐魏,为主将。后为楚国令尹、上柱国。

2 **齐王**:齐威王。

3 **上柱国**:楚国最高武官。

4 **上执圭**:楚国的最高爵位。

5 **令尹**:楚国最高官职,相当于相国。

6 **卮**(zhī):古代一种盛酒的器皿。

孟尝君将入秦

导读

孟尝君欲事秦国,众人劝阻不听,苏秦前去游说。孟尝君以想听“鬼事”而不想听“人事”为由阻其开口,苏秦便舍“人事”而谈“鬼事”,即兴讲了一个土偶与桃梗辩难的故事,劝谏孟尝君不可学桃梗,否则入秦便失归路。苏秦信手拈来的寓言故事,想象奇特,寓意深刻,生动形象,比喻贴切,发人深省。孟尝君很轻易就被说服了。

原文

孟尝君将入秦,止者千数而弗听。苏秦欲止之,孟尝曰:“人事者,吾已尽知之矣;吾所未闻者,独鬼事耳。”苏秦曰:“臣之来也,固

译文

孟尝君将要去秦国,上千人劝阻他也不肯听从。苏秦想阻止他,孟尝君说:“人世间事,我已经全都知道了;我没听说过的,只有关于鬼神的事情。”苏秦说:“我今天来,本来就不敢说人世间事,只

不敢言人事也，固且以鬼事见君。”孟尝君见之。谓孟尝君曰：“今者臣来，过于淄[1]上，有土偶人与桃梗相与语[2]。桃梗谓土偶人曰：‘子，西岸之土也，挻[3]子以为人，至岁八月，降雨下，淄水至，则汝残矣。’土偶曰：‘不然。吾西岸之土也，吾残则复西岸耳。今子，东国之桃梗也，刻削子以为人，降雨下，淄水至，流子而去，则子漂漂者将何如耳。’今秦，四塞之国，譬若虎口，而君入之，则臣不知君所出矣。”孟尝君乃止。

想和您谈谈鬼神的事。”孟尝君接见了他。苏秦对孟尝君说：“我今天来，经过淄水时，有一个泥偶人和木偶人在相互交谈。木偶人对泥偶人说：‘你本是西岸上的泥土，被制成了人形，到了今年八月份，天降大雨，淄水上涨，你就会被冲垮了。’泥偶人说：‘不对。我本是西岸上的泥土，被冲垮后就又重新回到西岸上了。而你是东方国家的桃梗，被雕刻成人形，天降大雨，淄水到来，把你冲走，那时你就漂漂荡荡不知道要去哪里了。’如今秦国是四境险隘的国家，好比老虎的大口，您如果进去了，我不知道您从哪里出来。”孟尝君于是放弃了行程。

注释

1 **淄：**淄水，发源于今山东莱芜东北。

2 **土偶人：**泥土塑的人。**桃梗：**桃木刻的人。

3 **挻：**应作“埏(shān)”，用水调和泥土。

孟尝君舍人有与君之夫人相爱者

导读

孟尝君的门客与其夫人有私情，孟尝君淡然处之，非但不置对方于死地，反而将其推荐给卫国国君，受到重用。后来齐、卫交恶，此人挺身而出，据理力争，打消了卫君联合诸侯攻齐的念头，避免了一场大战。孟尝君面对侮辱，以德报怨，表现出一种博大的胸怀和气度。门客知恩图报，以德报德，亦值得赞扬。

原文

孟尝君舍人有与君之夫人相爱者。或以问孟尝君曰："为君舍人而内与夫人相爱，亦甚不义矣，君其杀之。"君曰："睹貌而相悦者，人之情也，其错[1]之勿言也。"

居期年，君召爱夫人者而谓之曰："子与文游久矣，大官未可得，小官公又弗欲。卫君与文布衣交[2]，请具车马皮币，愿君以此从卫

译文

孟尝君的门客中有个人与他夫人有私情。有人拿此事问孟尝君说："作为您的门客却和您的夫人有私情，这实在太不讲道义，您应杀了他。"孟尝君说："看到美丽的容貌而爱慕，这是人之常情，放下这件事，不要再提了。"

一年之后，孟尝君召见和夫人有私情的那个门客，对他说："您和我在一起交往的时间很长了，大官没得到，小官您又不想要。卫国国君在还未即位前就和我私交甚好，我为您准备了车马、皮裘、缯帛等礼物，希望您带着这些跟随卫国

君游出仕。”舍人游于卫甚重。

齐、卫之交恶，卫君甚欲约天下之兵以攻齐。是人谓卫君曰：“孟尝君不知臣不肖，以臣欺君。且臣闻齐、卫先君刑马压羊[3]，盟曰：‘齐、卫后世无相攻伐，有相攻伐者，令其命如此。’今君约天下之兵以攻齐，是足下倍先君盟约而欺孟尝君也。愿君勿以齐为心。君听臣则可；不听臣，若臣不肖也，臣辄以颈血湔[4]足下衿。”卫君乃止。齐人闻之曰：“孟尝君可谓善为事矣，转祸为功。”

国君吧！”这个门客在卫国出仕，很受重视。

齐国和卫国关系恶化，卫国国君很想联合天下诸侯军队去攻打齐国。这人对卫国国君说：“孟尝君不知我没有才能，蒙蔽您而将我推荐给您。我听说齐国、卫国的先王杀马宰羊歃血为盟说：‘齐国、卫国的后代不许相互攻打，若有攻打对方的，让他的性命如同这些马、羊。’现在您联合天下诸侯军队去攻打齐国，这是您违背先王的盟约而辜负孟尝君。希望您不要一心想着攻齐。您若听从我还可以；若不听从我，像我这么无能的人，立刻就将脖子的鲜血溅在您的衣襟上。”卫国国君于是放弃了攻打齐国的计划。齐国人听说了这件事，说：“孟尝君真算得上善于处理事情，把祸患转变为了功劳。”

注释

1 **错：**通“措”，放置。

2 **布衣交：**不拘身份地位高低的交情，亦指贫贱之交。

3 **刑马压羊：**杀马宰羊。

4 **湔：**通“溅”。

孟尝君有舍人而弗悦

导读

高士鲁仲连劝阻孟尝君逐客。他广譬连类，连举三个事例，来说明事物皆有优缺点，用人不能舍其所长、用其所短的道理。鲁仲连的说辞生动形象，分析透辟，让人折服。孟尝君听后欣然接受，表现出了海纳百川的气度。

原文

孟尝君有舍人而弗悦，欲逐之。鲁连[1]谓孟尝君曰："猿狝猴错木据水[2]，则不若鱼鳖；历险乘危，则骐骥不如狐狸。曹沫[3]之奋三尺之剑，一军不能当；使曹沫释其三尺之剑，而操铫鎒[4]与农夫居垄亩[5]之中，则不若农夫。故物舍其所长，之其所短，尧亦有所不及矣。今使人而不能，则谓之不肖；教人而不能，则谓之拙。拙则罢之，不肖则弃之。使人

译文

孟尝君不喜欢身边的一位门客，打算把他赶走。鲁仲连对孟尝君说："猕猴离开树木到了水中，就比不上鱼鳖；穿越险峻、攀援悬崖，骏马就比不上狐狸。曹沫挥动三尺长剑，一支军队也抵挡不住；假使曹沫放下手中的三尺长剑，而手握锄具，和农民们在田野中种地，就还比不上农民。所以万物如果舍弃它的长处，而使用它的短处，尧也有不如别人的地方。现在使用人，若他做不到，就说他无能；教育人，若他学不会，就说他笨拙。笨拙就放弃他，无能就抛弃他。使用人时把

有弃逐，不相与处，而来害相报者，岂非世之立教首也哉？”孟尝君曰：“善。”乃弗逐。

一些人弃逐，不能和他们很好相处，将来这些人回头伤害、报复驱逐他的人，这难道是为世人树立用人榜样吗？”孟尝君说：“好。”于是不再驱逐那个门客。

注释

1 **鲁连：**即鲁仲连，齐之高士。

2 **猿：**疑为衍文。**错：**通“措”，舍弃。

3 **曹沫：**一作“曹昧”，春秋鲁国人，勇武有力。鲁庄公十三年，鲁与齐会盟，曹沫持匕首胁迫齐桓公归还鲁地。

4 **铫鎒(yáo nòu)：**古代锄草的农具。铫，古时一种大锄。鎒，古时一种农具。

5 **垄亩：**田野。垄，田中分界高起的土埂。

淳于髡一日而见七人于宣王

导读

淳于髡一天之内向齐宣王推荐了七位贤士，齐宣王对此有些看法。淳于髡不以为然，他先以鸟兽、中药作比喻，告之以物以类聚、人以群分的道理，进而直言不讳地表明自己和贤人是同类，荐贤只不过是举手之劳。淳于髡的辩词逻辑严密，言简意深，令人信服。此外，淳于髡以贤士自居，充分体现了其心胸坦荡的君子之风及其人格魅力。

原文

淳于髡一日而见七人于宣王[1]。王曰："子来，寡人闻之：'千里而一士，是比肩而立；百世而一圣，若随踵而至也。'今子一朝而见七士，则士不亦众乎？"淳于髡曰："不然。夫鸟同翼者而聚居，兽同足者而俱行。今求柴葫、桔梗[2]于沮泽[3]，则累世不得一焉；及之睪黍、梁父[4]之阴[5]，则郄[6]车而载耳。夫物各有畴[7]，今髡贤者之畴也。王求士于髡，譬若挹水于河，而取火于燧[8]也。髡将复见之，岂特七士也！"

译文

淳于髡一天之内将七个人荐举给齐宣王。宣王说："先生您来，我听说：'方圆一千里之地能出一位贤士，就多得像肩并肩地站在一起；一百年能出一位圣人，就多得像后脚跟着前脚到来。'现在您一天之内就荐举了七位贤士，那么贤士不是太多了吗？"淳于髡说："不对。翅膀相同的鸟儿会聚居在一起，脚足相同的野兽会一起出行。现在到沼泽地里去寻求柴胡、桔梗，那么几代也找不到一根；到睪黍、梁父两山的北边去找，那么就可以敞开车厢装载了。万物各有它的同类，如今我淳于髡与贤士是同一类。大王向我寻求贤士，就好比从黄河里舀水，用燧石取火一样容易。我将继续向大王荐举贤士，哪里只是这七个人啊！"

注释

1 **宣王：**齐宣王，齐威王之子。

2 **柴葫、桔梗：**皆中药名，生长在山地上。

3 **沮泽：**水草丛生的沼泽地带。

4 **睪(gāo)黍、梁父：**皆山名。睪黍，今地不详。梁父，在今山东泰安东南。

5 **阴：**山北为阴。

6 **郄(xì)：**同"郤"，敞开。

7 **畴：**种类。

8 **燧：**上古取火的器具。

齐欲伐魏

导读

淳于髡博学多才，滑稽善辩，言语中处处充满了睿智。齐王想要攻打魏国，淳于髡又一次发挥奇思妙想，讲述了“犬兔相逐，农夫得利”的寓言故事，告诉齐王“齐、魏相争，秦、楚得利”的道理，劝其止兵。故事妙趣横生，生动贴切，寓意深刻，引人入胜。

原文

齐欲伐魏。淳于髡谓齐王曰：“韩子卢[1]者，天下之疾犬也。东郭逡[2]者，海内之狡兔也。韩子卢逐东郭逡，环山者三，腾山者五，兔极于前，犬废于后，犬兔俱罢，各死其处。田父见之，无劳倦之苦，而擅其功。今齐、魏久相持，以顿[3]其兵，弊其众，臣恐强秦、大楚承其后，有田父之功。”齐王惧，谢将休士也。

译文

齐国想要攻打魏国。淳于髡对齐王说：“韩子卢是天下善跑的狗。东郭逡是天下狡猾的兔子。韩子卢追逐东郭逡，环绕着山跑了三圈，翻越了山五次，兔子在前面筋疲力竭，狗在后面累趴在地，狗和兔子都体力透支，倒地而死。农夫看到了，没有花费一点力气，就将它们收入囊中。现在齐国和魏国交战，军队疲乏，人民疲敝，我担心强大的秦国和楚国在后面坐享其成，像农夫那样轻易得手。”齐王害怕了，撤回了军队。

注释

1 **韩子卢**：韩国一种被称为卢的良犬。

2 **东郭逡**(qūn)：一种兔名。

3 **顿**：劳，疲。

齐人有冯谖者

导读

本文是齐人冯谖的一篇人物传记，文章主要通过三个事例塑造了冯谖这一人物形象。“弹剑而歌”的故事让我们看到了一个贪得无厌的冯谖，他的贪婪和无耻与孟尝君的真诚和包容形成了鲜明的对照。“市义”的故事则是冯谖崭露头角的开始，体现了他非凡的政治智慧与高瞻远瞩的政治眼光。“狡兔三窟”的故事则充分体现了冯谖的老谋深算、足智多谋。文章通过对比与反衬，使用先抑后扬的手法，使得故事情节跌宕起伏，充满戏剧性。

原文

齐人有冯谖[1]者，贫乏不能自存，使人属[2]孟尝君，愿寄食门下。孟尝君曰：“客何好？”曰：“客无好也。”曰：“客何能？”曰：“客无能也。”孟尝君笑而受之曰：“诺。”左右以君贱

译文

有个叫冯谖的齐国人，穷得不能养活自己，求人托情于孟尝君，希望依附在他的门下讨碗饭吃。孟尝君问：“他有什么爱好？”回答说：“他没什么爱好。”孟尝君问：“他有什么才能？”回答说：“他没什么才能。”孟尝君笑着接受说：“好吧！”孟尝君的随从们因为主人轻视冯

之也，食以草具。居有顷，倚柱弹其剑，歌曰：“长铗[3]归来乎！食无鱼。”左右以告。孟尝君曰：“食之，比门下之客。”居有顷，复弹其铗，歌曰：“长铗归来乎！出无车。”左右皆笑之，以告。孟尝君曰：“为之驾，比门下之车客。”于是乘其车，揭[4]其剑，过其友曰：“孟尝君客我。”后有顷，复弹其剑铗，歌曰：“长铗归来乎！无以为家。”左右皆恶之，以为贪而不知足。孟尝君问：“冯公有亲乎？”对曰：“有老母。”孟尝君使人给其食用，无使乏。于是冯谖不复歌。

谖，就给他粗茶淡饭吃。住了没多久，冯谖靠着柱子弹着他的佩剑，歌唱道：“长剑啊，回去吧！吃饭没有鱼。”随从们告诉了孟尝君。孟尝君说：“给他鱼吃，待遇和其他门客一样。”住了又没多久，冯谖又弹着他的佩剑，歌唱道：“长剑啊，回去吧！出行没有车。”随从们都嘲笑他，告诉了孟尝君。孟尝君说：“给他准备车，待遇和其他有车的门客一样。”于是冯谖坐着车，举着剑，去拜访他的朋友说：“孟尝君把我当作门客看待。”随后不久，冯谖又弹着佩剑，歌唱道：“长剑啊，回去吧！没有东西来养家。”随从们都厌恶他，觉得他贪得无厌。孟尝君问道：“冯先生有亲人吗？”随从们回答说：“有老母亲在。”孟尝君派人给冯谖的母亲送去食物与生活用品，不要让她生活匮乏。从此冯谖不再歌唱。

注释

1 **冯谖**(xuān)：战国时齐人，孟尝君门客。

2 **属**(zhǔ)：嘱托。

3 **长铗**(jiá)：长剑。

4 **揭**：举。

原文

后孟尝君出记[1]，问门下诸客：“谁习计会[2]，能为

译文

后来孟尝君出示布告，询问门客们说：“谁熟悉会计业务，能替我到薛邑收

文收责[3]于薛者乎？”冯谖署曰：“能。”孟尝君怪之，曰：“此谁也？”左右曰：“乃歌夫‘长铗归来’者也。”孟尝君笑曰：“客果有能也，吾负之，未尝见也。”请而见之，谢曰：“文倦于事，愦[4]于忧，而性懧[5]愚，沉于国家之事，开罪于先生。先生不羞，乃有意欲为收责于薛乎？”冯谖曰：“愿之。”于是约车治装，载券契[6]而行，辞曰：“责毕收，以何市而反[7]？”孟尝君曰：“视吾家所寡有者。”

驱而之薛，使吏召诸民当偿者悉来合券。券遍合，起矫命以责赐诸民，因烧其券，民称万岁。

长驱到齐，晨而求见。孟尝君怪其疾也，衣冠而见之，曰：“责毕收乎？来何疾也！”曰：“收毕矣。”“以何市而反？”冯谖曰：“君云‘视吾家所寡有者’。臣窃计，君宫中积珍宝，狗马实外厩，美人充

租债吗？”冯谖署上自己名字说：“我能。”孟尝君很奇怪，问：“这位是谁？”随从们说：“就是那个唱‘长剑回去吧’的人啊。”孟尝君笑着说：“此门客果然有才能，我辜负了他，从没有接见过他呢。”就请冯谖来相见，向他道歉说：“我被各种琐事弄得很疲倦，忧虑又让我糊里糊涂，加上我天性懦弱愚笨，沉溺于国家事务中，得罪了先生。先生不感到羞辱，还愿意为我到薛邑去收租债吗？”冯谖说：“愿意去。”于是准备车马、收拾行李，载上契约准备出发，辞行时问：“收完租债，买些什么东西回来呢？”孟尝君说：“看我家缺少什么就买什么。”

冯谖驱车到了薛邑，命小吏召集那些该还租债的人都来核对契约。契约核对完毕，冯谖起身假托孟尝君的命令，把租债全部赏赐给百姓，又当众焚烧了契约，百姓们欢呼万岁。

冯谖快马加鞭赶回齐都，一大早就去求见孟尝君。孟尝君对他这么快回来感到很诧异，穿好衣服、戴好帽子来见他，问：“租债都收完了吗？怎么回来得这么快！”冯谖说：“都收完了。”孟尝君问：“买了什么回来？”冯谖说：“您说‘看我家缺少什么就买什么’。我私下想，您宫中堆满了珍珠宝物，狗马充满了厩棚，

下陈[8]。君家所寡有者，以义耳！窃以为君市义。”孟尝君曰：“市义奈何？”曰：“今君有区区之薛，不拊[9]爱子其民，因而贾利之。臣窃矫君命，以责赐诸民，因烧其券，民称万岁。乃臣所以为君市义也。”孟尝君不说[10]，曰：“诺。先生休矣！”

堂下站满了美女。您家里所缺少的，只有义了！我私下替您买了义回来。”孟尝君说：“买义是怎么一回事？”冯谖说：“现在您只有一个小小的薛邑，不把您的百姓当儿子一样爱抚，反而像商人那样从他们身上获取利益。我私下假托您的命令，把租债赏赐给了百姓，并焚烧了契约，百姓们欢呼万岁。这就是我为您买的义啊。”孟尝君听了很不高兴，说：“好。先生休息去吧！”

注释

1 **记**：文告，公告。
2 **计会**：会计。
3 **责**：同“债”。
4 **愦**(kuì)：昏乱。
5 **懧**(nuò)：同“懦”，懦弱。
6 **券契**：古代证明买卖、抵押、租赁等关系的契据，常分为两半，双方各执其一。
7 **反**：同“返”。
8 **下陈**：堂下的庭院。
9 **拊**：同“抚”，抚慰。
10 **说**：通“悦”。

原文

后期年，齐王[1]谓孟尝君曰：“寡人不敢以先王之臣为臣。”孟尝君就国于

译文

过了一年，齐闵王对孟尝君说：“我不敢用先王的大臣作为自己的臣子。”孟尝君只好回到自己的封地薛邑。离薛邑

薛。未至百里，民扶老携幼，迎君道中。孟尝君顾谓冯谖："先生所为文市义者，乃今日见之。"冯谖曰："狡兔有三窟，仅得免其死耳。今君有一窟，未得高枕而卧也。请为君复凿二窟。"孟尝君予车五十乘，金五百斤，西游于梁，谓梁王曰："齐放其大臣孟尝君于诸侯，诸侯先迎之者，富而兵强。"于是，梁王虚上位，以故相为上将军，遣使者，黄金千斤，车百乘，往聘孟尝君。冯谖先驱诫孟尝君曰："千金，重币也；百乘，显使也。齐其闻之矣。"梁使三反，孟尝君固辞不往也。

齐王闻之，君臣恐惧，遣太傅赍黄金千斤[2]，文车二驷[3]，服剑一，封书谢孟尝君曰："寡人不祥，被于宗庙之祟，沉于谄谀之臣，开罪于君，寡人不足为也。愿君顾先王之宗庙，姑反国统万人乎？"冯谖诫孟尝君曰："愿请先王之祭器，立宗庙于薛。"庙成，还报孟尝君曰："三窟

还有一百里地，百姓们扶着老人、带着孩子，等在路上迎接他。孟尝君回头对冯谖说："先生为我买的义，今天终于看到了。"冯谖说："狡猾的兔子有三个洞穴，仅仅能免于一死。现在您只有一个洞穴，还不能高枕无忧。请让我为您再凿两个洞穴。"孟尝君给他五十辆车，五百斤黄金，向西去游说魏国，对魏王说："齐王把大臣孟尝君放逐给其他国家，诸侯中先把他迎接去的，国家一定能富裕而强大。"于是魏王空出相位，让原来的相国做了上将军，派遣使者，带着千斤黄金、百辆车，前去聘请孟尝君。冯谖提前驱车告诫孟尝君说："千斤是厚重的聘金，百乘是显要的使节。齐国应当会听说这事吧。"魏国使者来回多次，孟尝君始终坚辞不肯前往。

齐王听到消息，君臣恐惧，派太傅携带千斤黄金，彩车两辆，佩剑一把，并写信向孟尝君道歉说："我不幸，祖宗神灵降罪于我，被阿谀谄媚的大臣蛊惑，得罪了您，我实在不值得同情。希望您念及先王的宗庙，暂且返回国家治理百姓好吗？"冯谖告诫孟尝君说："希望求得先王的祭祀礼器，在薛邑建立宗庙。"宗庙建成，回来报告孟尝君说："现在三个洞穴已经建成了，

已就，君姑高枕为乐矣。”

孟尝君为相数十年，无纤介[4]之祸者，冯谖之计也。

您就高枕无忧，快乐地生活吧。”

孟尝君做了几十年齐相，没有丝毫灾祸，全凭冯谖的谋略。

注释

1 **齐王:**齐闵王。

2 **太傅:**官名，三公之一。**赍**(jī)**:**携带。

3 **文车:**有纹饰的车辆。**驷:**四匹马拉的车。

4 **纤介:**细微。介，通“芥”。

齐宣王见颜斶

导读

战国时期的纵横家大都以追求荣华富贵为人生目标，但也有另类，颜斶就是其中一个典型。在齐宣王面前，颜斶不卑不亢，不慕权势，喊出了“士贵耳，王者不贵”的口号。在与宣王等人的辩难中，他以古代儒家圣贤为例，运用《易传》《老子》等作理论论证，充分阐述了得士者得天下，自古明王贵士的道理，使宣王折服。在得到宣王礼遇后，他拒绝仕进，希望归乡过一种晚食当肉、安步当车、保持本性、保全形神的隐士生活。显然颜斶是一位儒道兼修，深受道家思想影响的人物。

原文

齐宣王见颜斶[1]，曰："斶前！"斶亦曰："王前！"宣王不悦。左右曰："王，人君也。斶，人臣也。王曰斶前，亦曰王前，可乎？"斶对曰："夫斶前为慕势，王前为趋士。与使斶为趋势，不如使王为趋士。"王忿然作色曰："王者贵乎？士贵乎？"对曰："士贵耳，王者不贵。"王曰："有说乎？"斶曰："有。昔者秦攻齐，令曰：'有敢去柳下季垄五十步而樵采者[2]，罪死不赦。'令曰：'有能得齐王头者，封万户侯，赐金千镒[3]。'由是观之，生王之头，曾不若死士之垄也。"宣王默然不悦。左右皆曰："斶来，斶来！大王据千乘之地，而建千石钟[4]、万石虡[5]。天下之士，仁义皆来役处；辩知并进，莫不来语；东西南北，莫敢不服。求万物无不备具，而百姓无不亲附。今夫士之高者乃称匹夫，徒

译文

齐宣王召见颜斶，说："颜斶来我跟前！"颜斶也说："大王来我跟前！"宣王很不高兴。宣王身边的人说："大王是一国之君，颜斶你只是一个臣子罢了。大王叫你上前，你也叫大王上前，这样合适吗？"颜斶回答说："我到大王跟前是贪慕权势，大王到我跟前是礼贤下士。与其让我贪慕权势，不如让大王礼贤下士。"齐王变了脸色，愤怒地说："是国君尊贵，还是士人尊贵？"颜斶回答说："当然是士人尊贵，国君并不尊贵。"齐王问："这话有说法吗？"颜斶说："有。以前秦国攻打齐国，下令说：'有胆敢到柳下季坟墓五十步之内去砍柴的，处以死罪，决不赦免。'又下令说：'有能献上齐王头颅的，封为万户侯，赏赐黄金千镒。'由此看来，活着的国君的头颅还比不上已死的士人坟墓啊。"宣王默不作声，很不高兴。宣王身边的人都说："颜斶你过来，颜斶你过来！大王拥有千乘之国，建造了千石重的钟、万石重的钟架。天下的仁义之士，都来投奔效力；辩士和谋士一起前来，纷纷进言献策；四方诸侯，没有不服从的。所需要的东西无不具备，而百姓们没有不亲附的。如今士人中最尊贵的也不

步而处农亩，下则鄙野监门闾里[6]，士之贱也亦甚矣！”

过是普通民众，徒步而行，劳作于农田中；地位低的士人则住在穷乡僻壤，在里巷以看门为生，士人的地位实在太低贱了！”

注释

1 **颜斶(chù)：**战国时期齐国的隐士。

2 **柳下季：**即柳下惠，春秋时鲁国大夫。**垄：**坟墓。

3 **镒(yì)：**古代重量单位。一镒为二十两，一说二十四两。

4 **石：**古代重量单位。一石重一百二十斤。**钟：**古代乐器。

5 **虡(jù)：**悬挂钟、磬等乐器的架子。

6 **鄙野：**郊外之地。**监门：**守门人。**闾(lǘ)里：**泛指平民聚居的地方。

原文

斶对曰：“不然。斶闻古大禹之时，诸侯万国，何则？德厚之道，得贵士之力也。故舜起农亩，出于野鄙而为天子。及汤之时，诸侯三千。当今之世，南面称寡者乃二十四。由此观之，非得失之策与？稍稍诛灭，灭亡无族之时，欲为监门闾里，安可得而有乎哉？是故《易传》不云乎：‘居上位未得其实，以喜其为名者，必以骄奢为行。据[1]慢骄奢，则凶从之。’是故无其实而喜其名者削，无德而望其福

译文

颜斶回答说：“不对。我听说古代大禹时期，诸侯国有上万个，这是为什么？因为道德淳厚，得利于贤士的大力支持啊。所以舜起用于农田，出身于村野而成为天子。到了商汤的时候，诸侯国还有三千个。当今这个时代，面向南面自称寡人的只有二十四个。由此看来，这不是用士政策的得失所然吗？诸侯逐渐被诛灭，等到国破家亡之时，想做个里巷的看门人，哪里还有机会呢？所以《易传》上不是说过：‘身处高位却没有真正才能，喜欢用虚名标榜自己的人，行为必定骄横、奢侈。而傲慢、骄横、奢侈就会带来祸患。’所以没有真正的才能却只图虚名的人会遭到削除，没有

者约，无功而受其禄者辱，祸必握[2]。故曰：'矜功不立，虚愿不至。'此皆幸乐其名，华而无其实德者也。是以尧有九佐，舜有七友，禹有五丞，汤有三辅，自古及今，而能虚成名于天下者无有。是以君王无羞亟问，不愧下学。是故成其道德而扬功名于后世者，尧、舜、禹、汤、周文王是也。故曰：'无形者，形之君也。无端者，事之本也。'夫上见其原，下通其流，至圣人明学，何不吉之有哉！老子曰：'虽贵，必以贱为本；虽高，必以下为基。'是以侯王称孤、寡、不榖。是其贱之本与？夫孤寡者，人之困贱下位也，而侯王以自谓，岂非下人而尊贵士与？夫尧传舜，舜传禹，周成王任周公旦，而世世称曰明主，是以明乎士之贵也。"

德行却希望有福分的人会穷困，没有功劳却享受俸禄的人会受污辱，遭遇的灾祸必定会严重。所以说：'夸耀功劳不能建立功业，只是空想不能达到目标。'这些都是喜爱追慕虚名，浮华而没有实际德行的人啊。所以尧有九人辅佐，舜有七位挚友，禹有五位贤臣，汤有三位辅臣，从古到今，能够不依靠帮助凭空扬名于天下的人，还没有。所以君王不以向别人多问为耻辱，不以向地位低的人学习感到羞愧。所以成就道德而名扬后世的人，就是尧、舜、禹、汤、周文王这样的人。所以说：'无形是有形的主宰，没有端绪是事物的开端。'上能够追溯事物的源头，下能通晓事物的流变，达到了圣人的道德学问，哪里还有不顺利的事呢！老子说：'虽贵必以贱为根本，虽高必以下为根基。'所以诸侯、君王自称孤、寡、不榖。这不是以卑贱作为根本吗？孤、寡是最为低贱的，而诸侯、君王用来自称，这难道不是甘居人下而尊重士人吗？尧传位给舜，舜传位给禹，周成王任用周公旦，世世代代称他们是明主，这是因为他们懂得士人的可贵啊。"

注释

1 **据**：通"倨"。

2 **握**：通"渥"，重。

原文

宣王曰："嗟乎！君子焉可侮哉，寡人自取病耳！及今闻君子之言，乃今闻细人[1]之行，愿请受为弟子。且颜先生与寡人游，食必太牢，出必乘车，妻子衣服丽都。"颜斶辞去曰："夫玉生于山，制则破焉，非弗宝贵矣，然夫璞不完。士生乎鄙野，推选则禄焉，非不得尊遂[2]也，然而形神不全。斶愿得归，晚食以当肉，安步以当车，无罪以当贵，清静贞正以自虞[3]。制言者，王也；尽忠直言者，斶也。言要道已备矣，愿得赐归，安行而反臣之邑屋。"则再拜而辞去也。斶知足矣，归反于璞，则终身不辱也。

译文

宣王说："唉！君子怎么能侮辱呢，我真是自取其辱啊！直到今天我听到君子的高论，才明白小人的行径。真心希望您能接受我为弟子。如果颜先生和我交游，吃的一定是牛、羊等肉类，出行必定乘坐车子，妻子儿女都能穿华丽的衣服。"颜斶推辞说："璞玉生在山里，一经雕琢就破坏了原貌，并不是它不宝贵，而是璞玉已不完整了。士人生在偏僻乡野，被推举选拔获得俸禄，并不是不尊贵了，而是他的形体和精神就不能保全了。我希望回到家乡，晚些吃饭，味同吃肉；缓步慢行，代替坐车；不犯什么过错，权当富贵；清静坚贞，自得其乐。发号施令的是大王，尽忠直言的是我颜斶。我的话道理都说得很详尽了，希望准许我回去，安稳地回到我家乡的小屋。"于是拜了两拜，告辞离开。颜斶是知足的人，他回归自然本性，终身都没有受辱。

注释

1 **细人：**小人，见识短浅的人。

2 **尊遂：**尊贵显达。

3 **虞：**通"娱"。

先生王斗造门而欲见齐宣王

导读

战国中后期,人才在各国的竞争中发挥着越来越大的作用。与此同时,士人的人格尊严亦成为了一种较为自觉的群体意识。在这样的背景下,纵横策士中也出现了这样一些个体,他们一方面努力捍卫士的尊严,另一方面大力呼吁统治者重视人才。齐宣王时的王斗就是这样一个人物。他去拜见宣王,要求宣王亲自迎接,宣王到宫门迎接他,他面对宣王的恭维,说话尖刻,让齐王难堪。他更是针对齐王提出的"当今之世无士"的观点进行批驳,毫不留情地批评齐王不好士的错误做法。齐王在其义正词严的教训后,最终认识到错误,从而重视选拔贤人治国,使齐国大治。

原文

先生王斗[1]造门而欲见齐宣王,宣王使谒者延入[2]。王斗曰:"斗趋见王为好势,王趋见斗为好士,于王何如?"使者复还报。王曰:"先生徐之,寡人请从。"宣王因趋而迎之于门,与入,曰:"寡人奉先君之宗庙,守社

译文

先生王斗登门想要拜见齐宣王,宣王让谒者请他进来。王斗说:"我去拜见大王是贪慕权势,大王来迎接我是礼贤下士,大王应如何做?"谒者又回去通报。宣王说:"让先生稍候,我马上去迎接。"宣王于是快步走到宫门迎接王斗,和他一起进宫,说:"我守护着先王的宗庙,治理国家,听说先生敢于直言

稷，闻先生直言正谏不讳。”王斗对曰：“王闻之过。斗生于乱世，事乱君，焉敢直言正谏？”宣王忿然作色，不说。

劝谏，无所忌讳。”王斗回答说：“大王听错了。我生活在乱世之中，侍奉昏庸的君王，哪里敢直言劝谏？”宣王听了满脸怒气，很不高心。

注释

1 **王斗：**人名。齐人。

2 **谒者：**古时泛指传达、通报的人。**延：**请。

原文

有间，王斗曰：“昔先君桓公所好者五，九合诸侯，一匡天下，天子受籍[1]，立为大伯[2]。今王有四焉。”宣王说，曰：“寡人愚陋，守齐国，唯恐失抎[3]之，焉能有四焉？”王斗曰：“否。先君好马，王亦好马；先君好狗，王亦好狗；先君好酒，王亦好酒；先君好色，王亦好色；先君好士，是王不好士。”宣王曰：“当今之世无士，寡人何好？”王斗曰：“世无骐骥、騄耳[4]，王驷已备矣。世无卢氏之狗[5]，王之走狗已具矣。世无毛嫱、西施，王宫已充矣。王亦

译文

过了一会儿，王斗说：“以前先王齐桓公有五种爱好，他多次会盟诸侯，一举匡正天下，天子赐给他爵位，立他为霸主。现在大王您有四种爱好和他一样。”宣王很高兴，说：“我愚蠢浅陋，守护齐国，唯恐有所闪失，哪里有和先王相同的四种爱好呢？”王斗说：“不。先王喜欢马，大王也喜欢马；先王喜欢狗，大王也喜欢狗；先王喜欢喝酒，大王也喜欢喝酒；先王喜好美色，大王也喜好美色；先王喜欢贤士，可大王不喜欢贤士。”宣王说：“当今世上已没有贤士，我怎么去喜欢贤士？”王斗说：“世间没有骐骥、騄駬这样的骏马，然而大王车马已经具备。世间没有韩卢那样的良犬，然而大王已拥有善跑的猎犬。世间没有毛嫱、西施那样的美女，然而美女已经充满了大王后宫。

不好士也，何患无士？”王曰：“寡人忧国爱民，固愿得士以治之。”王斗曰：“王之忧国爱民，不若王爱尺縠[6]也。”王曰：“何谓也？”王斗曰：“王使人为冠，不使左右便辟而使工者，何也？为能之也。今王治齐，非左右便辟无使也，臣故曰不如爱尺縠也。”宣王谢曰：“寡人有罪国家。”于是举士五人任官，齐国大治。

大王只不过不喜欢贤士罢了，何愁世上没有贤士呢？”宣王说：“我忧国爱民，当然希望得到贤士的辅佐来治理国家。”王斗说：“大王忧国爱民，还比不上您喜爱一尺绉纱啊。”宣王说：“什么意思？”王斗说：“大王让人做帽子，不叫身边宠信的人去做而是让工匠去做，为什么？因为他们善于做。如今大王治理齐国，不是身边宠信的人就不任用，所以我说大王忧国爱民还比不上爱一尺绉纱啊。”宣王道歉说：“我治理国家有过错。”于是推举了五位贤士担任要职，齐国得到了很好的治理。

注释

1 **籍：**位，此处指天子封爵。

2 **伯：**通“霸”。

3 **抎(yǔn)：**失去。

4 **骐骥、騄耳：**皆良马名。

5 **卢氏之狗：**指韩国名犬。

6 **縠(hú)：**有皱纹的纱。

齐王使使者问赵威后

导读

战国中后期，统治阶级将富国强兵作为首要国策，但也有少数较为开明的政治家表现出一定的民本思想，赵威后就是其中一位。赵威后接见齐襄王派来的使者，未开书信，先询问齐国的年成、百姓状况，再问候齐王，引起使者不满。威后则义正词严，告之以民贵君轻之理，舍本逐末不可取。之后威后又问询齐国贤士与孝女的状况，对齐国不重视人才与轻视民风的现象进行了批评。显然，赵威后是一位思想进步的政治家，像赵威后这样的女性，有如此远见卓识，在那个年代是难能可贵的。

原文

齐王[1]使使者问赵威后[2]，书未发[3]，威后问使者曰："岁亦无恙耶？民亦无恙耶？王亦无恙耶？"使者不说，曰："臣奉使使威后，今不问王而先问岁与民，岂先贱而后尊贵者乎？"威后曰："不然。苟无岁，何以有民？苟无民，何以有君？故

译文

齐王派使者去问候赵威后，书信还没有开启，赵威后就问使者说："齐国年成还好吗？百姓日子还好吗？大王身体还好吗？"使者不高兴，说："我奉命出使来慰问太后，如今您不问候我们大王，却先问起了年成和百姓，这不是卑贱在前而尊贵在后吗？"威后说："不对。如果年成不好，百姓怎么生活？如果没有百姓，哪里还有君王？所以哪有舍弃根

有问舍本而问末者耶？”乃进而问之曰：“齐有处士曰钟离子[4]，无恙耶？是其为人也，有粮者亦食[5]，无粮者亦食；有衣者亦衣，无衣者亦衣。是助王养其民也，何以至今不业也？叶阳子[6]无恙乎？是其为人，哀鳏寡[7]，恤孤独[8]，振困穷，补不足。是助王息其民者也，何以至今不业也？北宫之女婴儿子无恙耶[9]？彻其环瑱[10]，至老不嫁，以养父母。是皆率民而出于孝情者也，胡为至今不朝也？此二士弗业，一女不朝，何以王齐国，子万民乎？於陵子仲[11]尚存乎？是其为人也，上不臣于王，下不治其家，中不索交诸侯。此率民而出于无用者，何为至今不杀乎？”

本而先问末节的呢？”于是威后又进一步问道：“齐国有个隐士叫钟离子的，还好吗？这个人为人，有粮食的也给饭吃，没粮食的也给饭吃；有衣服的也给衣穿，没衣服的也给衣穿。这是帮助国君赡养百姓啊，怎么到现在还没让他成就功业呢？叶阳子还好吗？这个人为人，哀怜鳏寡者，关心孤独者，救济穷困潦倒的人，帮助贫穷的人。这是帮助国君使百姓生活安定啊，为什么到现在还没有成就功业呢？北宫家那个叫婴儿子的女子还好吗？她摘掉首饰，到老还不嫁人，来赡养父母。这是率领百姓奉行孝道啊，怎么到现在还没有得到朝廷接见呢？这两个贤士没有成就功业，一个孝女没有得到朝廷接见，齐王又怎么治理国家，养育百姓呢？於陵子仲还在人世吗？这个人为人，上不做君王的臣子，下不治理自己的家庭，中不和诸侯交往。这是率领百姓们无所事事，怎么到现在还不杀掉呢？”

注释

1 **齐王：**齐襄王，田氏，名法章，齐闵王之子。

2 **赵威后：**赵惠文王妻。公元前266年，赵惠文王卒，子幼，赵威后摄政。

3 **发：**开封。

4 **钟离子：**战国时齐国隐士，生平不详。

5 **食(sì)：**供给食物吃。

6 **叶阳子**：齐人，生平不详。

7 **鳏(guān)寡**：老而无妻为鳏，老而无夫为寡。

8 **孤独**：老而无子曰孤，幼而无父曰独。

9 **北宫**：齐国北宫氏。《孟子》中有所谓北宫黝也。**婴儿子**：人名。

10 **彻**：通“撤”，摘除。**环瑱(tiàn)**：妇女所戴的耳环之类的首饰。

11 **於(yú)陵子仲**：即陈仲子，齐国隐士。於陵，齐国邑名，在今山东邹平东南。

齐负郭之民有狐咺者正议

导读

齐闵王独断专行，堵塞言路，并大开杀戮，杀害贤良，以致齐国内部分崩离析，众叛亲离，民怨沸腾。燕国趁机攻打齐国，齐国不堪一击，几近亡国。闵王逃到莒地，齐相淖齿告之以天地人的道理，但闵王执迷不悟，被淖齿杀死。齐将田单凭借即墨城，大破燕军，收复失地，迎接太子即位，恢复齐国。文章以叙事为主，兼以对话，看似以一种较为客观的口吻叙述史实，实则重在渲染暴君齐闵王之恶，君臣对话尤其精彩，体现了作者对统治者的倒行逆施大力批判的进步史学观。

原文

齐负郭[1]之民有狐咺[2]者正议，闵王斫之檀衢[3]，百姓不附；齐孙室子陈举直言[4]，杀之东闾[5]，宗族离心；

译文

齐国国都近郊有个名叫狐咺的人发表公正的言论，齐闵王下令把他砍死在檀衢，百姓从此不再亲附；齐国宗室中有个叫陈举的直言朝政，闵王下令把他

司马穰苴[6]为政者也，杀之，大臣不亲。以故燕举兵，使昌国君[7]将而击之。齐使触子[8]将而应之。齐军破，触子以舆一乘亡。达子[9]收余卒复振，与燕战，求所以偿者，闵王不肯与，军破走。

杀死在城东门，宗族从此离心离德；司马穰苴执政，闵王下令把他诛杀，大臣们从此不再亲近。因此燕国趁机出兵，派昌国君乐毅率军进攻。齐国派触子带兵应战。齐军大败，触子驾着一辆战车逃跑了。达子收拾残兵败将，重振军威，与燕兵作战，向闵王请求犒劳士兵，闵王不肯给，齐军大败而逃。

注释

1 **负郭**：靠近城郊。

2 **狐咺**(xuǎn)：人名。

3 **檀衢**：齐都城内道路名。

4 **孙室子**：宗室。**陈举**：人名，田氏子孙。

5 **东闾**：城东门。

6 **司马穰苴**(ráng jū)：即田穰苴，齐宗室。司马，官职，掌管军政事务。

7 **昌国君**：乐毅，燕国名将。

8 **触子**：人名。齐将。一作向子。

9 **达子**：人名。齐将。

原文

王奔莒[1]，淖齿[2]数之曰："夫千乘、博昌[3]之间，方数百里，雨血沾衣，王知之乎？"王曰："不知。""嬴、博[4]之间，地坼至泉，王知之乎？"王曰："不知。""人有当阙[5]而哭者，求之则不

译文

闵王逃到莒城，齐相淖齿历数闵王罪过说："在千乘与博昌之间数百里的地方，天上下血雨，沾湿了衣服，大王知道这件事吗？"闵王说："不知道。"淖齿说："嬴、博两地之间，大地裂开涌出泉水，大王知道这件事吗？"闵王说："不知道。"淖齿说："有人在宫门前啼哭，去寻找却

得，去之则闻其声，王知之乎？”王曰：“不知。”淖齿曰：“天雨血沾衣者，天以告也；地坼至泉者，地以告也；人有当阙而哭者，人以告也。天地人皆以告矣，而王不知戒焉，何得无诛乎？”于是杀闵王于鼓里[6]。

不见有人，离开后又听见哭声，大王知道这件事吗？”闵王说：“不知道。”淖齿说：“天下血雨沾湿衣服，这是上天对您的告诫；大地裂开涌出泉水，这是大地对您的告诫；宫门前有人哭泣，这是人对您的告诫。天、地、人都告诫了您，然而大王却不知戒惧，怎么能不受到诛杀呢？”于是在鼓里杀死了闵王。

注释

1 **莒：**齐邑，在今山东莒县。
2 **淖齿：**人名。楚将。楚国派他率兵救齐，做了齐国相国。
3 **千乘：**齐邑，在今山东高青。**博昌：**齐邑，在今山东博兴南。
4 **嬴：**齐邑，在今山东莱芜西北。**博：**齐邑，在今山东泰安东南。
5 **阙：**皇宫门前两边供瞭望的楼。
6 **鼓里：**莒城内的巷名。

原文

太子[1]乃解衣免服，逃太史[2]之家为溉园。君王后，太史氏女，知其贵人，善事之。田单[3]以即墨之城破亡余卒，破燕兵，绐[4]骑劫[5]，遂以复齐，遽迎太子于莒，立之以为王。襄王即位，君王后以为后，生齐王建。

译文

太子乔装打扮，逃到一个姓太史的人家中给他浇灌菜园。君王后，是太史家的女儿，知道他出身高贵，对他很好。齐将田单凭借即墨城的残兵败将，打败燕军，蒙骗燕将骑劫，于是恢复了齐国，马上到莒地迎接太子，立太子为齐王。齐襄王即位，封君王后为王后，生下齐王建。

注释

1 **太子**：名法章，即位后为齐襄王。

2 **太史**：齐国史官，以官为姓故称太史氏。

3 **田单**：齐国临淄人，田氏贵族。齐闵王时为临淄市吏，燕乐毅率军破齐，他坚守即墨，被立为将，先用反间计，后用火牛阵大败燕军，尽收齐地，迎襄王入临淄，被封为安平君。

4 **绐**(dài)：欺诈。

5 **骑劫**：人名。燕国将领，代乐毅为将，后被齐军所杀。

王孙贾年十五

导读

王孙贾十五岁侍奉齐闵王，后来闵王逃跑不知下落。王孙贾的母亲便以母子之情晓之以君臣大义，激起了王孙贾的忠君之志。于是，王孙贾组织民众杀死了淖齿。虽然齐闵王这个暴虐的昏君被杀并不值得同情，但王孙贾母子忠贞的品节值得肯定。

原文

王孙贾[1]年十五，事闵王。王出走，失王之处。其母曰："女[2]朝出而晚来，则吾倚门而望；女暮出而不还，则吾倚闾[3]而

译文

王孙贾十五岁，侍奉齐闵王。闵王出逃，王孙贾不知闵王下落。他的母亲说："你早上出门，晚上回来，我就倚着家门翘首而望；你傍晚出门而未归，我就倚着巷门翘首而望。如今你侍奉大王，大王逃

望。女今事王,王出走,女不知其处,女尚何归?"王孙贾乃入市中,曰:"淖齿乱齐国,杀闵王,欲与我诛者,袒右!"市人从者四百人,与之诛淖齿,刺而杀之。

走,你不知他身在何处,你还回来做什么?"王孙贾于是来到集市上,说:"淖齿祸乱齐国,杀害闵王,想和我一起去诛杀他的,把右臂袒露出来!"集市上跟随他的有四百人,与他一同去诛杀淖齿,把淖齿杀死了。

注释

1 **王孙贾:**人名。齐闵王的臣子。

2 **女:**通"汝",你。

3 **闾:**巷门。

燕攻齐取七十余城

导读

田单在即墨大破燕军,一举收复了被燕国攻下的七十余城,唯有聊城久攻不下。于是,义士鲁仲连提笔致书燕将,劝其休兵。书信内容大致从以下几个方面展开:首先从道义的角度批评燕将行为之不可取,接着从天下形势来分析聊城面临的局面,随后联系燕国国情,充分肯定燕将才能,劝其为了美好将来早做选择,最后以管仲与曹沫的例子说明做大事者"非不能行小节,死小耻",劝其忍一时之辱,立累世之功。鲁仲连洞察形势,善于揣摩对方心理,分析透辟,燕将心服口服,遂罢兵而去。

原文

燕攻齐，取七十余城，唯莒、即墨不下。齐田单以即墨破燕，杀骑劫。初，燕将攻下聊城，人或谗之，燕将惧诛，遂保守聊城不敢归。田单攻之岁余，士卒多死而聊城不下。

鲁连乃书，约之矢以射城中，遗燕将曰："吾闻之：'智者不倍[1]时而弃利，勇士不怯死而灭名，忠臣不先身而后君。'今公行一朝之忿，不顾燕王之无臣，非忠也；杀身亡聊城，而威不信[2]于齐，非勇也；功废名灭，后世无称，非知也。故知者不再计，勇士不怯死。今死生荣辱，尊卑贵贱，此其一时也。愿公之详计而无与俗同也。且楚攻南阳[3]，魏攻平陆[4]，齐无南面之心，以为亡南阳之害，不若得济北[5]之利，故定计而坚守之。今秦人下兵，魏不敢东面，横秦之势合，则楚国之形危。

译文

燕国攻打齐国，占领了七十多座城，只有莒、即墨两城没有攻下。齐将田单据守即墨大破燕军，杀掉燕将骑劫。当初，燕将攻占了聊城，有人在燕王面前说了坏话，燕将害怕被处死，于是据守在聊城不敢回去。田单攻打了一年多，士兵们伤亡惨重，可聊城仍攻不下来。

鲁仲连于是写了一封信，绑在箭上射入城中，信中对燕将说："我听说：'智者不做违背时势而损害利益的事，勇士不做害怕死亡而有损名誉的事，忠臣不做先顾自己而后顾君王的事。'现在您凭一时的愤怒，不顾燕王失去臣子，这不是忠诚；牺牲自己，丢失聊城，而威名不能在齐国流传，这不是勇敢；战功废弃，名声毁灭，后世不称颂，这不是智慧。所以智者不优柔寡断，勇士不害怕死亡。'现在生死荣辱，尊贵卑贱，都取决于这一刻。希望您仔细考虑，不要和俗人一样。况且楚国攻打南阳，魏国攻打平陆，齐国无心南顾，认为失去南阳的害处，比不上收复聊城的利益，所以决计要收回聊城。如今秦国派兵援助齐国，魏国不敢东进，秦、齐连横之势已经形成，楚国形势危急。再说，放弃南阳，失去平陆，保全聊城，齐国必定会想方设法实现这一计划。而今楚国、魏国已先后退兵，

且弃南阳，断右壤[6]，存济北，计必为之。今楚、魏交退，燕救不至，齐无天下之规[7]，与聊城共据期年之弊，即臣见公之不能得也。齐必决之于聊城，公无再计。彼燕国大乱，君臣过计，上下迷惑，栗腹[8]以百万之众，五折于外，万乘之国，被围于赵，壤削主困，为天下戮，公闻之乎？今燕王方寒心独立，大臣不足恃，国弊祸多，民心无所归。今公又以弊聊之民距全齐之兵，期年不解，是墨翟[9]之守也；食人炊骨，士无反北之心，是孙膑、吴起之兵也，能以见于天下矣！故为公计者，不如罢兵休士，全车甲，归报燕王，燕王必喜。士民见公如见父母，交游攘臂而议于世，功业可明矣。上辅孤主以制群臣，下养百姓以资说士，矫国革俗于天下，功名可立也。意者，亦捐燕弃世，东游于齐乎？请裂地定封，富比陶、卫[10]，世世称孤寡，

燕国的救兵不到，天下诸侯没有哪家有窥伺齐国之心，您坚守聊城一年多已经很疲敝了，我看您恐怕很难坚持下去了。齐国必定将在聊城决一胜负，将军不要再举棋不定了。现在燕国大乱，君臣束手无策，上下困惑，燕相栗腹率领百万大军，连续打了五次败仗，拥有万乘的燕国被赵国围困，国土削减，君主困窘，被天下人耻笑，您听说过吗？而今燕王正胆战心惊、孤立无援，大臣不能依靠，国家疲敝，祸患不断，民心涣散。现在您又率领疲惫的聊城百姓抵抗整个齐国的军队，足足一年也没有解围，这是和墨翟一样善于守城；城里到了人吃人，用人骨当柴火的地步，士兵却没有反叛之心，这是孙膑、吴起所带出来的兵，您的指挥才能已经显现于天下了！所以为您考虑，不如停止战争，保全战车、武器，回去报答燕王，燕王肯定高兴。民众见了您就像看见自己父母一样，朋友们都挥舞着手臂赞扬您，您的功绩就显扬了。您对上辅助孤立的君主控制群臣，对下养育百姓，资养游说之士，匡正国事，移风易俗，功名就可以树立了。或者，您愿意放弃燕国，向东投奔齐国吗？我请求齐王赐给您封地，和陶朱公范蠡、子贡一样富有，世居高位，与齐国长久共存，这也是

与齐久存，此亦一计也。二者显名厚实也，愿公熟计而审处一也。

一个办法。这两者都可以使名声显赫、利益厚重，希望您慎重考虑选择一个。

注释

1 **倍**：通“背”。

2 **信**：通“伸”。

3 **南阳**：齐邑，在今山东省泰山以南、汶河以北一带。春秋属鲁，地近齐国，故为齐所夺。

4 **平陆**：齐邑，在今山东汶上北。

5 **济北**：指聊城。

6 **右壤**：指平陆，在齐右壤而得名。

7 **规**：通“窥”，图谋。

8 **栗腹**：燕国相国。公元前251年，领兵攻赵，被赵将廉颇击败。

9 **墨翟**：战国时鲁国人，墨家学派建立者，善于军事防卫。

10 **陶、卫**：“陶”指陶朱公范蠡，“卫”指卫人子贡，二人皆以经商巨富。

原文

“且吾闻效小节者不能行大威，恶小耻者不能立荣名。昔管仲射桓公中钩，篡也；遗公子纠而不能死，怯也；束缚桎梏，辱身也。此三行者，乡里不通也，世主不臣也。使管仲终穷抑幽囚而不出，惭耻而不见，穷年没寿，不免为辱人贱行矣。然而管子并三行之过，

译文

“况且我听说，专注小节的人难以成就有威望的大事，不能忍受小耻辱的人难以建立荣誉和美名。以前管仲射中齐桓公的带钩，这是篡逆；抛弃公子纠而不以死尽忠，这是胆怯；被戴上手铐脚镣，这是侮辱。有这三种行为的人，同乡的人都不会和他交往，君主也不会任用他为臣。假使管仲一生穷困抑郁，幽居不出门，惭愧羞耻而不见人，那一直到死，也免不了被世人认为是污浊的人做了卑

据齐国之政，一匡天下，九合诸侯，为五伯首，名高天下，光照邻国。曹沫[1]为鲁君将，三战三北而丧地千里。使曹子之足不离陈[2]，计不顾后，出必死而不生，则不免为败军禽[3]将。曹子以败军禽将，非勇也；功废名灭，后世无称，非知也。故去三北之耻，退而与鲁君计也，曹子以为遭。齐桓公有天下，朝诸侯，曹子以一剑之任，劫桓公于坛位之上，颜色不变而辞气不悖。三战之所丧，一朝而反之，天下震动惊骇，威信吴、楚，传名后世。若此二公者，非不能行小节，死小耻也，以为杀身绝世，功名不立，非知也。故去忿恚[4]之心而成终身之名，除感忿之耻而立累世之功，故业与三王争流，名与天壤相敝也。公其图之！"

燕将曰："敬闻命矣！"因罢兵到椟[5]而去。故解齐国之围，救百姓之死，仲连之说也！

劣的事啊。然而管仲身兼这三种恶行，却掌握了齐国的政权，（辅佐齐桓公）匡正天下，多次会盟诸侯，成为五霸之首，名满天下，光芒照耀邻邦。曹沫是鲁国的将军，三战三败，丧失千里国土。假使曹沫脚不离开战场，不考虑将来，出战抱着必死的决心，那免不了成为兵败被擒的将领。曹沫认为兵败被擒的将领，并不是勇敢；功业废弃，名声湮灭，后世无人称道，并非智慧。所以曹沫抛弃三战三败的耻辱，退而和鲁君谋划，曹沫把这当作际遇。齐桓公得到天下，召集诸侯会盟，曹沫就凭着一把剑，在祭坛之上挟持齐桓公，面不改色，义正词严。三次战败所丧失的土地，一天就全部收回，天下人都震动、惊恐，威信远播吴、楚，名声传于后世。像管仲、曹沫这两位，并不是不能遵奉小节、为小耻而死，他们只是认为身死离世，功名不能建立，这是不明智的。所以抛弃掉忿恨之心，成就一生的美名；忍受一时令人愤慨的侮辱，而建立长久的功业，所以功绩可以与三王相比，名声可以与天地并存。希望您认真考虑！"

燕将回答说："我恭敬地听从您的命令！"于是收拾武器，撤兵回国。所以解除齐国聊城的围困，拯救百姓免于死亡，都归功于鲁仲连的游说啊！

注释

1 **曹沫:**即曹刿,春秋时鲁国将领。

2 **陈:**“阵”的古字,战阵。

3 **禽:**通“擒”。

4 **忿恚(huì):**怨恨。

5 **罢兵到椟:**指撤军。到,通“倒”。椟,箭筒。

田单将攻狄

导读

田单在即墨一战成名,从此享受富贵荣华,开始居功自傲。他要带兵去收复狄城,来拜访鲁仲连。鲁仲连预测他打不下狄城,田单恼羞成怒,不辞而别。结果田单三个月都拿不下狄城,造成枯骨成丘。最后在鲁仲连的点拨下,田单幡然醒悟,意识到自己的过错,于是亲历前线,鼓舞士气,结果一鼓作气,拿下了狄城。

原文

田单将攻狄[1],往见鲁仲子[2]。仲子曰:“将军攻狄,不能下也。”田单曰:“臣以五里之城,七里之郭,破亡余卒,破万乘之燕,复齐墟,攻狄而不下,

译文

田单将要攻打狄城,去拜访鲁仲连。鲁仲连说:“将军攻打狄城,攻不下来。”田单说:“我凭借五里内城、七里外城的地方,率领残余部队,打败了万乘的燕国,收复了齐国失地,攻不下狄城,为什么?”说完就登上战车,不辞而去。马上进

何也？”上车弗谢而去。遂攻狄，三月而不克之也。

齐婴儿谣曰：“大冠若箕，修剑拄颐，攻狄不能下，垒枯丘。”田单乃惧，问鲁仲子曰：“先生谓单不能下狄，请闻其说。”鲁仲子曰：“将军之在即墨，坐而织蒉[3]，立则丈插[4]，为士卒倡曰：‘无可往矣，宗庙亡矣，魂魄惝[5]矣，归于何党矣？’当此之时，将军有死之心，而士卒无生之气，闻若言，莫不挥泣奋臂而欲战，此所以破燕也。当今将军东有夜邑[6]之奉，西有菑[7]上之虞[8]，黄金横带而驰乎淄、渑[9]之间，有生之乐，无死之心，所以不胜者也。”田单曰：“单有心，先生志之矣。”明日，乃厉[10]气循城，立于矢石之所，乃援枹[11]鼓之，狄人乃下。

攻狄城，打了三个月都没有攻下来。

齐国小孩儿唱着童谣说：“大大的帽子像簸箕，长长的宝剑与腮齐，攻打狄城攻不下，枯骨堆积成山丘。”田单听后感到害怕，咨询鲁仲连说：“先生说我拿不下狄城，希望听您说说具体原因。”鲁仲连说：“将军在即墨时，坐着编织草筐，站着铲土筑工事，教导士兵说：‘我们已经没有地方可去了，国家已经灭亡了，死后魂魄也怅恨，到哪里安息呢？’在那时，将军抱着战死沙场的决心，士兵们也无苟且偷生之意，听了您的话，没有不抹去眼泪，挥动手臂，要决一死战的，这就是能打败燕国的原因。如今将军您东边有夜邑的供奉，西边有淄水景色的娱乐，身缠黄金腰带，驰骋在淄水、渑水之间，充满着生活的乐趣，没有了必死的决心，这就是不能战胜敌人的原因啊。”田单说：“我有战胜的决心，先生等着看吧。”第二天，他亲自激励士气，巡视城防，站在敌人弓箭、石头能攻击得到的地方，拿起鼓槌擂鼓攻城，狄城就这样被攻下了。

注释

1 **狄**：狄城，在今山东高青东南。

2 **鲁仲子**：即鲁仲连，齐国高士，善游说。

3 **蒉**(kuì)：草筐。

4 **丈插**:即“杖锸”,铲土工具。

5 **惝**(chǎng):怅惘,怅恨。

6 **夜邑**:田单封邑,在今山东莱州。

7 **菑**:即淄水。

8 **虞**:通“娱”,娱乐。

9 **渑**:水名。在今山东淄博附近。

10 **厉**:“励”的古字,激励。

11 **枹**:鼓槌。

齐闵王之遇杀

导读

本文主要塑造了君王后这位光辉的女性形象。君王后年轻时慧眼识珠,看上了逃难跑到自己家中隐姓埋名、相貌不凡的佣人——齐闵王的儿子法章,并与其私定终身。法章做了齐王后,君王后被立为王后,其父因其婚姻的不正当而与之断绝了关系,但君王后从不失父女之礼。齐襄王死后,君王后辅佐儿子齐王建治理国家,实施务实的外交政策,四十多年未发生战争。面对秦国使者的刁难,群臣不知所措,君王后果断地锤击玉连环,以坚决的态度迎击了秦国的挑衅。君王后临死前,还心系国事,担心国家用人失察,但儿子的表现令其失望,结果不出其所料,不久齐国大厦即倾。《战国策》描写的主要是一个男权世界,像本文这样正面刻画女性形象,尤其是优秀女政治家形象的文章可谓凤毛麟角。

原文

齐闵王之遇杀，其子法章变姓名，为莒太史家庸夫[1]。太史敫[2]女奇法章之状貌，以为非常人，怜而常窃衣食之，与私焉。莒中及齐亡臣相聚，求闵王子，欲立之。法章乃自言于莒，共立法章为襄王。襄王立，以太史氏女为王后，生子建。太史敫曰："女无谋[3]而嫁者，非吾种也，污吾世矣。"终身不睹。君王后贤，不以不睹之故，失人子之礼也。

襄王卒，子建立为齐王。君王后事秦谨，与诸侯信，以故建立四十有余年不受兵。秦始皇[4]尝使使者遗君王后玉连环，曰："齐多知，而解此环不？"君王后以示群臣，群臣不知解。君王后引椎椎[5]破之，谢秦使曰："谨以解矣。"及君王后病，且卒，诫建曰："群臣之可用者某。"建曰："请书之。"君王后曰："善。"

译文

齐闵王遇害之后，他的儿子法章隐姓埋名，在莒地一位姓太史的人家做仆人。太史敫的女儿认为法章的相貌很奇特，觉得他不是寻常人，很怜惜他，并常常偷偷送给他衣服和食物，与他私通。莒地的人以及齐国逃到莒地的大臣相聚一起，商量着寻找齐闵王的儿子，想立他为王。法章于是向莒城的人表明自己的身份，大家一起拥戴法章为齐襄王。齐襄王即位，将太史敫的女儿立为王后，生下儿子建。太史敫说："女儿没有经过媒人就出嫁，不是我的后代，玷污了我家世代名誉。"终身不见他的女儿。君王后贤惠，不因父亲不见她的缘故，就不遵守做子女应有的礼节。

齐襄王去世，他的儿子建即位为齐王。君王后事奉秦国谨慎，与诸侯以诚相待，因此齐王建在位四十多年没有受到战祸。秦始皇曾经派遣使者赠送君王后一副玉连环，说："齐国人很聪明，能解开这副环吗？"君王后将玉连环展示给群臣，群臣都不知如何解开。君王后拿起一个槌子将它敲破，告诉秦国使者说："已经解开了。"等到君王后病重，快要死时，她告诫齐王建说："群臣中可任用的有某某。"齐王建说："请让我写下来。"君王后说："好。"齐王取来笔和木牍准备

取笔牍受言。君王后曰:“老妇已亡[6]矣!”君王后死后,后胜[7]相齐,多受秦间金玉,使宾客入秦,皆为变辞,劝王朝秦,不修攻战之备。

记下。君王后说:“我已经忘记了!”君王后死后,后胜担任齐国相国,多次收受秦国间谍的黄金、宝玉,派去秦国的宾客,回来都用一些变诈的言辞劝齐王朝拜秦国,不做防战的准备。

注释

1 **庸夫:**仆人。

2 **太史敫**(jiǎo)**:**太史,史官名。敫,人名。

3 **谋:**通“媒”。

4 **秦始皇:**即秦王嬴政。据学者考证,此处当为秦昭王。

5 **椎椎**(chuí chuí)**:**前为名词,捶击的工具,槌子;后为动词,捶击。

6 **亡:**通“忘”。

7 **后胜:**人名。齐王建时任相国,收受秦国重金,不修战备,致使齐国政局混乱,公元前221年不战而降秦。

楚策

荆宣王问群臣

导读

“狐假虎威”的寓言故事为人熟知，狐狸借老虎的威风吓跑了百兽，比喻依仗别人的势力欺压人。这则故事的讲述者叫江乙，他从魏国来到楚地做官，当时昭奚恤是楚国令尹，权倾朝野，北方诸侯国都惧怕他，于是江乙给楚宣王讲了这个故事，以昭奚恤喻狐狸，以虎喻楚王，意在说明昭奚恤并没有什么了不起，只不过借楚王的威势来吓唬别人，以此来瓦解楚王对他的信任。故事虽短，但想象力丰富，幽默讽刺，寓意深刻，一针见血，具有很强的现实意义。

原文

荆宣王[1]问群臣曰：“吾闻北方之畏昭奚恤[2]也，果诚何如？”群臣莫对。江乙[3]对曰：“虎求百兽而食之，得狐。狐曰：‘子无敢食我也。天帝使我长百兽，今子食我，是逆天帝命也。子以我为不信，吾为子先行，子随我后，观百兽之见我而

译文

楚宣王问大臣们说：“我听说北方诸侯国都害怕昭奚恤，果真是这样吗？”大臣们没人回答。江乙回答说：“老虎搜寻各种野兽吃，抓到了一只狐狸。狐狸说：‘你不可以把我吃了。天帝让我做群兽的头领，如今你若吃了我，就是违背天帝的命令。你要是不相信我的话，我走在你前面，你跟在我后面，看看群兽见到我有敢不逃跑的吗？’老虎认为狐狸说得对，所以就和它一起同行。群兽看到它俩都逃跑了。老虎不

敢不走乎？’虎以为然，故遂与之行。兽见之皆走。虎不知兽畏己而走也，以为畏狐也。今王之地方五千里，带甲百万，而专属之昭奚恤，故北方之畏奚恤也，其实畏王之甲兵也，犹百兽之畏虎也。”

知道野兽们是害怕自己才逃跑的，还以为是害怕狐狸。现在大王的土地方圆五千里，精锐部队有百万，都专归昭奚恤掌管，所以北方诸侯国害怕昭奚恤，其实是害怕大王的精锐部队，就好像群兽害怕老虎一样啊。”

注释

1 **荆宣王：**即楚宣王，芈姓，熊氏，名良夫。

2 **昭奚恤：**楚国令尹。

3 **江乙：**又称江尹，魏国人，在楚国任职。

江乙说于安陵君

导读

为官如何得势，得势后如何固宠，是中国官场的一门重要学问。对于此问题，连大儒荀子也在《荀子》一书中颇费笔墨作过一番讨论，但荀子毕竟是坐而论道，只限于空洞的道德言说而没有机会践行。而在本文中，江乙与安陵君给我们上了一堂精彩的示范课。江乙与安陵君可谓臭味相投，二人一唱一和，上演了一幕固宠的闹剧。江乙劝安陵君通过请求为楚王殉葬来固宠，而安陵君等待这样的机会居然足足等了三年多，可谓煞费苦心，当机会出现，安陵君即果断地抓住这一难得的时机来表现自己，最后如愿以偿达到目的，令人啼笑皆非。文中楚王云梦泽游猎场面铺张扬厉，虚张声势而又惊心动魄，楚王志得意满、仰天大笑等场景都极富文学性、戏剧性，给人留下了深刻的印象。

原文

江乙说于安陵君[1]曰："君无咫尺之功、骨肉之亲，处尊位，受厚禄，一国之众见君莫不敛衽而拜，抚委而服，何以也？"曰："王过举而已，不然，无以至此。"江乙曰："以财交者，财尽而交绝；以色交者，华[2]落而爱渝[3]。是以嬖女不敝席，宠臣不敝轩。今君擅楚国之势，而无以深自结于王，窃为君危之。"安陵君曰："然则奈何？"江乙曰："愿君必请从死，以身为殉，如是必长得重于楚国。"曰："谨受命。"三年而弗言。江乙复见曰："臣所为君道，至今未效，君不用臣之计，臣请不敢复见矣！"安陵君曰："不敢忘先生之言，未得间也。"

于是楚王游于云梦[4]，

译文

江乙游说安陵君说："您没有寸土的功劳，也不是楚王的骨肉至亲，却身处高位，享受优厚的俸禄，国内民众见到您没有不整理衣襟，伏身下拜的，这是为什么？"安陵君说："这是楚王过分地抬爱我罢了，要不然的话，不可能这样。"江乙说："用钱财与人交往，当钱财用尽，交情也就断绝了；用美色与人交往，当容颜衰落，宠爱也就改变了。所以爱妾的席子还没有睡破就失爱，宠臣的车子还没有破旧就失宠。现在您独掌楚国的权势，却没有什么能与楚王结下深交，我私下为您担忧。"安陵君说："那怎么办？"江乙说："希望您一定请求楚王跟他一起死，亲自为他殉葬，如果这样就一定可以长久地在楚国得势。"安陵君说："谨遵您的教导。"三年过去了，安陵君没有说什么。江乙又去拜见他说："我以前对您讲过的话，您至今也没有实行，您既然不采用我的计策，我以后不敢再来见您了！"安陵君说："我不敢忘记先生的话，只是没有得到合适的机会啊。"

后来，楚王到云梦泽游猎，车马上千

结驷[5]千乘，旌旗蔽日，野火之起也若云霓，兕虎嗥之声若雷霆。有狂兕牂[6]车依轮而至。王亲引弓而射，壹发而殪[7]。王抽旃旄而抑兕首[8]，仰天而笑曰：“乐矣，今日之游也！寡人万岁千秋之后，谁与乐此矣？”安陵君泣数行而进曰：“臣入则编席，出则陪乘，大王万岁千秋之后，愿得以身试黄泉，蓐[9]蝼蚁，又何如得此乐而乐之！”王大说[10]，乃封坛为安陵君。君子闻之曰：“江乙可谓善谋，安陵君可谓知时矣。”

辆，首尾相连，旌旗遮天蔽日，野火熊熊燃烧像天上的云彩，犀牛、老虎咆哮的声音好像雷霆一样。有一只犀牛发疯似地朝车轮撞来。楚王亲自拉弓射箭，一箭就将其毙命。楚王拔出一根旗杆，按住犀牛头，仰天大笑说：“今天的游猎，真是太快乐了！我百年之后，又有谁和我一起享受这种快乐呢？”安陵君满脸流着泪，上前说：“我在朝廷上和大王同席而坐，出门则与大王同车相伴，大王百年之后，希望我能跟随大王同赴黄泉，给您做席垫来防御蚂蚁，又有什么比这更快乐呢！”楚王听后非常高兴，于是封他为安陵君。君子听说这件事后说：“江乙可以说是善于谋划，安陵君可以说是善于把握时机啊。”

注释

1 **安陵君：**姓氏无考，名坛，楚国大臣。一说为鄢陵君。

2 **华：**同“花”，引申为“容颜”。

3 **渝：**变。

4 **云梦：**云梦泽，位于今江汉平原。

5 **结驷：**四马拉一车。结，连。驷，一车四马。

6 **牂(zāng)：**母羊，但此处未详其义。

7 **殪(yì)：**杀。

8 **旃(zhān)：**曲柄旗。**旄：**将牛尾挂在旗杆的杆头。

9 **蓐(rù)：**草垫，此处作动词用。

10 **说：**通“悦”。

威王问于莫敖子华

导读

楚威王询问莫敖子华楚国是否有不为爵禄而忧患国事的社稷之臣。莫敖子华为楚王详细列举了以令尹子文、叶公子高、莫敖大心、棼冒勃苏、蒙穀等为代表的五种忧患国事的社稷之臣。作者以饱含情感的语言,生动感人、气势恢宏的语气将五人形象演绎得血肉丰满、栩栩如生、形神兼备,极富感染力。从本文可以看出,作为南蛮之地的楚国自古不乏充满爱国情怀的仁人志士,后来我国第一位爱国大诗人屈原出现在楚国绝不是偶然的,而是与楚国血脉相传的忠君爱国传统密不可分的。

原文

威王问于莫敖子华[1]曰:“自从先君文王以至不穀之身,亦有不为爵劝,不为禄勉,以忧社稷者乎?”莫敖子华对曰:“如章[2]不足知之矣。”王曰:“不于大夫,无所闻之。”莫敖子华对曰:“君王将何问者也?彼有廉其爵,贫其身,以忧社稷者;有

译文

楚威王询问莫敖子华说:“从先君文王到我这一代,真有不为爵位而努力、不为俸禄而勤勉,而忧患国事的大臣吗?”莫敖子华回答说:“像我这样的人是不了解这些的。”楚王说:“若不问您,我就无从知晓了。”莫敖子华回答说:“大王要问的是什么样的人呢?他们中有为官清廉、生活贫穷而忧患国事的;有官位高、俸禄厚而忧患国事的;有

崇其爵，丰其禄，以忧社稷者；有断脰[3]决腹，一瞑而万世不视，不知所益，以忧社稷者；有劳其身，愁其志，以忧社稷者；亦有不为爵劝，不为禄勉，以忧社稷者。”

甘愿断头剖腹，不顾生死，不求个人利益而忧患国事的；有身体劳顿，心志愁苦而忧患国事的；也有不为爵位而努力、不为俸禄而勤勉，而忧患国事的。”

注释

1 **莫敖子华：**莫敖，楚国官名，地位仅次于令尹、司马。子华，人名，字章。

2 **章：**莫敖子华的字。

3 **脰(dòu)：**脖子。

原文

王曰：“大夫此言将何谓也？”莫敖子华对曰：“昔令尹子文[1]缁帛之衣以朝，鹿裘以处，未明而立于朝，日晦而归食，朝不谋夕，无一月之积。故彼廉其爵，贫其身，以忧社稷者，令尹子文是也。昔者叶公子高[2]身获于表薄[3]，而财于柱国[4]，定白公之祸[5]，宁楚国之事，恢先君以掩方城[6]之外，四封不侵，名不挫于诸侯。当此之时也，天下莫敢以兵南乡[7]，叶公子高食田六百畛[8]。故彼崇其爵，丰其禄，以忧社稷者，叶公子高是也。昔者吴与楚

译文

楚王说：“您这些话讲的是哪些人呢？”莫敖子华回答说：“以前令尹子文上朝时穿黑绸朝服，在家则穿鹿皮袍子，天还不亮就站在朝廷外等待上朝，天黑了才回家吃饭，早上不知道晚上吃什么，家里没有一个月的存粮。所以那为官清廉、生活贫困却忧患国事的人，就是令尹子文这种人。以前叶公子高从草野之中被举用，积累了大量财富，他平定了白公胜的祸乱，稳定了楚国局势，弘扬先王的盛德，名声传到方城之外，四境不敢来侵犯，使楚国的威名在诸侯中没有受到损害。在这个时候，天下没有谁敢兴兵南下窥伺

战于柏举[9],两御之间夫卒交。莫敖大心[10]抚其御之手,顾而大息[11]曰:'嗟乎子乎,楚国亡之日至矣!吾将深入吴军,若扑一人,若捽[12]一人,以与大心者也。社稷其为庶几乎?'故断脰决腹,一瞑而万世不视,不知所益,以忧社稷者,莫敖大心是也。

楚国,叶公子高获得六百畛的封邑。所以那爵位高、俸禄厚而担忧国事的人,就是叶公子高这种人。以前吴国和楚国在柏举交战,两军的帅车和士卒战成一片。莫敖大心抚摸着为他驾车的车夫的手,回头叹息道:'哎,兄弟啊,楚国亡国的日子要到了!我准备冲入吴军,你要是能击倒一个敌人,抓住一个敌人,这都是对我的帮助啊。那么国家可能还有希望吧?'所以那甘愿断头剖腹,不顾生死,不求个人利益而忧患国事的人,就是莫敖大心这种人。

注释

1 **令尹子文**:令尹,楚国最高官职,相当于相国。子文,人名,春秋时期人。

2 **叶公子高**:春秋时楚国人,沈姓,名诸梁,字子高,封于叶(今河南叶县),故称叶公。

3 **表薄**:林野,指草野之地。

4 **柱国**:国都。

5 **白公之祸**:公元前479年,楚平王孙白公胜发动政变,袭杀令尹子西、司马子期,劫持楚惠王,自立为王。月余为叶公率兵击败,被杀。

6 **方城**:山名。在今河南叶县。

7 **南乡**:向南。乡,通"向"。

8 **畛**(zhěn):井田中的小路。

9 **柏举**:楚邑,在今湖北麻城东北。

10 **莫敖大心**:即沈尹戌(一作戌),死于柏举之战。

11 **大息**:即"太息",叹息。

12 **捽**(zuó):揪住。

原文

"昔吴与楚战于柏举，三战入郢，寡君身出，大夫悉属，百姓离散。棼冒勃苏[1]曰：'吾被坚执锐，赴强敌而死，此犹一卒也，不若奔诸侯。'于是赢粮潜行，上峥山[2]，逾深溪，跖[3]穿膝暴，七日而薄秦王[4]之朝。雀[5]立不转，昼吟宵哭，七日不得告，水浆无入口，瘨[6]而殚闷，旄[7]不知人。秦王闻而走之，冠带不相及，左奉其首，右濡其口，勃苏乃苏。秦王身问之：'子孰谁也？'棼冒勃苏对曰：'臣非异，楚使新造盩[8]棼冒勃苏。吴与楚人战于柏举，三战入郢，寡君身出，大夫悉属，百姓离散。使下臣来告亡，且求救。'秦王顾令不起：'寡人闻之，万乘之君得罪一士，社稷其危，今此之谓也。'遂出革车千乘，卒万人，属之子蒲与子虎[9]，下塞以东，与吴人战于浊水[10]而大败

译文

"以前吴国和楚国在柏举交战，三次战斗后攻下郢都，楚昭王出逃，大臣都一起跟随逃亡，百姓们流离失所。楚将棼冒勃苏说：'我身穿坚固的战甲，手执锐利的武器，即便奔向强敌拼死，也只不过像一个普通士卒，不如向其他诸侯求救。'于是背着干粮秘密行走，翻过险峻的高山，穿越深谷，脚掌扎破，膝盖受伤，七天后到达秦国宫廷附近。他像鹤鸟一样站着等待秦王召见，昼夜哭泣，过了七天还得不到通报，滴水未进，气绝晕倒，不省人事。秦王听说后连忙跑去看望，连帽带都来不及系好，左手捧着他的头，右手向他嘴中灌水，棼冒勃苏才苏醒过来。秦王亲自问他：'您是谁呀？'棼冒勃苏回答说：'我不是别人，我是楚国的使者罪臣棼冒勃苏。吴国和楚国在柏举交战，三次战斗后攻入郢都，我国君王出逃，大臣们一起跟随逃亡，百姓们流离失所。楚王派我来报告亡国的消息，并向您求救。'秦王让他不要起身，说：'我听说，拥有万辆战车的大国君主，如果得罪一位贤人，国家将会危险，说的就是现在这种情况吧。'于是派出战车千辆，士兵万人，命子蒲和子虎带领，率军出塞向东进发，在浊水和吴军交战，大败吴军，同

之，亦闻于遂浦[11]。故劳其身，愁其思，以忧社稷者，棼冒勃苏是也。

时在遂浦也取得胜利。所以那身体劳顿、心志愁苦而担忧国事的人，就是棼冒勃苏这种人。

注释

1 **棼冒勃苏**：人名，即申包胥。此为楚语。
2 **峥山**：险峻高山。
3 **跖**(zhí)：脚掌。
4 **秦王**：秦襄王。
5 **隺**：同"鹤"。
6 **瘨**(diān)：晕倒。
7 **旄**：通"眊"(mào)，昏迷。
8 **新造盩**：罪臣。盩，当为"盭(lì)"字，"戾"的古字，罪。
9 **子蒲、子虎**：皆为秦将。
10 **浊水**：今湖北襄阳北之白河。
11 **遂浦**：地名。今不详其地。

原文

"吴与楚战于柏举，三战入郢，君王身出，大夫悉属，百姓离散。蒙穀[1]结斗于宫唐[2]之上，舍斗奔郢曰：'若有孤，楚国社稷其庶几乎？'遂入大宫，负离次之典[3]以浮于江，逃于云梦[4]之中。昭王反郢，五官失法，百姓昏乱。蒙穀献典，五官得法而百姓大治。此蒙穀

译文

"吴国和楚国在柏举交战，三次战斗后攻入郢都，楚王出逃，大臣们一起跟随逃亡，百姓们流离失所。蒙穀和吴军在宫唐交战，后来他放弃战斗跑向郢都，说：'如果楚王还有后嗣，楚国也许还有希望吧？'于是进入楚王宫殿，背着散乱的典籍顺江漂浮，逃到云梦泽中。后来楚昭王返回郢都，百官没有法典可依，百姓秩序混乱。蒙穀献上保存的典籍，百官才有法典可依，百姓生活

之功，多与存国相若，封之执圭，田六百畛。蒙穀怒曰：‘穀非人臣，社稷之臣。苟社稷血食[5]，余岂患无君乎？’遂自弃于磨山[6]之中，至今无胄[7]。故不为爵劝，不为禄勉，以忧社稷者，蒙穀是也。”

才井然有序。楚王权衡蒙穀的功劳，可与救国存亡相比，封他执圭的爵位，食邑六百畛。蒙穀愤怒地说：‘我不是个人的臣子，我是国家的臣子。假如国家祭祀不断，我还怕没有君王吗？’于是自己归隐在磨山中，到现在还没有做官的子孙。所以那不为爵位努力、不为俸禄勤勉而担忧国事的人，就是蒙穀这种人。”

注释

1 **蒙穀：**人名。楚将。

2 **宫唐：**地名。今其地不详。

3 **离次之典：**散乱的典籍。一说楚国法典名。

4 **云梦：**即云梦泽，在今江汉平原一带。

5 **血食：**受享祭品。古代杀牲取血以祭，故称血食。

6 **磨山：**山名。在今湖北武汉武昌东。

7 **胄：**子孙。

原文

王乃大息曰：“此古之人也。今之人焉能有之耶！”莫敖子华对曰：“昔者先君灵王好小要[1]，楚士约食，冯[2]而能立，式[3]而能起。食之可欲，忍而不入；死之可恶，然而不避。章闻之，其君好发者，其臣抉拾[4]。君王

译文

楚昭王于是长叹道：“这些都是古时候的人呀。现在的人哪里还有这样的啊！”莫敖子华回答说：“以前先君楚灵王喜欢腰细的人，于是楚国的士人都节制饮食，饿得要靠着东西才能站着，扶着东西才能起身。吃饭本是正常的欲望，然而却忍住不吃；死亡本是令人厌恶的事，然而大家却不逃避。我听说，如果君王喜欢射箭，那么大臣们就会穿戴上射箭用具。现在

直不好，若君王诚好贤，此五臣者，皆可得而致之。”	大王只是不喜好贤士罢了，如果大王真的喜好贤士，那么上面说的五种贤臣，都可以得而用之。”

注释

1 **要**：“腰”的古字。

2 **冯**(píng)：“凭”的古字，依靠。

3 **式**：通“轼”，扶着。

4 **抉拾**：古代射箭用具。抉，扳指。拾，臂衣，套于左臂上用以护臂。

楚怀王拘张仪

导读

楚怀王因曾被张仪欺骗而对他恨之入骨，故张仪二次出使楚国时，楚怀王果断地将其拘禁，并准备杀掉。而张仪早已用重金贿赂楚王宠臣靳尚，因此后者极力进行解救。佞臣靳尚并不敢直接对楚王表明真意，而是采用迂回曲折的策略，设法让楚王宠姬郑袖来做楚王工作。靳尚抓住郑袖害怕失宠的心理，杜撰秦王打算将美丽的女儿献给楚王，并陪嫁大量佳丽、宝器与土地之事，若秦女受宠，郑袖必受冷落。郑袖为了保住自己的切身利益，自然使出浑身解数来劝说楚王释放张仪。楚王宠爱的靳尚、郑袖等人为了个人利益，相互勾结，楚国的衰落当在情理之中。

原文

楚怀王拘张仪[1]，将欲杀之。靳尚[2]为仪谓楚王曰："拘张仪，秦王[3]必怒。天下见楚之无秦也，楚必轻矣。"又谓王之幸夫人郑袖[4]曰："子亦自知且贱于王乎？"郑袖曰："何也？"尚曰："张仪者，秦王之忠信有功臣也。今楚拘之，秦王欲出之。秦王有爱女而美，又简择宫中佳丽好玩习音者，以欢从之；资之金玉宝器，奉以上庸[5]六县为汤沐邑，欲因张仪内之楚王。楚王必爱，秦女依强秦以为重，挟宝地以为资，势为王妻以临于楚。王惑于虞[6]乐，必厚尊敬亲爱之而忘子，子益贱而日疏矣。"郑袖曰："愿委之于公，为之奈何？"曰："子何不急言王，出张子？张子得出，德子无已时，秦女必不来，而秦必重子。子内擅楚之贵，外结秦之交，畜张子以为用，子之子孙

译文

楚怀王拘禁张仪，准备把他杀了。靳尚为张仪对楚王说："拘禁张仪，秦王必定会发怒。天下诸侯看到楚国没有了秦国的支持，楚国必然会被天下轻视。"又对楚王宠幸的夫人郑袖说："您可知自己将在大王面前失宠吗？"郑袖说："为什么？"靳尚说："张仪是秦王忠信有功的大臣。如今楚国拘禁了他，秦王必定想让大王放他出来。秦王有位爱女非常美丽，他挑选了宫中能歌善舞的美人，跟随着女儿让她高兴；还送给她金玉珠宝，并将上庸六县送给她作为沐浴邑，想因为张仪的事而把爱女献给楚王。楚王一定喜爱，秦王女儿依仗着强秦来抬高自己的身份，挟持宝器、土地作为自己的资本，势必会以楚王妻子的身份来到楚国。楚王沉迷于娱乐，必定会非常尊重、亲近她而忘掉您，您会越来越不受重视，日渐被疏远。"郑袖说："我希望把这件事委托您，您看该怎么办？"靳尚说："您为何不赶紧对大王说，让他放走张仪？张仪获得释放，就会对您感激不尽，秦王女儿必定不会来，秦王也一定会看重您。您在国内独自享受着楚国的尊贵，在国外又结交了秦国，还能让张仪为您所用，您的子孙必定会成为楚国太子，这可不是一

必为楚太子矣，此非布衣之利也。”郑袖遽说楚王出张子。

般百姓的利益啊。”于是郑袖赶紧劝说楚王放了张仪。

注释

1 **张仪：**战国时魏国人，魏贵族后代，学纵横之术，入秦说秦惠文王，被任为客卿。后做过秦相、魏相。苏秦结成合纵联盟后，他入楚说楚怀王，瓦解齐、楚联盟。后被秦王封为武信君。晚年在魏国病死。

2 **靳尚：**楚怀王宠臣，为上官大夫。

3 **秦王：**指秦惠文王。

4 **郑袖：**战国时人，楚怀王宠姬。

5 **上庸：**地名。在今湖北竹山西南。

6 **虞：**通“娱”。

楚襄王为太子之时

导读

楚襄王做太子时曾在齐国做人质，其父怀王死后，襄王要求回国即位，齐王乘机要挟他献出楚国东边五百里土地，襄王听从老师慎子的意见，暂且答应了齐王的要求。襄王即位后，齐国索要土地，大臣子良主张给了再打，昭常主张亲自带兵去守卫东土，景鲤主张不给但要求救于秦国，慎子则建议襄王三策并行，最终楚国既不失信于人，又保住了楚地。文中特别体现了慎子的过人智慧，他兼收并蓄，将三个看似相互矛盾的计谋，巧妙地结合在一起，多管齐下，收到了异乎寻常的效果。

原文

楚襄王为太子之时，质于齐。怀王薨，太子辞于齐王[1]而归。齐王隘[2]之：“予我东地五百里，乃归子。子不予我，不得归。”太子曰：“臣有傅，请追[3]而问傅。”傅慎子[4]曰：“献之地，所以为身也。爱地不送死父，不义。臣故曰献之便。”太子入，致命齐王曰：“敬献地五百里。”齐王归楚太子。

太子归，即位为王。齐使车五十乘，来取东地于楚。楚王告慎子曰：“齐使来求东地，为之奈何？”慎子曰：“王明日朝群臣，皆令献其计。”

译文

楚襄王做太子的时候，到齐国做人质。楚怀王死了，太子向齐王辞别，请求回到楚国。齐王阻拦说：“把楚国东边五百里的土地割让给我，就放你回去。你要是不给我，就不能回去。”太子说：“我有位老师，请让我去问问他。”老师慎子说：“献出土地，这是为你自身。吝惜土地不去给父亲送葬，这是不义。所以我说献出土地有利。”太子进入齐宫，回复齐王说：“愿意献上五百里土地。”齐王让太子回楚国。

太子回到楚国，即位做了楚王。齐国派出五十辆车，来向楚国索取东边土地。楚王告诉慎子说：“齐国使臣来索取东边的土地，该怎么办？”慎子说：“大王明天召见群臣，让他们都来献计。”

注释

1 **齐王**：指齐闵王。

2 **隘**：阻拦。

3 **追**：当作“退”。

4 **慎子**：慎到，战国时赵国人，学黄老道德之术，强调以势治，法家代表人物之一。曾在齐国稷下学宫讲学，负有盛名，著有《慎子》。

原文

上柱国子良[1]入见。王曰：“寡人之得来反王坟墓、

译文

上柱国子良入朝拜见楚王。楚王说：“我之所以能够返回楚国安葬先王

复群臣、归社稷也，以东地五百里许齐。齐今使来求地，为之奈何？”子良曰：“王不可不与也。王身出玉声，许强万乘之齐而不与，则不信，后不可以约结诸侯。请与而复攻之。与之信，攻之武，臣故曰与之。”

子良出，昭常[2]入见。王曰：“齐使来求东地五百里，为之奈何？”昭常曰：“不可与也。万乘者，以地大为万乘。今去东地五百里，是去战国之半也，有万乘之号而无千乘之用也，不可。臣故曰勿与。常请守之。”

昭常出，景鲤[3]入见。王曰：“齐使来求东地五百里，为之奈何？”景鲤曰：“不可与也。虽然，楚不能独守。王身出玉声，许万乘之强齐也而不与，负不义于天下。楚亦不能独守，臣请西索救于秦。”

景鲤出，慎子入，王以三大夫计告慎子曰：“子良见寡人曰：‘不可不与也，与而复攻之。’常见寡人曰：‘不可与也，

入坟，见到大臣们，执掌国政，是因为答应把东边五百里的土地给齐国。现在齐国使臣来索取土地，该怎么办？”子良说：“大王不能不给啊。大王金口玉言，既然答应给万乘的强齐，若是不给就是不讲信用，以后很难和诸侯订立盟约。请先给它再攻打。给他是讲信用，攻打是展示武力，所以我说给齐国。”

子良出来，昭常进见楚王。楚王说：“齐国使臣来索取东边五百里的土地，该怎么办？”昭常说：“不能给它啊。所谓万乘的国家，就是凭借广大的土地才称为万乘。如今失去东边五百里的土地，这就等于失去一半的国土，就徒有万乘的虚名却没有千乘的实力了，不能这样做。所以我说不要给它。我请求去守卫东边的土地。”

昭常出来，景鲤进见楚王。楚王说：“齐国使臣来索取东边五百里的土地，该怎么办？”景鲤说：“不能给它。虽是这样，但楚国无力独自防守。大王金口玉言，既然答应给万乘的强齐，若是不给，楚国在天下就背负了不义的名声。楚国既无力独自防守，我请求西行向秦国求救。”

景鲤出来，慎子进见楚王，楚王

常请守之。’鲤见寡人曰：‘不可与也，虽然楚不能独守也，臣请索救于秦。’寡人谁用于三子之计？”慎子对曰：“王皆用之。”王怫然[4]作色曰：“何谓也？”慎子曰：“臣请效其说，而王且见其诚然也。王发上柱国子良车五十乘，而北献地五百里于齐。发子良之明日，遣昭常为大司马，令往守东地。遣昭常之明日，遣景鲤车五十乘，西索救于秦。”王曰：“善。”乃遣子良北献地于齐。遣子良之明日，立昭常为大司马，使守东地，又遣景鲤西索救于秦。

把三位大夫的计策告诉慎子说：“子良见到我说：‘不能不给，给了再攻打。’昭常见到我说：‘不能给它，我请求去守卫它。’景鲤见到我说：‘不能给它，虽是这样，但楚国无力独自守卫，我请求去秦国求救。’我到底用他们三人中谁的计策？”慎子回答说：“大王都用。”楚王很不高兴地说：“什么意思？”慎子说：“大王请听我解释，就明白确实如此。大王派上柱国子良带着五十辆车，去北边把五百里土地献给齐国。派出子良的第二日，任命昭常为大司马，让他去守卫东边土地。派出昭常的第二日，派遣景鲤带着五十辆车，到西边向秦国求救。”楚王说：“好。”于是派子良到北边把土地献给齐国。派出子良的第二日，任命昭常为大司马，让他守卫东边土地，又派景鲤到西边向秦国求救。

注释

1 **子良：**战国时楚人，楚襄王时官上柱国。

2 **昭常：**战国时楚人，楚襄王臣。

3 **景鲤：**芈姓，景氏，名鲤，战国时楚国令尹。

4 **怫(fú)然：**悒郁，心情不舒畅。

原文

子良至齐，齐使人以甲受东地。昭常应齐使曰：“我

译文

子良到了齐国，齐国派人帅军接收楚国东边土地。昭常对齐国使臣说：

典主[1]东地，且与死生。悉五尺至六十[2]，三十余万弊甲钝兵，愿承下尘[3]。”齐王谓子良曰：“大夫来献地，今常守之，何如？”子良曰：“臣身受命弊邑之王，是常矫也。王攻之。”齐王大兴兵攻东地，伐昭常。未涉疆，秦以五十万临齐右壤。曰：“夫隘楚太子弗出，不仁；又欲夺之东地五百里，不义。其缩甲则可，不然，则愿待战。”齐王恐焉，乃请子良南道楚，西使秦，解齐患。士卒不用，东地复全。

“我负责守卫东边土地，并且要和它共存亡。我召集了全国老幼共三十多万人参战，尽管盔甲破旧、兵器迟钝，愿意一决高下。”齐王对子良说：“您既来献地，现在昭常却在那守卫，怎么回事？”子良说：“我亲自在楚王那里接受的命令，一定是昭常假传命令。大王去攻打他。”齐王调动大军攻打东边土地，讨伐昭常。还没越过国界，秦国派五十万大军逼近齐国西境。秦将说：“你们不让楚国太子回国，这是不仁；又打算夺取楚国东边五百里的土地，这是不义。你们若退兵就算了，要不然，我们决一死战。”齐王害怕了，于是请子良向南到楚国，向西到秦国，解除齐国祸患。楚国没有动用一兵一卒，就保全了东边土地。

注释

1 **典主：**掌管，负责。

2 **五尺：**指幼童。**六十：**指老人。

3 **下尘：**谦词，犹下风。

苏秦之楚

导读

苏秦到楚国等了三个月才见到楚王,谈话完毕即辞别。楚王问其原因,苏秦用极其夸张的语言,辛辣地讽刺了楚国官场的恶习,表达了自己受楚王冷遇的不满。楚王听到如此不敬的语言,自知无趣,但又不便发作,只好将其安顿下来以示礼遇。

原文

苏秦之楚,三月乃得见乎王,谈卒,辞而行。楚王曰:“寡人闻先生,若闻古人。今先生乃不远千里而临寡人,曾不肯留,愿闻其说。”对曰:“楚国之食贵于玉,薪贵于桂,谒者难得见如鬼,王难得见如天帝。今令臣食玉炊桂,因鬼见帝,其可得乎!”王曰:“先生就舍,寡人闻命矣。”

译文

苏秦到了楚国,等了三个月才见到楚王,谈话结束,就告辞要走。楚王说:“我久闻先生大名,就像听到古人一样。现在先生不远千里来我这里,竟不肯停留,希望听听原因。”苏秦回答说:“楚国的食物比宝玉还贵,柴火比桂树还贵,通报人员像鬼一样难以见到,大王更是像天帝一样难以见到。现在我吃宝玉,烧桂树,通过鬼来见天帝,我怎么可以留下!”楚王说:“先生先到客馆休息,我明白了。”

张仪之楚贫

导读

张仪到楚国受到冷遇，处境困窘，于是他充分抓住楚王好色的特点，略施小计，抛出诱饵，坐收渔利。首先，他假装要离开楚国去韩国，以韩国美女诱惑楚王，楚王果然上当，赠其珠玉。接着，南后与郑袖听说此事极为恐慌，分别献上巨礼，贿赂张仪。最后，张仪借与楚王饮酒之机，大赞南后与郑袖之美，既完美地交了差，又让众人皆大欢喜，不费吹灰之力而笑纳千金。在这场闹剧中，老谋深算的张仪是最大的受益者，他以一个小小的骗局就将楚王等人玩弄在股掌之中，让人啼笑皆非。

原文

张仪之楚贫，舍人怒而欲归。张仪曰："子必以衣冠之敝，故欲归。子待我为子见楚王。"当是之时，南后[1]、郑袖贵于楚。张子见楚王，楚王不说[2]。张子曰："王无所用臣，臣请北见晋君[3]。"楚王曰："诺。"张子曰："王无求于晋国乎？"

译文

张仪到楚国后处境穷困，他手下的舍人很生气，打算回去。张仪说："你必定是因为衣帽破旧，所以才打算回去。你等着我为你去拜见楚王。"那时南后和郑袖在楚国地位尊贵。张仪去拜见楚王，楚王不高兴。张仪说："大王没有用得着我的地方，我请求北行去见韩王。"楚王说："好。"张仪说："大王对韩国没有什么需求吗？"楚王说："黄金、珠玑、犀

王曰："黄金、珠玑、犀象出于楚，寡人无求于晋国。"张子曰："王徒不好色耳？"王曰："何也？"张子曰："彼郑[4]、周之女，粉白黛黑，立于衢间，非知而见之者以为神。"楚王曰："楚僻陋之国也，未尝见中国之女如此其美也。寡人之独何为不好色也？"乃资之以珠玉。

角、象牙都出自楚国，我对韩国没什么需求。"张仪说："大王难道不好美色吗？"楚王说："什么意思？"张仪说："那韩国、周国的女子，脸色粉白，眉毛乌黑，站在街道里巷，不知道的人见到了还以为是神仙。"楚王说："楚国是个偏僻的国家，未曾见到中原女子有这样美丽的。我怎么就单单不好美色呢？"于是资助张仪不少珍珠、宝玉。

注释

1 **南后：**楚怀王的王后。
2 **说：**通"悦"。
3 **晋君：**指韩王。一说魏王。
4 **郑：**指韩国。

原文

南后、郑袖闻之大恐，令人谓张子曰："妾闻将军之晋国，偶有金千斤，进之左右，以供刍秣[1]。"郑袖亦以金五百斤。张子辞楚王曰："天下关闭不通，未知见日也，愿王赐之觞。"王曰："诺。"乃觞之。张子中饮，再拜而请曰："非有他人于此也，愿王召所便习[2]而觞之。"王曰："诺。"

译文

南后和郑袖听说了此事，非常害怕，让人对张仪说："听说将军要去韩国，这里有金千斤，送给您的随从，作为喂养马匹的草料钱。"郑袖也送上金五百斤。张仪辞别楚王说："天下关卡不开放，道路不畅，不知何时再见到大王，希望和大王同饮一杯。"楚王说："好。"于是设酒席饮酒。张仪喝到半酣，向楚王拜了两拜请求说："这里没有别人，希望大王召来您亲近的人一

乃召南后、郑袖而觞之。张子再拜而请曰："仪有死罪于大王。"王曰："何也？"曰："仪行天下遍矣，未尝见人如此其美也。而仪言得美人，是欺王也！"王曰："子释之，吾固以为天下莫若是两人也。"

起喝酒。"楚王说："好。"于是召来南后和郑袖一起饮酒。张仪又拜了两拜请罪说："我对大王犯了死罪。"楚王说："为什么？"张仪说："我走遍了全天下，还没有见过这样美的美人。而我说为您去寻找美人，这是欺骗大王啊！"楚王说："你放宽心，我本来就认为天下没有比这两人更美的了。"

注释

1 **刍秣：**牛马的饲料。

2 **便习：**君主左右受宠幸的近臣、后妃。

唐雎见春申君

导读

纵横家唐雎到楚国春申君面前毛遂自荐。他首先表明自己不为利禄而来，而是因为仰慕对方，既提高自己身价更抬高对方身份；接着从正反两方面来说明春申君所欲不成、所求不得的原因是因为缺少像自己一样的人才；最后用六博戏中枭棋与散棋的关系作喻，建议春申君招贤纳士，任用自己。唐雎的自荐辞不卑不亢，要言不烦，层次清晰，一波三折，生动形象，堪称典范。

原文

唐雎[1]见春申君[2]曰："齐人饰身修行得为益，然臣羞而不学也。不避绝江河，行千余里来，窃慕大君之义，而善君之业。臣闻之，贲、诸[3]怀锥刃而天下为勇，西施衣褐[4]而天下称美。今君相万乘之楚，御中国之难，所欲者不成，所求者不得，臣等少也。夫枭棋[5]之所以能为者，以散棋[6]佐之也。夫一枭之不胜五散亦明矣。今君何不为天下枭，而令臣等为散乎？"

译文

唐雎拜见春申君，说："齐国人装饰身体、修养品行是为了获得利禄，可我以此为耻而不去学习。我跋涉江河，不远千里而来，是因为私下里仰慕您的高尚品德，赞赏您建立的功业。我听说，孟贲、专诸即使怀揣锥子、小刀，天下人也认为他们是勇士，西施即便穿着粗布衣服，天下人也认为她是美女。现在您做万乘楚国的相国，抵御中原诸侯的进攻，想做的不能完成，想要的不能得到，就是缺少像我们这种人啊。枭棋之所以能够取胜，是因为有散棋的辅佐。单独的一颗枭棋，不能战胜五颗散棋，这是很明显的。现在您何不做天下的枭棋，而让我们做散棋呢？"

注释

1 **唐雎(jū)**：战国时魏国人，纵横游说之士。

2 **春申君**：姓黄，名歇，战国时楚国人。楚考烈王时任相国，封为"春申君"。

3 **贲**：指孟贲，战国时卫国人(一说齐国人)，古代勇士。**诸**：指专诸，春秋时吴国人，勇而任侠，刺杀了吴王僚。

4 **褐**：粗布衣裳。

5 **枭(xiāo)棋**：古代博戏中的一种贵彩。《楚辞・招魂》中说："菎蔽象棋，有六博些。分曹并进，遒相迫些。成枭而牟，呼五白些。"可以参看。

6 **散棋**：一般的棋子，又称五白，有五颗。与"枭棋"相对。

魏王遗楚王美人

导读

本文讲了一个女人争风吃醋、借刀杀人的故事。文中的主人公楚怀王夫人郑袖口蜜腹剑，阳奉阴违，两面三刀，面对魏美人假意示好，实则醋意大发，心怀叵测，暗下杀机，魏美人成了她待宰的羔羊。在成功骗取了楚王和美人信任后，她巧设陷阱，不经意间就借楚王之手毁掉了自己的对手。郑袖城府之深，布局之用心，加上她巧妙的掩饰伪装以及轻描淡写的态度，读之让人似万箭穿心，背出冷汗。

原文

魏王遗楚王[1]美人，楚王说[2]之。夫人郑袖知王之说新人也，甚爱新人。衣服玩好，择其所喜而为之；宫室卧具，择其所善而为之。爱之甚于王。王曰："妇人所以事夫者，色也；而妒者，其情也。今郑袖知寡人之说新人也，其爱之甚于寡人，此孝子之所以事亲，忠臣之所以事君也！"

译文

魏王送给楚王一位美人，楚王很喜欢她。夫人郑袖知道楚王喜欢这位新来的美人，也装出很喜欢她的样子。衣服和珍玩，挑选美人喜欢的送她；宫室和卧具，选择美人喜欢的置办。郑袖看起来比楚王更喜爱她。楚王说："女人用来侍奉丈夫的是美貌，而嫉妒心是女人的常情。现在郑袖知道我喜欢新来的美人，比我更喜欢她，这无异于孝子侍奉父母，忠臣侍奉君主啊！"

郑袖知道楚王认为自己没有嫉妒

郑袖知王以己为不妒也，因谓新人曰："王爱子美矣，虽然，恶子之鼻。子为见王，则必掩子鼻。"新人见王，因掩其鼻。王谓郑袖曰："夫新人见寡人，则掩其鼻，何也？"郑袖曰："妾知也。"王曰："虽恶必言之。"郑袖曰："其似恶闻君王之臭也。"王曰："悍哉！"令劓[3]之，无使逆命。

心，就对新来的美人说："大王喜欢你的美貌，不过讨厌你的鼻子。你如果去见大王，一定要捂住你的鼻子。"新来的美人见到大王，就捂住自己的鼻子。楚王对郑袖说："新来的美人看见我就捂住鼻子，怎么回事？"郑袖说："我知道。"楚王说："即使难听也一定要说出来。"郑袖说："她好像是讨厌闻到您身上的味道。"楚王说："好大的胆子！"于是下令割掉她的鼻子，不许违抗命令。

注释

1 **楚王**：楚怀王。

2 **说**：通"悦"。

3 **劓**(yì)：割鼻子。

庄辛谓楚襄王

导读

楚襄王宠爱佞臣，生活腐化堕落，庄辛义正词严地进行劝谏，却遭到了襄王的怒斥。不久楚国濒于灭亡，襄王不得已求教于庄辛。庄辛充分发挥其文学才能，通过一系列的比喻来说明居安思危的道理，终使襄王幡然醒悟。庄辛的说辞按照由小到大、由物及人的顺序，结构上环环相扣，一层深似一层；风格上铺张扬厉，气势充沛；语言韵散结合，参差错落，文学色彩极为浓厚。

原文

庄辛[1]谓楚襄王[2]曰："君王左州侯[3]，右夏侯[4]，辇从鄢陵君[5]与寿陵君[6]，专淫逸侈靡，不顾国政，郢都必危矣！"襄王曰："先生老悖乎？将以为楚国袄祥[7]乎？"庄辛曰："臣诚见其必然者也，非敢以为国袄祥也。君王卒幸四子者不衰，楚国必亡矣。臣请辟[8]于赵，淹留以观之。"庄辛去之赵，留五月，秦果举鄢、郢、巫、上蔡、陈之地，襄王流掩于城阳[9]，于是使人发驺[10]征庄辛于赵。庄辛曰："诺。"庄辛至，襄王曰："寡人不能用先生之言，今事至于此，为之奈何？"

译文

庄辛对楚顷襄王说："您左边有州侯，右边有夏侯，车后跟从着鄢陵君和寿陵君，沉浸于放纵奢侈的生活，不理朝政，郢都必定会陷入危险！"顷襄王说："先生是老糊涂了吧？还是故意妖言惑众？"庄辛说："我确实预见情况必会这样，不敢妖言惑众。大王再继续宠幸这四个佞臣，楚国必定会灭亡。我请求去赵国躲避，留在那里静观其变。"庄辛离开楚国到了赵国，停留了五个月，秦国果然攻取了鄢、郢、巫、上蔡、陈等地，顷襄王流亡到城阳，于是派骑士到赵国召回庄辛。庄辛说："好吧。"庄辛回到楚国，襄王说："我没听先生的话，现在事情到了这种地步，该怎么办？"

注释

1 **庄辛**：战国时楚国人，事楚襄王。楚庄王后代，故以庄为姓。

2 **楚襄王**：即楚顷襄王，楚怀王儿子。

3 **州侯**：楚国封君，封邑在州地，今湖北监利。

4 **夏侯**：楚王封君，封邑在夏地，今湖北汉口。

5 **鄢陵君**：楚王封君，封邑鄢陵，今河南鄢陵。

6 **寿陵君**：楚王封君，封邑寿陵，其地不详。
7 **祅祥**：即“妖祥”，吉凶祸福的预兆。祅，反常怪异的事物。祥，吉凶征兆。
8 **辟**：通“避”。
9 **城阳**：楚邑，在今河南信阳。
10 **驺**(zōu)：古代骑马的侍从。

原文

庄辛对曰：“臣闻鄙语曰：‘见兔而顾犬，未为晚也；亡羊而补牢，未为迟也。’臣闻昔汤、武以百里昌，桀、纣以天下亡。今楚国虽小，绝长续短，犹以数千里，岂特百里哉！王独不见夫蜻蛉[1]乎？六足四翼，飞翔乎天地之间，俯啄蚊虻而食之，仰承甘露而饮之，自以为无患，与人无争也。不知夫五尺童子，方将调饴胶丝，加己乎四仞[2]之上，而下为蝼蚁食也。蜻蛉其小者也，黄雀因是以。俯噣[3]白粒，仰栖茂树，鼓翅奋翼，自以为无患，与人无争也。不知夫公子王孙，左挟弹，右摄丸，将加己乎十仞之上，以其颈为招。昼游乎茂树，夕调乎酸咸，倏忽之间，

译文

庄辛回答说：“我听俗话说：‘见到兔子再回头叫唤猎犬，还不算晚；丢失了羊再去修补羊圈，还不算迟。’我听说以前商汤、周武王凭借百里土地强盛起来，夏桀、商纣王拥有天下却最终灭亡。现在楚国虽然小了，截长续短，还有方圆数千里，哪里只是百里呢！大王难道没见过蜻蜓吗？它有六只脚、四个翅膀，在天地之间飞翔，俯身啄食蚊虻，仰头饮用甘露，自以为没有祸患，和人没有争端。它不知道五尺高的小孩，正用糖粘住丝网，把自己从四仞高的地方粘下来，让下边的蝼蛄和蚂蚁吃掉。蜻蜓算是小东西，黄雀也是这样。俯下身子啄食白米粒，仰起脖子飞到茂密的树林里栖息，张开翅膀，奋力飞行，自以为没有祸患，和人没有争端。它不知道那些公子王孙，左手拿着弹弓，右手拿着弹丸，正要把自己从十仞高的地方打下来，拿

坠于公子之手。夫黄雀其小者也，黄鹄[4]因是以。游于江海，淹乎大沼，俯噣鳝鲤，仰啮[5]菱衡[6]，奋其六翮[7]而凌清风，飘摇乎高翔，自以为无患，与人无争也。不知夫射者，方将修其碆卢[8]，治其矰缴[9]，将加己乎百仞之上。被礛磻[10]，引微缴，折清风而抎[11]矣。故昼游乎江河，夕调乎鼎鼐[12]。

它的脖子当作目标。它白天在茂密的树林里游玩，晚上就被调制成佳肴，转眼之间，坠落到公子们的手中。黄雀还算小东西，天鹅也是这样。它在江海中遨游，在沼泽里栖息，俯身捕食鳝鲤，仰头嚼食菱角、水草，振动翅膀，凌驾清风，在高空中自由飞翔，自以为没有祸患，和人没有争端。它不知猎人正修整弓箭，系好箭尾的丝绳，要把自己从百仞高的高空射下来。它身中弓箭，拖着细细的丝绳，逆着清风坠落下来。白天还在江河中游玩，晚上就成了鼎中的佳肴。

注释

1 **蜻蛉**：蜻蜓。

2 **仞**：古代长度单位，一仞为八尺。

3 **噣**：同“啄”。

4 **黄鹄(hú)**：天鹅。

5 **啮**：咬。

6 **菱衡**：菱角和水草。衡，荇，水草名。

7 **翮(hé)**：鸟翅上的长羽毛。

8 **碆(bō)卢**：弓箭。碆，石箭头。卢，黑色的弓。

9 **矰缴(zēng zhuó)**：猎取飞鸟的射具。矰，短箭。缴，系在箭尾上的丝绳。

10 **礛磻(jiān bō)**：锐利的石制箭头。礛，锐利。磻，石制箭头。

11 **抎(yǔn)**：坠落，陨落。

12 **鼐(nài)**：烹食的大鼎。

原文

“夫黄鹄其小者也，蔡圣侯[1]之事因是以。南游乎高陂[2]，北陵乎巫山，饮茹溪之流，食湘波[3]之鱼，左抱幼妾，右拥嬖女，与之驰骋乎高蔡[4]之中，而不以国家为事。不知夫子发[5]方受命乎宣王[6]，系己以朱丝而见之也。蔡圣侯之事其小者也，君王之事因是以。左州侯，右夏侯，辇从鄢陵君与寿陵君，饭封禄之粟，而载方府[7]之金，与之驰骋乎云梦之中，而不以天下国家为事。不知夫穰侯[8]方受命乎秦王[9]，填黾塞[10]之内，而投己乎黾塞之外。”

襄王闻之，颜色变作，身体战栗。于是乃以执珪而授之为阳陵君，与淮北之地也。

译文

“天鹅还算小东西，蔡圣侯的事也是这样。他南游高岗，北登巫山，喝着茹溪的清水，吃着湘江的鲜鱼，左抱年轻的小妾，右抱宠爱的美人，和她们驱车驰骋在高蔡，不把国事放在心上。不知楚将子发正受楚宣王的命令，要把他用红绳绑起来去见楚王。蔡圣侯的事是小事情，大王您的事也是这样。大王左边有州侯，右边有夏侯，车后跟着鄢陵君和寿陵君，吃着封地的粮食，载着国库的钱财，和他们在云梦泽中驰骋游玩，不把国事放在心上。不知道穰侯刚接受秦王的命令，将要进攻黾塞以南，要把大王驱逐到黾塞以北。”

顷襄王听了这话，面色大变，身体颤抖。于是把执圭的爵位授予庄辛，封他为阳陵君，收复了淮北的土地。

注释

1 **蔡圣侯**：蔡国最后一位国君。

2 **陂(bēi)**：山坡。

3 **湘波**：湘水。

4 **高蔡**：战国蔡国都城，在今湖南常德。一说为河南上蔡。

5 **子发**：楚将。

6 **宣王**：楚宣王。芈姓，熊氏，名良夫，楚悼王之子。

7 **方府**：楚国藏金的府库。

8 **穰侯**：战国秦国大臣魏冉。

9 **秦王**：指秦昭王。

10 **黾塞**：即平靖关，今河南信阳东南。

客说春申君

导读

战国中期，儒家学派大师荀子在楚国做春申君的兰陵令，因受到诽谤离开楚国去了赵国，不久春申君后悔，又召他回国。于是，荀子给春申君写了一封辞谢信。信中荀子列举了楚王子围绞杀楚王郏敖、崔杼射杀齐王，以及李兑饿死主父、淖齿抽剥齐闵王脚筋并将他吊死在屋梁上等故事，来告诫春申君要以史为鉴，不要重蹈他们的覆辙，同时也批评了春申君是非不分、黑白颠倒的行为。

原文

客说春申君曰："汤以亳[1]，武王以鄗[2]，皆不过百里以有天下。今孙子[3]，天下贤人也，君籍[4]之以百里势，臣窃以为不便。于君何如？"春申君曰："善。"于是使人谢孙子。孙子去

译文

门客游说春申君说："商汤凭借亳地，武王凭借镐京，地方都不超过方圆百里，却拥有了天下。如今荀子是天下的贤人，您要是给他百里土地作为凭借，我私下认为这会对您不利。您认为呢？"春申君说："好。"于是派人辞退了荀子。荀子离开楚国去了赵国，赵王任用他做上

之赵，赵以为上卿。客又说春申君曰："昔伊尹[5]去夏入殷，殷王而夏亡；管仲去鲁入齐，鲁弱而齐强。夫贤者之所在，其君未尝不尊，国未尝不荣也。今孙子，天下贤人也，君何辞之？"春申君又曰："善。"于是使人请孙子于赵。

卿。门客又游说春申君说："以前伊尹离开夏去了殷，殷最后称王而夏朝灭亡；管仲离开鲁国到了齐国，鲁国衰弱而齐国强大起来。贤能的人不管在哪里，那个地方的君主没有不尊贵的，国家没有不繁荣的。现在荀子是天下的贤人，您为何辞退他呢？"春申君又说："好。"于是派人去赵国请荀子。

注释

1 **亳(bó)：**地名。商汤建都之地，历史上有三亳之说。南亳，在今河南商丘东南。北亳，在今河南商丘以北。西亳，在今河南偃师一带。

2 **鄗(hào)：**同"镐"，镐京，西周都城，今陕西西安市西。

3 **孙子：**即荀卿，赵人，时为楚兰陵令。西汉时避汉宣帝讳，荀子被改作孙子。

4 **籍：**借助。

5 **伊尹：**商汤大臣，名伊，一名挚。尹为官名。

原文

孙子为书谢曰："'疠人[1]怜王'，此不恭之语也，虽然，不可不审察也。此为劫弑死亡之主言也。夫人主年少而矜材，无法术以知奸，则大臣主断国，私以禁诛于己也，故弑贤长而立幼弱，废正適[2]而立不义。《春秋》戒之曰：'楚王子围[3]聘

译文

荀子写信辞谢说："'身染重疾的病人都哀怜君主'，这是不恭敬的话，即使这样，也不能不加以审察。这是对被劫持弑杀的君主说的话。如果君主年轻又自恃有才能，就没有办法来识别奸邪的人，那么大臣就会独断专行，图谋私利，独揽生杀大权，所以杀害贤能年长的公子，拥立年幼软弱的公子，废掉嫡长子而拥立不该继承王位的人。《春秋》上告戒

于郑，未出竟[4]，闻王[5]病，反问疾，遂以冠缨绞王杀之，因自立也。齐崔杼[6]之妻美，庄公[7]通之，崔杼帅其群党而攻。庄公请与分国，崔杼不许；欲自刃于庙，崔杼不许。庄公走出，逾于外墙，射中其股，遂杀之，而立其弟景公[8]。'近代所见，李兑[9]用赵，饿主父[10]于沙丘，百日而杀之；淖齿用齐，擢闵王之筋，县于其庙梁，宿夕而死。夫疠虽痈肿胞疾[11]，上比前世，未至绞缨射股；下比近代，未至擢筋而饿死也。夫劫弑死亡之主也，心之忧劳，形之困苦，必甚于疠矣。由此观之，'疠虽怜王'可也。"

说：'楚王子围去访问郑国，还没有走出国境，听说楚王郏敖病重，返回探问疾病，就用帽带把楚王勒死，自立为国君。齐大夫崔杼的妻子很漂亮，庄公和她私通，崔杼就率领他的家兵攻打庄公。庄公请求和他平分国家，崔杼不答应；庄公打算在宗庙自杀，崔杼还是不答应。庄公逃走，翻过外墙，崔杼放箭射中他的大腿，把他杀了，拥立他的弟弟为齐景公。'近代所看到的，李兑擅权赵国，将主父困饿在沙丘宫，一百天就将其饿死了；淖齿擅权齐国，抽掉齐闵王的筋，把他悬挂在宗庙的大梁上，过了一夜就死了。重疾虽然是痈疽脓肿与先天性的疾病，向上相比前代，还不至于像被带子勒死、被箭射中大腿杀死那样悲惨；向下相比近代，还不至于像被抽筋、被饿死那样惨烈。那些被劫持弑杀的君王，忧心忡忡，身体困苦，一定超过了身染重病的人。由此看来，'身染重病的人哀怜君王'这种说法，是可信的。"

注释

1 **疠人**：染患恶疾的人。

2 **正適**：正室之子，嫡子。適，通"嫡"。

3 **楚王子围**：楚灵王，名围，楚共王之子。

4 **竟**：通"境"。

5 **王**：楚王郏敖，名熊员，楚康王之子。

6 **崔杼：**又称崔武子，春秋时齐国大夫。

7 **庄公：**齐庄公，姜姓，吕氏，名光，齐灵公之子。

8 **景公：**名杵臼，齐灵公之子，齐庄公之弟。

9 **李兑：**姓李，名兑，战国时赵国大臣。发兵辅佐赵惠文王登位，围困主父（赵武灵王）三月，将其饿死。

10 **主父：**赵武灵王，晚年传位于子赵惠文王，自称“主父”。

11 **痈肿：**痈疽脓肿。 **胞疾：**胎胞带出的疾病。

原文

因为赋曰：“宝珍隋珠[1]，不知佩兮；祎布与丝，不知异兮。闾姝子奢[2]，莫知媒兮，嫫母[3]求之，又甚喜之兮。以瞽为明，以聋为聪，以是为非，以吉为凶。呜呼上天，曷惟其同！”《诗》曰[4]：“上天甚神，无自瘵[5]也！”

译文

于是荀子作赋说：“珍宝隋珠，不知道佩带啊；布和丝帛混杂，不知道区分啊。美女和俊男，没人给他们说媒呀，丑女来求婚，反而很欢喜啊。把瞎子说成眼睛明亮，把聋子说成听力敏锐，把是当作非，把吉当作凶。哎，天啊，世间一切为什么如此相同！”《诗经》中说：“上天非常神明，不要自惹灾祸啊！”

注释

1 **隋珠：**传世明珠。

2 **闾姝：**美女名。**子奢：**美男名。

3 **嫫母：**古代丑女。

4 **《诗》曰：**下引诗句《诗经·小雅·菀柳》作“上帝甚蹈，无自瘵焉”。

5 **瘵（zhài）：**病。

天下合从

导读

天下诸侯建立了合纵联盟来对抗秦国，春申君欲以临武君为将领，魏加用“惊弓之鸟”作比喻，借受伤的鸟儿听到弓弦之声便从空中坠落的故事来劝诫春申君，临武君曾为秦所败，就像“惊弓之鸟”，一有风吹草动，则受惊吓，难堪重任。这一比喻想象力丰富，生动贴切，充满哲理。

原文

天下合从。赵使魏加[1]见楚春申君曰：“君有将乎？”曰：“有矣，仆欲将临武君[2]。”魏加曰：“臣少之时好射，臣愿以射譬之，可乎？”春申君曰：“可。”加曰：“异日者，更羸与魏王[3]处京台之下，仰见飞鸟。更羸谓魏王曰：‘臣为王引弓虚发而下鸟。’魏王曰：‘然则射可至此乎？’更羸曰：‘可。’有间，雁从东方来，更羸以虚发而下之。魏王曰：‘然则

译文

天下诸侯合纵抗秦。赵国派魏加面见楚国春申君说：“您有将领了吗？”春申君说：“有了，我想让临武君做将领。”魏加说：“我少年时喜欢射箭，我愿意用射箭来比喻这事儿，可以吗？”春申君说：“可以。”魏加说：“有一天，更羸和魏王在京台下面，抬头看见飞鸟。更羸对魏王说：‘我为大王拉满弓虚射一发，让鸟掉下来。’魏王说：‘射箭可以达到如此神奇的地步吗？’更羸说：‘可以。’过了一会儿，大雁从东方飞过来，更羸虚射一发就使那只大雁掉了下来。魏王说：‘射箭真可以达到如此神奇的

射可至此乎?'更羸曰:'此孽[4]也。'王曰:'先生何以知之?'对曰:'其飞徐而鸣悲。飞徐者,故疮痛也;鸣悲者,久失群也。故疮未息,而惊心未忘也。闻弦音,引而高飞,故疮裂而陨也。'今临武君尝为秦孽,不可为拒秦之将也!"

地步吗?'更羸说:'这是一只受过伤的大雁。'魏王说:'先生怎么知道?'更羸回答说:'它飞行缓慢,叫声悲哀。飞行缓慢,是因旧伤疼痛;叫声悲哀,是因长久离群。它旧伤未愈,而惊恐之心还未忘记。听到弓弦的声音,奋力高飞,所以旧伤口撕裂落了下来。'现在的临武君曾是秦国的手下败将,不可担任抵御秦军的将领啊!"

注释

1 **魏加:**赵臣,生平事迹不详。

2 **临武君:**战国时楚国考烈王时的封君,其人不确考。一说赵将庞煖。

3 **更羸与魏王:**二人皆为假托之名。

4 **孽(niè):**受伤之鸟。

汗明见春申君

导读

汗明见到春申君,两人相谈甚欢,然而春申君并没有重用汗明的意思,于是汗明给春申君讲了一个千里马驾盐车上太行的寓言故事。千里马被当作驽马用,遭遇到不该有的折磨,当遇到伯乐的关心爱惜时,则激动得仰天长鸣。汗明用这个故事来说明自己怀才不遇,困厄于恶劣的环境无从施展抱负的悲愤与抑郁，表达了希望遇到伯乐让自己像千里马那样仰头长鸣的愿望。

原文

汗明[1]见春申君，候问三月，而后得见。谈卒，春申君大说之。汗明欲复谈，春申君曰："仆已知先生，先生大息矣。"汗明憱焉[2]曰："明愿有问君而恐固。不审君之圣，孰与尧也？"春申君曰："先生过矣，臣何足以当尧！"汗明曰："然则君料臣孰与舜？"春申君曰："先生即舜也。"汗明曰："不然，臣请为君终言之。君之贤实不如尧，臣之能不及舜。夫以贤舜事圣尧，三年而后乃相知也。今君一时而知臣，是君圣于尧而臣贤于舜也。"春申君曰："善。"召门吏为汗先生著客籍，五日一见。汗明曰："君亦闻骥乎？夫骥之齿至矣，服盐车而上太行[3]。蹄申[4]膝折，尾湛胕[5]溃，漉汁[6]洒地，白汗交流，中阪迁延，负辕不能上。伯乐[7]

译文

汗明拜见春申君，等候了三个月才被召见。交谈完毕，春申君非常高兴。汗明想继续交谈，春申君说："我已经了解先生了，先生可以休息了。"汗明局促不安地说："我有个问题想问您，又恐怕太浅陋。不知道您的圣明和尧比起来怎么样？"春申君说："先生说得过分了，我哪里敢和尧相比！"汗明说："那么您觉得我和舜相比呢？"春申君说："先生就是舜啊。"汗明说："不对。请让我为您把话说完。您的贤明确实比不上尧，我的才能也比不上舜。即使贤能的舜侍奉圣明的尧，三年后才能相互了解。现在您顷刻之间就说了解我了，这说明您比尧圣明而我比舜贤能。"春申君说："说得好。"于是召唤手下门吏把汗先生名字登录在宾客簿上，每五天接见一次。汗明继续说："您听说过千里马的故事吗？千里马年纪大了，拉着盐车攀爬太行山。伸着蹄子，屈着膝盖，尾巴下垂，皮肤磨破，口水流到地上，汗水交加，在山坡上挣扎不前，驾着车辕怎么也上不去。伯乐遇见了它，下车牵着它哭泣，

遭之，下车攀而哭之，解纻衣[8]以幂[9]之。骥于是俯而喷，仰而鸣，声达于天，若出金石声者。何也？彼见伯乐之知己也。今仆之不肖，厄于州部，堀[10]穴穷巷，沉污鄙俗之日久矣，君独无意湔拔[11]仆也，使得为君高鸣屈于梁乎？”

脱下自己的麻衣给它盖上。千里马于是低头喷鼻，仰头嘶鸣，声彻云霄，好像钟磬发出的声音，这是为什么呢？它看到了伯乐是自己的知己啊。现在我没有什么才能，穷困潦倒在州县中，住在洞穴穷巷里，沉浸在污浊鄙陋的环境里已经很久了，您难道不想推荐提拔我，让我为您在山梁上高声鸣喊，以吐心中的不快吗？”

注释

1 **汗明**：人名，事迹不详。
2 **慽(cù)焉**：局促不安的样子。
3 **太行**：山名。在山西、河北间。
4 **申**：通“伸”。
5 **湛(chén)**：通“沉”，指下垂。**胕**：同“肤”。
6 **漉汁**：口中吐的白沫。
7 **伯乐**：孙阳，字伯乐，春秋时善相马者。
8 **纻(zhù)衣**：麻布衣。
9 **幂(mì)**：覆盖。
10 **堀**：同“窟”。
11 **湔(jiān)拔**：荐拔。

楚考烈王无子

导读

本文记叙了一场惊心动魄的楚国宫廷斗争。名不见经传的李园表面上是个文弱书生，实际上是个大阴谋家，他先做春申君舍人，然后将妹妹献给春申君作为进身之阶，当他妹妹怀有身孕后又与其妹合谋，怂恿春申君将其妹献给楚考烈王，其妹得宠生子，李园也以国舅身份参与政治，楚考烈王死后，李园设伏将春申君杀死灭口，满门抄斩。春申君的政治悲剧固然是李园作乱所致，但背后的原因却发人深省。如果说他中了李园所设美人计还可以用英雄爱美来搪塞的话，那后来他对朱英的忠心进谏置若罔闻，对李园毫无防备之心，则表现出其性格缺陷与政治上的不成熟，悲剧的发生在所难免。

原文

楚考烈王[1]无子，春申君患之，求妇人宜子者进之，甚众，卒无子。赵人李园[2]，持其女弟欲进之楚王，闻其不宜子，恐又无宠。李园求事春申君为舍人。已而谒归[3]，故失期。还谒，春申君问状。对曰：

译文

楚考烈王没有儿子，春申君很担心这件事，寻求能够生育的妇女献给楚王，为数很多，还是没有孩子。赵国人李园，带着他的妹妹打算进献给楚王，听说楚王不能生育，害怕妹妹怀不上身孕得不到宠爱。李园请求侍奉春申君，做他的舍人。不久请假回家，故意不按时回来。回来后拜见春申君，春申君问他情

“齐王遣使求臣女弟，与其使者饮，故失期。”春申君曰：“聘入乎？”对曰：“未也。”春申君曰：“可得见乎？”曰：“可。”于是园乃进其女弟，即幸于春申君。知其有身，园乃与其女弟谋。园女弟承间[4]说春申君曰：“楚王之贵幸君，虽兄弟不如。今君相楚王二十余年，而王无子，即百岁后将更立兄弟。即楚王更立，彼亦各贵其故所亲，君又安得长有宠乎？非徒然也，君用事久，多失礼于王兄弟，兄弟诚立，祸且及身，奈何以保相印、江东之封乎？今妾自知有身矣，而人莫知。妾之幸君未久，诚以君之重而进妾于楚王，王必幸妾。妾赖天而有男，则是君之子为王也，楚国封尽可得，孰与其临不测之罪乎？”春申君大然之，乃出园女弟，谨舍，而言之楚王。楚王召入，幸之。遂生子男，立为太

况。他回答说：“齐王派使臣来聘娶我的妹妹，我和使臣一起饮酒，所以没按时回来。”春申君说：“接受聘礼了吗？”李园回答说：“还没有。”春申君说：“可以见见你的妹妹吗？”李园说：“可以。”于是李园就把他的妹妹带来见春申君，随即就得到了春申君的宠幸。李园知道妹妹怀有身孕后，就和妹妹一起谋划。李园的妹妹寻机会对春申君说：“楚王重用您，即便是亲兄弟也赶不上。现在您辅佐楚王也有二十多年，而楚王没有儿子，那么他死后，将会改立他的兄弟做楚王。新君即位，也会各自重用他以前所亲信的人，您又哪能长久地受宠呢？不仅如此，您执掌朝政很久了，很多地方得罪过楚王的兄弟，楚王的兄弟一旦真的即位，灾祸就要降临到您的身上，怎么能保住您的相位和江东的封地呢？现在我知道自己怀有身孕，别人都不知道。我得到您的宠幸还不久，果真能凭借您的地位把我进献给楚王，楚王必定会宠幸我。我若能得到上天保佑生下男孩，那么就是您的儿子成为楚王，楚国全境都可以得到，这和您面临不测的祸患相比哪个更强呢？”春申君大为赞同，于是把李园妹妹迁到府外，小心地安置，向楚王推荐了她。楚王召她入宫，很是宠幸。后来生

子，以李园女弟立为王后。楚王贵李园，李园用事。

下男孩，立为太子，李园妹妹被立为王后。楚王重用李园，李园把持朝政。

注释

1 **楚考烈王**：芈姓，熊氏，名完（一作元），楚顷襄王之子。

2 **李园**：战国末赵国人，居楚为春申君舍人。

3 **谒归**：告假回家。

4 **承间**：趁机会。

原文

李园既入其女弟为王后，子为太子，恐春申君语泄而益骄，阴养死士，欲杀春申君以灭口，而国人颇有知之者。春申君相楚二十五年，考烈王病。朱英[1]谓春申君曰："世有无妄之福，又有无妄之祸。今君处无妄之世，以事无妄之主，安不有无妄之人乎？"春申君曰："何谓无妄之福？"曰："君相楚二十余年矣，虽名为相国，实楚王也，五子皆相诸侯。今王疾甚，旦暮且崩，太子衰弱，疾而不起，而君相少主，因而代立当国，如伊尹、周公，王长而反政。不

译文

李园已经让他妹妹进宫成为王后，她的儿子成为了太子，他害怕春申君言语中泄露这件事而更加骄傲，暗地里培养杀手，想要杀死春申君灭口，可是国中已有人知道这事了。春申君担任楚国相国二十五年时，考烈王生了重病。门客朱英对春申君说："这世间有无法预料的幸福，也有无法预料的灾祸。现在您处在无法预料的世道，侍奉无法预料的君主，怎么能没有无法预料的人呢？"春申君说："什么叫无法预料的幸福？"朱英说："您担任楚国相国已经有二十多年了，虽然名义上是相国，实际上是楚王，您的五个孩子都在辅佐诸侯。如今大王病重，说不定哪时去世，太子身体衰弱，卧病不起，您要辅佐少主，就要代他行使国家大权，像伊尹、周公那样，国君长大了再将政权还给他。不然的话，您就干脆南面称王，因而拥有楚

即遂南面称孤，因而有楚国，此所谓无妄之福也。”春申君曰：“何谓无妄之祸？”曰：“李园不治国，王之舅也，不为兵将，而阴养死士之日久矣。楚王崩，李园必先入，据本议制断君命，秉权而杀君以灭口，此所谓无妄之祸也。”春申君曰：“何谓无妄之人？”曰：“君先仕臣为郎中[2]，君王崩，李园先入，臣请为君劏[3]其胸杀之，此所谓无妄之人也。”春申君曰：“先生置之，勿复言已。李园软弱人也，仆又善之，又何至此？”朱英恐，乃亡去。

国，这是所谓无法预料的幸福。”春申君说：“什么叫无法预料的灾祸？”朱英说：“李园不是治理国家的大臣，而是楚王的妻舅，他虽然不掌握军队，但是暗中培养杀手已经很久了。楚王一旦驾崩，李园必定先进宫，依据既定的计划假托君命，凭借手中权力杀您灭口，这就是所谓无法预料的灾祸。”春申君说：“什么叫无法预料的人？”朱英说：“您先让我担任郎中一职，楚王一旦驾崩，李园先进入宫中，我请求为您用刀刺入其胸膛，把他杀掉，这就是无法预料的人。”春申君说：“先生把这事搁置起来，不要再说了。李园是个软弱的人，我又跟他很友好，又怎么会到这种地步呢？”朱英很害怕，于是逃跑了。

注释

1 **朱英：**赵国人，春申君门客。一说楚人。

2 **郎中：**国王宫中的侍卫。

3 **劏(chōng)：**刺。

原文

后十七日，楚考烈王崩，李园果先入，置死士，止于棘门[1]之内。春申君后入，止棘门，园死士夹刺春申君，斩其头，投之棘门外。于是使吏

译文

过了十七天，楚考烈王驾崩，李园果然先进宫，安排杀手，埋伏在宫门里。春申君后进宫，走到宫门，李园的杀手从两边冲出刺杀春申君，把他的头颅砍下，扔在宫门外。接着李园派

尽灭春申君之家。而李园女弟初幸春申君有身，而入之王所生子者，遂立为楚幽王也。是岁，秦始皇立九年矣。嫪毐[2]亦为乱于秦，觉，夷三族[3]，而吕不韦废。

人将春申君全家杀死。李园的妹妹当初受春申君宠幸怀孕，入宫后生下的那个孩子，被立为楚幽王。这一年，秦始皇即位已经九年了。嫪毐也在秦国作乱，被发觉后，被灭了三族，秦相吕不韦也被废黜。

注释

1 **棘门：**宫门名。

2 **嫪毐(lào ǎi)：**赵人，初为秦相吕不韦门人，后得到太后宠幸，被封为长信侯，因叛乱被杀。

3 **三族：**父族、母族、妻族。

赵策

战国策

知伯从韩、魏兵以攻赵

导读

知（智）伯联合韩、魏两家攻打赵氏，围困并水淹晋阳城，赵氏覆亡在即。知伯谋臣郄疵善察言观色，他看到韩、魏君主忧心忡忡，遂忠告知伯韩、魏二家君主必反，知伯不听，郄疵知其言不用，遂请求出使齐国，保全了自己。

原文

知伯[1]从韩、魏兵以攻赵，围晋阳而水之，城下不沉者三板[2]。郄疵[3]谓知伯曰："韩、魏之君[4]必反矣。"知伯曰："何以知之？"郄疵曰："以其人事知之。夫从韩、魏之兵而攻赵，赵亡，难必及韩、魏矣。今约胜赵而三分其地。今城不没者三板，臼灶生蛙[5]，人马相食，城降有日，而韩、魏之君无憙[6]志而有忧色，是非反如何也？"明日，

译文

知伯率领韩、魏两家军队攻打赵氏，围困了晋阳并用水灌城，城头离水面仅有六尺。郄疵对知伯说："韩、魏两家的君主肯定会背叛您。"知伯说："你怎么知道？"郄疵说："凭他们的行为知道的。您率领韩、魏的军队攻打赵氏，赵氏灭亡，灾难必然落到韩、魏两家头上。现在约定战胜了赵氏后，三家就平分他的土地。现在晋阳城只有六尺没被淹没，石臼和灶没在水中都生出了青蛙，城里人杀马来充饥，晋阳城投降指日可待，但是韩、魏两家君主非但不高兴反而有忧愁之色，这不是将要反叛又是什么？"第二天，知

知伯以告韩、魏之君曰："郄疵言君之且反也。"韩、魏之君曰："夫胜赵而三分其地，城今且将拔矣。夫二家虽愚，不弃美利于前，背信盟之约，而为危难不可成之事，其势可见也。是疵为赵计矣，使君疑二主之心，而解[7]于攻赵也。今君听谗臣之言而离二主之交，为君惜之。"趋而出。郄疵谓知伯曰："君又何以疵言告韩、魏之君为？"知伯曰："子安知之？"对曰："韩、魏之君视疵端而趋疾。"郄疵知其言之不听，请使于齐，知伯遣之。韩、魏之君果反矣。

伯告诉韩、魏两家的君主说："郄疵说二位君主将要反叛。"韩、魏的君主说："打败赵氏，三家平分他的土地，晋阳城马上就要攻取下来了。我们两家虽然愚蠢，还不至于抛弃眼前利益，背弃盟约，去做那种危险而不可能成功的事情，这是显而易见的。郄疵这是在替赵氏谋划，让您怀疑我二人的忠心，从而放松对赵氏的进攻啊。现在您听信奸臣的话，而离间我们之间的关系，我们为您感到惋惜。"说完快步走了出去。郄疵对知伯说："您为什么要把我的话告诉韩、魏的君主呢？"知伯说："你怎么知道的？"郄疵回答说："韩、魏的君主见到我，目不斜视地快步走了过去。"郄疵知道知伯不听他的话，便请求出使齐国，知伯就派他去了。韩、魏两家的君主果然反叛了。

注释

1 **知伯：**一作知伯，姓荀，名瑶，春秋末年晋国四卿之一。因先祖食邑于智，故为氏，后被灭。

2 **板：**古代用板筑城，板高二尺，长八尺。

3 **郄(xì)疵：**人名，知伯谋臣。

4 **韩、魏之君：**指韩康子、魏宣子。

5 **臼(jiù)灶生蛙：**灶没于水中，产生青蛙，形容水患之甚。臼，舂米的器具。

6 **憙(xǐ)：**同"喜"。

7 **解：**通"懈"，放松。

知伯帅赵、韩、魏而伐范、中行氏

导读

本文记叙了晋国四卿尤其是知氏与赵氏两家的军事斗争，主要围绕着知氏覆亡过程展开。文章主要刻画了四个重要人物。知氏集团中人物主要有两个：一是知伯，作为知氏家族的领袖，他贪得无厌、刚愎自用，其性格的缺陷直接导致了知氏的灭亡；二是知过，他是一位出色的谋臣，善察言观色，眼光敏锐，很有谋略，惜不遇明主，怀才不遇。赵氏集团中人物也主要有两个：一是赵襄子，作为赵氏的领袖，善于识人、虚心纳谏是他最大的优点；二是张孟谈，他是赵氏集团的主要智囊，有勇有谋，胆识过人，在知、赵两家斗争中起了关键性的作用。文章运用对比的手法，将知氏与赵氏两家放在战国时代这一风云变幻的历史大背景中，让他们各自抒写了自己的家族命运。

原文

知伯帅赵、韩、魏而伐范、中行氏[1]，灭之。休数年，使人请地于韩。韩康子[2]欲勿与，段规[3]谏曰："不可。夫知伯之为人也，好利而鸷愎[4]，来请地不与，必加兵于韩矣，君其与

译文

知伯率领赵、韩、魏三家攻打范氏、中行氏，灭掉了他们。休兵数年后，知伯派人向韩氏索要土地。韩康子不想给，谋臣段规劝谏道："不可。知伯为人贪图利益又凶狠固执，他来索要土地，如果不给，必定会对我们用兵，您还是给他吧。给了他，他习以为常，又会向其他国家索

之。与之，彼狃[5]，又将请地于他国，他国不听，必乡[6]之以兵，然则韩可以免于患难，而待事之变。”康子曰：“善。”使使者致万家之邑一于知伯。知伯说，又使人请地于魏，魏宣子[7]欲勿与。赵葭[8]谏曰：“彼请地于韩，韩与之；请地于魏，魏弗与，则是魏内自强，而外怒知伯也，然则其错兵于魏必矣，不如与之。”宣子曰：“诺。”因使人致万家之邑一于知伯。知伯说，又使人之赵，请蔺、皋狼[9]之地，赵襄子[10]弗与，知伯因阴结韩、魏，将以伐赵。

要土地，其他国家不肯听从，他必定会派兵攻打，那么韩国可以免除祸患，静观其变。”韩康子说：“好。”于是派使臣把一个有万户人家的城邑送给知伯。知伯非常高兴，又派人到魏国索要土地，魏宣子不想给。赵葭劝谏说：“知伯向韩国索要土地，韩国给了；向魏国索要土地，魏国要是不给，那么就是魏国自以为强大，对外却激怒了知伯，那么知伯必然会对魏国用兵，不如给他。”魏宣子说：“好。”于是派人把一个有万户人家的城邑送给知伯。知伯非常高兴，又派人到赵国去索要蔺、皋狼两地，赵襄子不给，知伯于是暗中联合韩、魏，准备攻打赵国。

注释

1 **范、中行氏：**范指范吉射，晋六卿之一，后败亡。中行氏指中行寅，晋六卿之一，后败亡。

2 **韩康子：**春秋时期晋国六卿之一，韩庄子之子。

3 **段规：**韩康子谋臣。

4 **鸷愎：**凶残而固执。鸷，一种凶猛的鸟。愎，固执。

5 **狃(niǔ)：**习惯。

6 **乡：**通“向”。

7 **魏宣子：**又称“魏桓子”，春秋时期晋国六卿之一。

8 **赵葭：**魏宣子谋臣。

9 **蔺：**赵邑，在今山西离石。**皋狼：**赵邑，在今山西离石西北。

10 **赵襄子：**春秋时期晋国六卿之一，名毋恤(一作无恤)，赵鞅之子。

原文

赵襄子召张孟谈[1]而告之曰："夫知伯之为人，阳亲而阴疏，三使韩、魏而寡人弗与焉，其移兵寡人必矣。今吾安居而可？"张孟谈曰："夫董阏于[2]，简主[3]之才臣也，世治晋阳[4]，而尹铎[5]循之，其余政教犹存，君其定居晋阳。"君曰："诺。"乃使延陵生[6]将车骑先之晋阳，君因从之。至，行城郭，案[7]府库，视仓廪，召张孟谈曰："吾城郭之完，府库足用，仓廪实矣，无矢奈何？"张孟谈曰："臣闻董子之治晋阳也，公宫之垣皆以狄蒿苦楚廧之[8]，其高至丈余，君发而用之。"于是发而试之，其坚则箘簬[9]之劲不能过也。君曰："足矣，吾铜少若何？"张孟谈曰："臣闻董子之治晋阳也，公宫之室皆以炼铜为柱质，请发而用之，则有余铜矣。"君曰："善。"号令以定，备守以具。

译文

赵襄子召见谋臣张孟谈，告诉他说："知伯的为人，表面上和人亲近，暗地里却和人疏远，他多次派人出使韩、魏，却没让我参加，肯定是要发兵攻打我了。现在我到哪里去住为好？"张孟谈说："董阏于是先君简主的干练大臣，世代治理晋阳，后尹铎继任，他们的政治教化至今还保存着，您就定居在晋阳吧。"赵襄子说："好。"于是派延陵生率领车马先去晋阳，赵襄子随后跟去。到了晋阳，巡视城墙，察看府库，检查粮仓，召见张孟谈说："我看城墙已经很坚固，府库物资已经很充足，粮仓已经装满粮食，没有箭怎么办？"张孟谈说："我听说董阏于治理晋阳的时候，宫殿的城墙都是用荻蒿楛楚等修筑的，墙高达一丈多，您可以打开使用它。"于是打开试试，它们的坚硬程度就是竹子也比不过。赵襄子说："箭杆足够了，我们缺少铜怎么办？"张孟谈说："我听说董阏于治理晋阳的时候，宫殿的室内都是用冶炼的铜做柱子，请打开使用它，就有大量的铜了。"赵襄子说："好。"命令已经定好，守备器械也都齐备了。

注释

1 **张孟谈**:春秋末战国初赵人,赵襄子谋臣。

2 **董阏于**:赵简子家臣。

3 **简主**:赵简子,名鞅,春秋晋国六卿之一。

4 **晋阳**:地名。在今山西太原南。

5 **尹铎**(duó):春秋时晋人,赵简子家臣。

6 **延陵生**:春秋末战国初晋人,赵襄子家臣。

7 **案**:察看。

8 **狄**:即"荻"。**苫**:即"楛"。**楚**:荆。**廧**:同"墙",筑墙。

9 **箘簬**(jùn lù):竹名,可做箭杆。

原文

三国之兵乘晋阳城,遂战。三月不能拔,因舒军而围之,决晋水而灌之。围晋阳三年,城中巢居而处,悬釜而炊,财食将尽,士卒病羸。襄子谓张孟谈曰:"粮食匮,财力尽,士大夫病,吾不能守矣,欲以城下,何如?"张孟谈曰:"臣闻之,亡不能存,危不能安,则无为贵知士也。君释此计,勿复言也。臣请见韩、魏之君。"襄子曰:"诺。"张孟谈于是阴见韩、魏之君曰:"臣闻唇亡则齿寒,今

译文

知、韩、魏三家的军队抵达晋阳城,战斗开始。三个月没能攻下来,于是分散军队把晋阳城围了起来,掘开晋水灌城。晋阳城被围困三年,城里人在高处搭棚居住,吊起锅做饭,财物、食品都要用光了,士兵们疲困不堪。赵襄子对张孟谈说:"粮食短缺,财物用尽,士大夫疾困,我无法坚守了,想开城投降,怎么样?"张孟谈说:"我听说,国家将要灭亡而不能使它保存,形势危险而不能使它安定,那就不用重视智谋之士了。请您放弃这个想法,不要再说了。我请求去见韩、魏的君主。"赵襄子说:"好。"张孟谈于是秘密会见韩、魏两家的君主,说:"我听说嘴唇没了,牙齿就会寒冷,现在知伯率领二位君主共同攻打赵氏,赵氏即将灭亡,赵氏一旦灭亡就轮到

知伯帅二国之君伐赵，赵将亡矣，亡则二君为之次矣。”二君曰：“我知其然。夫知伯为人也，粗中而少亲，我谋未遂而知，则其祸必至，为之奈何？”张孟谈曰：“谋出二君之口，入臣之耳，人莫之知也。”二君即与张孟谈阴约三军，与之期日，夜遣入晋阳。张孟谈以报襄子，襄子再拜之。

张孟谈因朝知伯而出，遇知过[1]辕门[2]之外。知过入见知伯曰：“二主殆将有变。”君曰：“何如？”对曰：“臣遇张孟谈于辕门之外，其志矜，其行高。”知伯曰：“不然。吾与二主约谨矣，破赵三分其地，寡人所亲之，必不欺也。子释之，勿出于口。”知过出，见二主，入说知伯曰：“二主色动而意变，必背君，不如令杀之。”知伯曰：“兵箸晋阳三年矣，旦暮当拔之而飨其利，乃有他心？不可。子慎勿复言。”知过曰：“不杀则遂亲之。”知伯曰：“亲之奈何？”知过曰：“魏宣子

您二位了。”两家君主说：“我们也知道会这样。知伯为人粗暴又难以亲近，我们的计谋还没成功就被他知道的话，就会大祸临头，到时怎么办？”张孟谈说：“计谋出自二位君主的口中，进入我的耳朵，没有人会知道。”两家君主和张孟谈秘密约定军队部署，定好日期，夜里把张孟谈送回晋阳。张孟谈把情况汇报赵襄子，赵襄子向他拜了两拜。

张孟谈拜见知伯出来，在辕门外遇到知过。知过进去见知伯说：“韩、魏两位君主恐怕将要有变故。”知伯说：“为什么？”知过回答说：“我在辕门外遇到张孟谈，他神情傲慢，走路趾高气扬。”知伯说：“不对。我和韩、魏两位君主约定得很严格，攻破赵国后三家平分土地，这是我亲自和他们约定的，他们一定不会欺骗我。你放下此事，不要再说了。”知过出来，拜见韩、魏两家君主，又进去游说知伯说：“韩、魏两位君主神色不定，思想动摇，必定会背叛您，不如让人杀了他们。”知伯说：“军队包围晋阳城已经三年了，早晚就能攻下而享受利益，他们还会有别的想法？这不可能。你不要再说了。”知过说：“不杀的话，就亲近他们。”知伯

之谋臣曰赵葭，康子之谋臣曰段规，是皆能移其君之计。君其与二君约，破赵则封二子者各万家之县一，如是则二主之心可不变，而君得其所欲矣。”知伯曰：“破赵而三分其地，又封二子者各万家之县一，则吾所得者少，不可。”知过见君之不用也，言之不听，出，更其姓为辅氏，遂去不见。

说：“怎么亲近？”知过说：“魏宣子有个谋臣叫赵葭，韩康子有个谋臣叫段规，这都是能改变他们君主想法的人。您和韩、魏君主约定，攻破赵国后，封赐赵、段他们两人各自一个有万户人家的县，像这样的话，那么两位君主就不会变心，而您可以得到您想要的。”知伯说：“攻破赵氏三家平分土地，又封给他们二人各自一个有万户人家的县，那么我得到的就很少了，不行。”知过见君主不采用他的意见，也不听他的劝谏，出来之后，改姓为辅氏，于是离开，不再见知伯了。

注释

1 **知过：**一作知果，知伯族人兼谋臣。

2 **辕门：**领兵将帅的营门。

原文

张孟谈闻之，入见襄子曰：“臣遇知过于辕门之外，其视有疑臣之心，入见知伯，出更其姓，今暮不击，必后之矣。”襄子曰：“诺。”使张孟谈见韩、魏之君，以夜期，杀守堤之吏，而决水灌知伯军。知伯军救水而乱，韩、魏翼而击

译文

张孟谈听说了这事，进见赵襄子说：“我在辕门外遇到了知过，他看我的时候露出了怀疑的神色，进去见了知伯，出来就改了姓氏，今晚若不攻击知伯，必定会落在他的后面了。”赵襄子说：“好。”于是派张孟谈去见韩、魏两家君主，约定当晚行动，杀死守堤的士兵，掘开晋水淹灌知伯的军队。知伯军队忙着救水而大乱，韩、魏军队从两翼夹击

之，襄子将卒犯其前，大败知伯军而禽知伯。

知伯身死、国亡、地分，为天下笑，此贪欲无厌也。夫不听知过，亦所以亡也。知氏尽灭，唯辅氏存焉。

他，赵襄子率领军队正面冲锋，大败知伯的军队，并擒获了知伯。

知伯被杀，封邑丢失，土地也被瓜分，成为天下人耻笑的对象，这是他贪得无厌的下场。他不听知过的劝告，也是他最终灭亡的原因。知氏全族被灭，唯有辅氏保存了下来。

晋毕阳之孙豫让

导读

本文记叙了刺客豫让的故事。豫让受到了知伯的知遇之恩，知伯死后，他誓杀赵襄子为其报仇。豫让的形象在第二次行刺中表现得最为突出。为了掩饰身份，他漆身变厉、自刑变容、吞炭变音，以常人难以理解的、极其惨烈的手段对待自己。当友人提出甚易而功成的方法时，他答之以君臣之义而非为轻易的报仇，让人叹服。当再次被捉，赵襄子让其选择道路时，他毅然选择死亡，在死之前却提出了击刺赵襄子衣服的要求，而实现为知伯报仇的目的。他自杀身亡，死得悲壮。豫让为了自己的信念而死，杀身成仁，舍身取义，是“义”的化身。同时赵襄子大度包容的形象也颇让人佩服，他手握强权，却以德报怨，非但没有对豫让充满仇恨，进行侮辱，反而对豫让充满了尊重，满足了豫让的无理要求，让其壮烈而有尊严地死去，在成就义士英名的同时，也成就了自己。

原文

晋毕阳之孙豫让[1]，始事范、中行氏而不说，去而就知伯，知伯宠之。及三晋分知氏，赵襄子最怨知伯，而将其头以为饮器。豫让遁逃山中，曰："嗟乎！士为知己者死，女为悦己者容。吾其报知氏矣！"乃变姓名为刑人[2]，入宫涂厕，欲以刺襄子。襄子如厕，心动，执问涂者，则豫让也，刃其扞[3]，曰："欲为知伯报仇！"左右欲杀之，赵襄子曰："彼义士也，吾谨避之耳。且知伯已死，无后，而其臣至为报仇，此天下之贤人也。"卒释之。豫让又漆身为厉[4]，灭须去眉，自刑以变其容，为乞人而往乞。其妻不识，曰："状貌不似吾夫，其音何类吾夫之甚也！"又吞炭为哑，变其音。其友谓之曰："子之道甚难而无功，谓子有志则然矣，谓子智则否。以子之才，而善事襄子，襄子必近幸子，子之得近

译文

晋国毕阳君的孙子豫让，起初侍奉范氏、中行氏，不能得到敬重，就离开转而投靠知伯，知伯很宠信他。等到韩、魏、赵三家瓜分了知氏土地，赵襄子最痛恨知伯，将他的头颅做成酒器。豫让逃到山中，说："唉！士子为赏识自己的人而献出生命，女子为喜欢自己的人而打扮自己。我要报答知氏的知遇之恩！"于是更名改姓，扮成做杂役的人，到宫里粉刷厕所，打算刺杀赵襄子。赵襄子去上厕所，心中觉得异常，派人把刷墙的人抓起来质问，原来是豫让，他把兵刃装到粉刷工具里，说："我要为知伯报仇！"赵襄子的随从想杀了他，赵襄子说："他是义士，我小心避开就是了。况且知伯已经死了，没有后人，他的臣子能来为他报仇，这是天下的贤士啊。"最终释放了他。豫让又浑身涂漆，让身上长出癞疮，剃去胡子和眉毛，用自残的方式让自己改变了容貌，装扮成乞丐去乞讨。他的妻子认不出他，说："相貌不像我的丈夫，但是声音怎么和我丈夫这么像呀！"于是豫让又吞炭使自己声音嘶哑，改变了声音。他的朋友对他说："你报仇的方法太艰难了而且没有成效，说你有意志力是不错的，说你聪明就不对了。凭你的才能，好好侍奉赵襄子，赵襄子必定

而行所欲，此甚易而功必成。”豫让乃笑而应之曰：“是为先知报后知，为故君贼新君，大乱君臣之义者，无过此矣。凡吾所谓为此者，以明君臣之义，非从易也。且夫委质而事人，而求弑之，是怀二心以事君也。吾所为难，亦将以愧天下后世人臣怀二心者。”

会亲近你，你接近了他再做你想做的，这就很容易而且必定成功。”豫让笑着回答他说：“这样做是为先前的知己报复后来的知己，为旧君主贼害新君主，破坏君臣的道义没有比这更严重的了。我之所以这样做，是为了宣扬君臣之间的道义，并非为了报仇的容易。况且委身来侍奉他人，又想着杀掉他，这是怀有二心去侍奉君主。我之所以选择艰难的办法报仇，也是要让天下后世怀有二心的人臣感到羞愧。”

注释

1 **豫让：**春秋战国间晋国人，姬姓，毕氏，知伯家臣。

2 **刑人：**疑作“圬人”，涂墙之人。

3 **扞：**当作“圬”，粉刷工具。

4 **厉：**癞疮。

原文

居顷之，襄子当出，豫让伏所当过桥下。襄子至桥而马惊。襄子曰：“此必豫让也。”使人问之，果豫让。于是赵襄子面数[1]豫让曰：“子不尝事范、中行氏乎？知伯灭范、中行氏，而子不为报仇，反委质事知伯。知伯已死，子独何为报仇之深也？”豫让曰：

译文

过了不久，赵襄子正好外出，豫让埋伏在赵襄子必当经过的桥下。赵襄子到了桥边，马儿突然受惊。赵襄子说：“必定是豫让在这儿。”派人询问，果真是豫让。于是赵襄子当面责备豫让说：“你不是曾经也侍奉过范氏、中行氏吗？知伯消灭了范氏、中行氏，而你却不为他们报仇，反而委身侍奉知伯。知伯已经死了，你又为何这般执着地要给他报仇呢？”豫让说：“我侍奉范氏、中行氏，范氏、中行氏把我

"臣事范、中行氏，范、中行氏以众人遇臣，臣故众人报之；知伯以国士遇臣，臣故国士报之。"襄子乃喟然叹泣曰："嗟乎，豫子！豫子之为知伯，名既成矣，寡人舍子，亦以足矣。子自为计，寡人不舍子。"使兵环之。豫让曰："臣闻明主不掩人之义，忠臣不爱死以成名。君前已宽舍臣，天下莫不称君之贤。今日之事，臣故伏诛，然愿请君之衣而击之，虽死不恨。非所望也，敢布腹心。"于是襄子义之，乃使使者持衣与豫让。豫让拔剑三跃，呼天击之曰："而可以报知伯矣。"遂伏剑而死。死之日，赵国之士闻之，皆为涕泣。

当普通人对待，所以我用普通人的身份报答他们；知伯把我当国士对待，所以我用国士的身份报答他。"赵襄子于是感叹流泪说："唉，豫让！你对知伯所做的，已经成就了你的名声，我宽恕你也已经足够了。你自己考虑下，我不再饶恕你了。"于是派兵把他团团围起来。豫让说："我听说贤明的君主不掩盖别人的义行，忠诚的臣子不吝惜生命来成就名声。您之前已经宽恕了我，天下没有人不称赞您的贤明。今天的事，我本来就该伏法受诛，但是请求您让我用剑击刺您的衣服，即便死了也不遗憾了。我并不指望它实现，只不过说出心里话。"赵襄子认为他很有义气，于是派人拿来衣服给豫让。豫让拔出剑来跳跃三下，向天喊叫，击刺衣服说："我可以报答知伯了。"接着举剑自杀身亡。他死的这天，赵国的士人听说后，都为他落泪。

注释

1 **数**(shǔ)：责备。

苏秦说李兑

导读

苏秦游说赵相李兑，在自报家门时希望通过强调身世的可怜以及行程的艰辛打动对方，但李兑却只愿听“鬼之言”，于是苏秦以“土梗与木偶”的寓言故事为喻，来说明对方处境的危险。最终苏秦游说失败，但在李兑门客的帮助下得到了一笔丰厚的费用。文章文学色彩浓厚，显然是学习他篇的模仿之作，不能以真实的史实对待。

原文

苏秦说李兑曰：“洛阳[1]乘轩里苏秦，家贫亲老，无罢车驽马，桑轮蓬箧，羸縢履屩，负书担橐，触尘埃，蒙霜露，越漳、河[2]，足重茧，日百而舍，造外阙，愿见于前，口道天下之事。”李兑曰：“先生以鬼之言见我则可，若以人之事，兑尽知之矣。”苏秦对曰：“臣固以鬼之言见君，非以人之言也。”

译文

苏秦游说相国李兑说：“洛阳乘轩里人苏秦，家境贫穷，父母年老，没有破车劣马，没有桑树枝做的车轮和蓬草编的车厢，缠着绑腿，穿着草鞋，背着书箱，挑着行李，踏着尘土，冒着霜露，越过漳水、黄河，脚上磨出重重老茧，日行百里才投宿休息，好不容易才来到了相府门外，希望与您相见，谈谈天下的事情。”李兑说：“先生见到我说鬼神的事还可以，如果说人世间的事，我都知道了。”苏秦回答说：“我来见您本来就是想说鬼神的事，而不是说人世间的事。”李兑接见了他。苏秦说：“今

李兑见之。苏秦曰："今日臣之来也暮，后郭门，借席无所得，寄宿人田中，旁有大丛[3]。夜半，土梗与木梗斗曰：'汝不如我，我乃土也。使我逢疾风淋雨，坏沮，乃复归土。今汝非木之根则木之枝耳，汝逢疾风淋雨，漂入漳、河，东流至海，泛滥无所止。'臣窃以为土梗胜也。今君杀主父而族之，君之立于天下，危于累卵。君听臣计则生，不听臣计则死。"李兑曰："先生就舍，明日复来见兑也。"苏秦出，李兑舍人谓李兑曰："臣窃观君与苏公谈也，其辩过君，其博过君，君能听苏公之计乎？"李兑曰："不能。"舍人曰："君即不能，愿君坚塞两耳，无听其谈也。"明日复见，终日谈而去。舍人出送苏君，苏秦谓舍人曰："昨日我谈粗而君动，今日精而君不动，何也？"舍人曰："先生之计大而规高，吾君不能用也。乃我请君塞两耳，无听谈者。虽然，先生明日复

天我来得晚，城门已关闭，找不到借宿的地方，就在人家的庄稼地里过了一夜，旁边有个大神丛。半夜时，泥人和木偶争吵说：'你比不上我，我是土做的。假使我碰上狂风大雨，被水冲坏，就又回到土中。如今你不是树木的根部，而是树木的枝条，你一旦遇到狂风大雨，漂入漳水、黄河，向东流到海里，就不知会漂浮到哪里去。'我私下以为泥人更胜一筹。如今您杀害了主父和他同族的人，您的处境比堆起的鸡蛋还要危险。您听从我的话就能活命，不听从我的话就会死路一条。"李兑说："先生回馆舍去休息吧，明天再来见我。"苏秦离开了，李兑的门客对李兑说："我暗中观察您和苏秦的谈话，他的辩论才能超过您，他知识的渊博也超过您，您能听从苏秦的谋划吗？"李兑说："不能。"门客说："您既然不能听从，希望您将两耳塞紧，不要听他谈话。"第二天苏秦又来见李兑，谈了一天然后离开。门客出来送苏秦，苏秦对门客说："昨天我谈得很简单，相国有所心动；今天谈得很详细，相国却不为所动，为什么？"门客说："您的谋划宏大而规划高明，我的主人不能采用。是我让他堵住双耳，不要听您谈话的。

来,吾请资先生厚用。”明日来,抵掌而谈。李兑送苏秦明月之珠、和氏之璧、黑貂之裘、黄金百镒。苏秦得以为用,西入于秦。

虽是这样,先生您明天再来,我请求资助您丰厚的费用。”第二天,苏秦来到,两人相谈甚欢。李兑赠送苏秦夜明珠、和氏璧、黑貂皮衣、黄金百镒。苏秦得到这些作为费用,向西进入秦国。

注释

1 **洛阳:**地名。在今河南洛阳东。

2 **漳、河:**漳水、黄河。

3 **丛:**神丛,神灵依托的群树。以密林多立神祠而名。

秦王谓公子他

导读

本文记叙了秦、韩、赵三国围绕着韩国上党地区展开的一场政治军事斗争。本来秦、韩为矛盾双方,但由于韩国将领冯亭将上党作为诱饵送给赵国,将赵国牵连到这场是非中,使得矛盾发生了转化。文章重点记叙的是韩国与赵国君臣对待上党的态度,从而刻画了两个国家不同的精神面貌。韩国上党两任太守以不同方式表达了卫国之心,尤其是冯亭不为赵国利诱所动,令人印象深刻。而赵国方面赵王、赵胜等人则目光短浅、贪图利益而又不听忠谏,最终引火烧身,直接导致了长平之战的悲剧。

原文

秦王[1]谓公子他[2]曰："昔岁殽下之事[3]，韩为中军，以与诸侯攻秦。韩与秦接境壤界，其地不能千里，展转不可约。日者秦、楚战于蓝田[4]，韩出锐师以佐秦，秦战不利，因转与楚，不固信盟，唯便是从。韩之在我，心腹之疾。吾将伐之，何如？"公子他曰："王出兵韩，韩必惧，惧则可以不战而深取割。"王曰："善。"乃起兵，一军临荥阳[5]，一军临太行[6]。韩恐，使阳城君入谢于秦，请效上党之地以为和。令韩阳[7]告上党之守靳黈[8]曰："秦起二军以临韩，韩不能有。今王令以上党入和于秦，使阳言之太守，太守其效之。"靳黈曰："人有言：'挈瓶之知，不失守器。'王则有令，而臣太守，虽王与子亦其猜焉。臣请悉发守以应秦，若不能卒，则死之。"韩阳趋以报王，王曰："吾始已诺于应

译文

秦王对公子他说："以前函谷关一战，韩军作为主力，和诸侯联合攻秦。韩国与秦国边界接壤，国土不过方圆千里，却反复无常，不可与它结盟。以前秦国和楚国在蓝田交战，韩国派出精锐部队援助秦军，可秦军战斗失利，于是转而支持楚国，不守盟约，唯利是从。韩国对于我们来说，简直是心腹大患。我将攻打它，怎么样？"公子他说："大王出兵韩国，韩国必然惧怕，它惧怕了那么我们可以不用战争就能割取大片土地。"秦王说："好。"于是出动军队，一支军队攻打荥阳，一支军队攻打太行。韩王恐慌，派阳城君去秦国谢罪，请求献出上党的土地来讲和。命令韩阳告诉上党的太守靳黈说："秦国派出两支军队攻打韩国，韩国面临灭亡。现在大王下令把上党献给秦国求和，派我来告诉太守，太守还是献出上党吧。"靳黈说："人们常说：'纵然仅有像汲水的瓶子一样的浅薄见识，也要守住它，不让它失去。'大王虽然有命令，但我是太守，即使是大王和您也不会不怀疑。我请求发动守城士兵抵御秦兵，如果最终坚守不住，就战死。"韩阳赶

侯[9]矣，今不与，是欺之也。”乃使冯亭[10]代靳黈。

紧把情况报告给韩王，韩王说：“我之前已经答应了应侯，现在不献出上党，就是欺骗他啊。”于是派冯亭取代靳黈。

注释

1 **秦王**：指秦昭王。

2 **公子他**：秦惠文王的儿子，秦昭王之兄。

3 **殽下之事**：公元前298年，魏、赵、韩、齐等国出兵攻秦函谷关之事。殽，殽山，亦作“崤山”，在今河南洛宁北。

4 **秦、楚战于蓝田**：此事发生在公元前312年。蓝田，战国秦邑，在今陕西蓝田南。

5 **荧阳**：战国韩邑，在今河南荥阳东北。荧，同“荥”。

6 **太行**：山名。位于山西与河北之间。

7 **韩阳**：人名。韩国公子。

8 **靳黈**：韩臣，上党太守。黈，字音义不详。

9 **应侯**：秦相范雎。

10 **冯亭**：韩国将领，上党郡守。

原文

冯亭守三十日，阴使人请赵王[1]曰：“韩不能守上党，且以与秦，其民皆不欲为秦而愿为赵。今有城市之邑十七，愿拜内[2]之于王，唯王才[3]之。”赵王喜，召平阳君[4]而告之曰：“韩不能守上党，且以与秦，其吏民不欲为秦而皆愿为赵。今

译文

冯亭守卫上党三十天，暗地派人拜见赵王说：“韩国不能守卫上党，将要献给秦国，上党的百姓们都不想做秦民，愿意做赵民。现在有城邑十七座，愿意敬献给大王，请大王考虑。”赵王很高兴，召见平阳君赵豹，告诉他说：“韩国不能守卫上党，将要献给秦国，上党的官吏和百姓不想做秦民，都愿意做赵民。现在冯亭派使者来献给我，怎

冯亭令使者以与寡人，何如？”赵豹对曰：“臣闻圣人甚祸无故之利。”王曰：“人怀吾义，何谓无故乎？”对曰：“秦蚕食韩氏之地，中绝不令相通，故自以为坐受上党也。且夫韩之所以内赵者，欲嫁其祸也。秦被其劳而赵受其利，虽强大不能得之于小弱，而小弱顾能得之强大乎？今王取之，可谓有故乎？且秦以牛田，水通粮，其死士皆列之于上地，令严政行，不可与战。王自图之！”王大怒曰：“夫用百万之众，攻战逾年历岁，未见一城也。今不用兵而得城十七，何故不为？”赵豹出。

么样？”赵豹回答说：“我听说圣人认为无缘无故得到利益是大灾祸。”赵王说：“别人感怀我的情义，怎么说是无缘无故呢？”赵豹回答说：“秦国吞食韩国的土地，从中切断使它不能相通，所以他们自认为可以轻易取得上党。况且韩国之所以把上党献给赵国，是想转嫁它的灾祸啊。秦国经历劳苦，赵国却坐享其成，即便强大的国家也不能轻易地从弱小的国家那里得到什么，难道弱小的国家反而能轻易地从强大的国家那里得到什么吗？现在大王您得到上党，能说有原因吗？况且秦国用牛犁田，用水道运粮，它的勇士都布置在上党之地，号令严明，政令通行，不能和它争锋。大王好好考虑吧！”赵王生气地说：“动用百万的军队，连续多年作战，没有得到一座城池。如今不用动兵就可得到十七座城邑，为什么不要？”赵豹离开了。

注释

1 **赵王：**赵孝成王，名丹，赵惠文王之子。

2 **内：**“纳”的古字。

3 **才：**通“裁”，裁定。

4 **平阳君：**赵豹，赵惠文王同母弟。

原文

王召赵胜、赵禹[1]而告之曰："韩不能守上党，今其守以与寡人，有城市之邑十七。"二人对曰："用兵逾年，未见一城，今坐而得城，此大利也！"乃使赵胜往受地。赵胜至曰："敝邑之王使使者臣胜，太守有诏，使臣胜谓曰：'请以三万户之都封太守，千户封县令，诸吏皆益爵三级，民能相集者，赐家六金。'"冯亭垂涕而勉[2]曰："是吾处三不义也。为主守地而不能死，而以与人，不义一也；主内之秦，不顺主命，不义二也；卖主之地而食之，不义三也。"辞封而入韩，谓韩王曰："赵闻韩不能守上党，今发兵已取之矣。"韩告秦曰："赵起兵取上党。"秦王怒，令公孙起、王龁[3]以兵遇赵于长平[4]。

译文

赵王召见赵胜、赵禹，告诉他们说："韩国不能守卫上党，现在它的太守要将它献给我，共有十七座城邑。"两人回答说："用兵几年，没得到一座城邑，现在坐着就可以得到城邑，这是很大的利益啊！"于是派赵胜前往上党接受土地。赵胜到了上党说："我们大王派我赵胜做使臣，诏告太守，让我宣布：'请封给太守三万户的都邑，封给县令一千户，各位官吏都加封三级爵位，民众有能留下来的，每家赏赐六金。'"冯亭流着泪低头说："这样我就有三不义了。为君主守卫土地不能牺牲，反而献给别人，这是一不义；君主献上党给秦国，我不听从君主的命令，这是二不义；出卖君主的土地还享受封邑，这是三不义。"于是辞掉封赐回到韩国，对韩王说："赵国听说韩国不能守卫上党，现在已经派兵攻取了上党。"韩国告诉秦国说："赵国派兵攻取了上党。"秦王发怒，下令白起、王龁率领军队在长平和赵军对战。

注释

1 **赵胜：**即平原君，战国四公子之一，赵相。**赵禹：**赵国大臣。

2 **勉：**疑作"俛(俯)"，低头。

3 **公孙起**:即白起。**王齮**:秦将。事迹不详。

4 **长平**:赵邑,在今山西高平西北。

苏秦从燕之赵

导读

本文是一篇苏秦游说赵王建立合纵战线的说辞。苏秦的说辞逻辑清晰,先提出安民在于择交的观点,强调外交策略的重要性,接着分析了赵国实施连横外交则导致秦军兵临城下的严重后果,同时勾勒出主张连横者的丑恶面目,然后建议赵王实施合纵外交,重点剖析了联合六国共同抗秦的具体策略,展望了其美好结局。最终苏秦成功说服赵王,得到了赵王的信任与重用。文章纵论天下大势,铺张扬厉,纵横驰骋,说理透辟,体现了战国纵横家长于辩论的一贯特色。

原文

苏秦从燕之赵,始合从,说赵王[1]曰:"天下之卿相人臣,乃至布衣之士,莫不高贤大王之行义,皆愿奉教陈忠于前之日久矣。虽然,奉阳君[2]妒,大王不得任事,是以外宾客游谈之士,无敢尽忠于前

译文

苏秦从燕国到赵国,开始主张合纵战略,他游说赵王说:"天下的卿相、臣子,以及民间的有识之士,无不仰慕您依道义行事,很早就都希望来您面前接受教诲、陈述忠心。虽然这样,因为奉阳君嫉贤妒能,大王您不能亲自主政,所以外来的宾客和游说之士不敢在您面前尽忠献言。现在奉阳君死了,大王如今能与士民亲近,

者。今奉阳君捐馆舍[3]，大王乃今然后得与士民相亲，臣故敢献其愚，效愚忠。为大王计，莫若安民无事，请无庸有为也。安民之本，在于择交。择交而得则民安，择交不得则民终身不得安。请言外患：齐、秦为两敌，而民不得安；倚秦攻齐，而民不得安；倚齐攻秦，而民不得安。故夫谋人之主，伐人之国，常苦出辞断绝人之交，愿大王慎无出于口也。请屏左右，白言所以异，阴阳[4]而已矣。大王诚能听臣，燕必致毡裘狗马之地，齐必致海隅鱼盐之地，楚必致橘柚云梦之地，韩、魏皆可使致封地汤沐之邑，贵戚父兄皆可以受封侯。夫割地效实，五伯之所以覆军禽将而求也；封侯贵戚，汤、武之所以放杀而争也。今大王垂拱而两有之，是臣之所以为大王愿也。

我这才敢献上愚智，奉献愚忠。为大王考虑，莫过于百姓安定，国家无事，请不要干预太多。安定百姓的根本在于选择邦交。选择邦交得当则百姓安定，选择邦交不当则百姓终生不得安定。请让我谈谈国家的外患：如果与齐、秦两国都成敌人，百姓不得安定；依靠秦国攻打齐国，百姓不得安定；依靠齐国攻打秦国，百姓不得安定。所以算计别国的君主，攻打别人的国家，常常吃亏在轻易与别国断绝邦交上，希望大王慎重，不要将这种话轻易说出口。请大王让身边的人回避，我讲讲外交策略的不同，不外是合纵、连横而已。大王果真能听从我的建议，燕国必将献上盛产毛毡、皮衣、狗马的土地，齐国必将献上海边盛产鱼盐的土地，楚国必将献上出产橘柚的云梦之地，韩国、魏国也都会派人献上他们的封地作为收取沐浴费用的城邑，您的亲戚、父兄也都可受到封侯的赏赐。割取土地，收获实利，这是五霸冒着损兵折将的危险也要追求的；封赏王侯，让自己的亲戚显贵，这是商汤、周武王采用放逐和诛杀的手段也要争夺的。如今大王不费力气就可拥有两者，这是我希望大王能如愿得到的。

注释

1 **赵王：**即赵肃侯，赵武灵王之父。

2 **奉阳君：**赵肃侯弟赵成。一说赵将李兑。

3 **捐馆舍：**指奉阳君之死。

4 **阴阳：**指合纵、连横两种战略。

原文

“大王与秦，则秦必弱韩、魏；与齐，则齐必弱楚、魏。魏弱则割河外[1]，韩弱则效宜阳[2]。宜阳效则上郡[3]绝，河外割则道不通。楚弱则无援。此三策者，不可不熟计也。夫秦下轵道[4]则南阳[5]动，劫韩包周则赵自销铄，据卫取淇[6]则齐必入朝。秦欲已得行于山东，则必举甲而向赵。秦甲涉河逾漳，据番吾[7]，则兵必战于邯郸之下矣。此臣之所以为大王患也。当今之时，山东之建国，莫如赵强。赵地方二千里，带甲数十万，车千乘，骑万匹，粟支十年；西有常山，南有河、漳，东有清河[8]，北有燕国。燕固弱国，不足

译文

“大王和秦国联合，那么秦国必然会削弱韩、魏；和齐国联合，那么齐国必然会削弱楚、魏。魏国削弱那么就会割让河外地区，韩国削弱那么就会献出宜阳。宜阳献出那么上党就会孤立，河外割让那么通往上党的道路就会阻绝。楚国削弱那么赵国就会失去外援。这三种策略，不可不仔细考虑啊。如果秦军从轵道进攻，那么南阳就危险了；劫持韩国，包围两周，那么赵国就会自己削弱自己；占据卫国，攻取淇水地区，那么齐国必定入秦朝拜。秦国的想法一旦在峭山以东实现，那么必定举兵攻向赵国。秦军渡过黄河，越过漳水，占据番吾，那么大军必将在邯郸城下交战。这是我替大王担忧的事情啊。现在这个时候，峭山以东的国家没有比赵国更强大的。赵国土地方圆两千里，甲兵数十万，战车千辆，战马万匹，粮食可供应十年；西边有常山，南边有黄河、漳水，东边有清河，北边有燕国。燕国本来就是弱

畏也。且秦之所畏害于天下者，莫如赵，然而秦不敢举兵甲而伐赵者，何也？畏韩、魏之议其后也。然则韩、魏，赵之南蔽也。秦之攻韩、魏也，则不然。无有名山大川之限，稍稍蚕食之，傅[9]之国都而止矣。韩、魏不能支秦，必入臣于秦。秦无韩、魏之隔，祸中于赵矣。此臣之所以为大王患也。

国，不足以害怕。况且在天下诸侯中秦国最畏惧的莫过于赵国，然而秦国不敢举兵来攻打赵国，为什么呢？就是害怕韩、魏在背后算计它啊。那么韩、魏两国其实是赵国南边的屏障啊。如果秦国攻打韩、魏，那情况就不同了。没有名山、大河的阻隔，慢慢地蚕食它们，直到逼近它们的国都才停止。韩、魏不能抵抗秦军，必然向秦国称臣。秦国没有了韩、魏的阻隔，灾祸就降临到赵国了。这是我所以为大王担忧的。

注释

1 **河外：**战国魏人以河南、河西为河外。
2 **宜阳：**战国韩地，在今河南宜阳西。
3 **上郡：**即上党。
4 **轵道：**又作枳道，为豫北平原进入山西高原的孔道，自古为兵家争夺要地。在今河南济源境内。
5 **南阳：**魏国郡名，今河南南阳崇山南部。
6 **淇：**即淇水。源出河南淇山，流入卫河。
7 **番(pó)吾：**战国赵邑，在今河北磁县境内。
8 **清河：**古河名。战国时处于齐、赵两国之间。
9 **傅：**就，逼近。

原文

"臣闻，尧无三夫[1]之分，舜无咫尺之地，以有天下；禹无百人之聚，以王诸侯；汤、

译文

"我听说，尧没有三百亩土地，舜没有尺寸土地，却拥有了天下；禹的部落还不满百人，却统治了诸侯；商汤、周武

武之卒不过三千人，车不过三百乘，立为天子，诚得其道也。是故明主外料其敌国之强弱，内度其士卒之众寡、贤与不肖，不待两军相当，而胜败存亡之机节[2]，固已见于胸中矣，岂掩于众人之言，而以冥冥决事哉？臣窃以天下地图案之，诸侯之地五倍于秦，料诸侯之卒十倍于秦，六国并力为一，西面而攻秦，秦破必矣。今见破于秦，西面而事之，见臣于秦。夫破人之与破于人也，臣人之与臣于人也，岂可同日而言之哉！夫横人者，皆欲割诸侯之地以与秦成，与秦成则高台榭，美宫室，听竽瑟之音，察五味之和，前有轩悬[3]，后有长庭[4]，美人巧笑，卒有秦患而不与其忧。是故横人日夜务以秦权恐猲[5]诸侯，以求割地，愿大王之熟计之也。

王的士兵不过三千人，战车也不过三百乘，却成为天子，实在是因为掌握了治理天下的大道啊。因此贤明的君主对外考虑敌国的强弱，对内衡量士兵的多少、能力的优劣，不用等到两军交战，而胜败存亡的关键，心里就已经非常清楚了，哪里还会被众人的言论蒙蔽，稀里糊涂地做出决定呢？我私下对着天下地图分析，诸侯的土地是秦国的五倍，估计诸侯的兵力是秦国的十倍，六国团结一致，向西攻打秦国，秦国失败是必然的事。现在各国反而被秦国打败，向西服事秦国，俯首称臣。打败别人和被别人打败，让别人臣服和臣服于别人，这难道可以相提并论吗！那些主张连横的人，都想割取诸侯的土地与秦国联合，与秦国联合就可以高筑台榭，装饰宫室，欣赏着优美音乐，品尝着美味佳肴，前面悬挂着乐器，后面美人住在庭院，美人笑颜承欢，而秦兵突然到来，他们却不分担这种忧患。所以主张连横的人天天拿着秦国的强势来恐吓诸侯，以谋求割取土地，希望大王仔细考虑这件事啊。

注释

1 **夫：**百亩为夫。

2 **机节**：关键。

3 **轩悬**：古代诸侯陈列乐器三面悬挂，南面缺。

4 **长庭**：指美人所住庭院。

5 **猲(hè)**：通“喝”，恐吓。

原文

“臣闻明王绝疑去谗，屏[1]流言之迹，塞朋党之门，故尊主广地强兵之计，臣得陈忠于前矣。故窃为大王计，莫如一韩、魏、齐、楚、燕、赵，六国从亲，以畔秦。令天下之将相，相与会于洹水[2]之上，通质、刑白马以盟之。约曰：‘秦攻楚，齐、魏各出锐师以佐之，韩绝食道，赵涉河、漳，燕守常山之北。秦攻韩、魏，则楚绝其后，齐出锐师以佐之，赵涉河、漳，燕守云中[3]。秦攻齐，则楚绝其后，韩守成皋[4]，魏塞午道[5]，赵涉河、漳、博关[6]，燕出锐师以佐之。秦攻燕，则赵守常山，楚军武关[7]，齐涉渤海，韩、魏出锐师以佐之。秦攻赵，则韩军宜阳，楚军武关，魏

译文

“我听说贤明的君王抛弃疑虑，排除谗言，摒绝流言的传播，堵塞拉帮结派的门路，所以为了君主尊贵、疆域广阔、兵力强大，我才得以在您面前陈述忠心。所以我私下为大王考虑，不如联合韩、魏、齐、楚、燕、赵，六国合纵相亲，一起对抗秦国。使天下各诸侯国的将相来洹水会盟，相互交换人质，杀白马歃血为盟。约定说：‘若秦国攻打楚国，齐、魏各自派出精锐部队援助楚国，韩军断绝秦军运粮通道，赵军渡过黄河、漳水增援，燕军守卫常山北面。若秦国攻打韩、魏，那么楚国断绝它的后路，齐国派出精锐部队援助楚国，赵军渡过黄河、漳水增援，燕军守卫云中。若秦国攻打齐国，那么楚国就断绝它的后路，韩军守卫成皋，魏军堵塞午道，赵军渡过黄河、漳水、博关增援，燕国派出精锐部队援助齐国。若秦国攻打燕国，那么赵军守卫常山，楚军守卫武关，齐军渡过渤海增援，韩、魏各自派出精锐部队援助燕国。若秦国攻打

军河外，齐涉渤海，燕出锐师以佐之。诸侯有先背约者，五国共伐之。’六国从亲以摈[8]秦，秦必不敢出兵于函谷关以害山东矣。如是则伯业成矣！”赵王曰：“寡人年少，莅国之日浅，未尝得闻社稷之长计。今上客有意存天下，安诸侯，寡人敬以国从。”乃封苏秦为武安君，饰车百乘，黄金千镒，白璧百双，锦绣千纯[9]，以约诸侯。

赵国，那么韩军守卫宜阳，楚军守卫武关，魏军守卫河外地区，齐军渡过渤海增援，燕国派出精锐部队来支援赵国。诸侯各国若有先背叛盟约的，其他五国一起攻打它。’若六国合纵相亲来对抗秦国，秦国必定不敢派兵出函谷关来侵害崤山以东的国家了。像这样，那么霸业就成功了！”赵王说：“我年纪轻，执政时间短，还没听过治理国家的长远之计。现在贵客有意保全天下，安定诸侯，我愿意恭敬地把国家托付给您。”于是封苏秦为武安君，赐给他有纹饰的车子百辆，黄金一千镒，白璧一百双，锦绣一千匹，来联合诸侯。

注释

1 **屏：**摒除，摒绝。

2 **洹(huán)水：**古水名。今河南省北境安阳河。

3 **云中：**郡名。置于赵武灵王，今内蒙古托克托东北。

4 **成皋：**即春秋郑虎牢邑。战国属韩。在今河南荥阳西北。

5 **午道：**地名。在赵国与齐国之间。

6 **博关：**关名。今山东聊城东南。

7 **武关：**关名。战国秦置，今陕西丹凤东南。

8 **摈：**排除。

9 **纯(tún)：**古代凡丝锦布帛一段为一纯。

武灵王平昼闲居

导读

赵武灵王决定实施胡服骑射政策，得到了大臣肥义的支持，却遭到了大臣公子成、赵文、赵造等的反对。三人反对的理由归纳起来无非就是中国是礼教文明之地，先王的圣贤之道、礼仪之制不可变。武灵王则认为他们的看法都是世俗之见，他大胆主张变革创新，反对文化保守主义，认为赵国要想强大只有大胆革新，打破世俗，与时俱化，实行胡服骑射。事实证明，赵武灵王是一位具有远见卓识的政治家，正是他的成功改革，使赵国走上了军事强兵之路。

原文

武灵王平昼闲居，肥义[1]侍坐，曰："王虑世事之变，权甲兵之用，念简、襄[2]之迹，计胡、狄[3]之利乎？"王曰："嗣立不忘先德，君之道也；错质[4]务明主之长，臣之论[5]也。是以贤君静而有道[6]民便事之教，动有明古先世之功。为人臣者，穷有弟[7]长辞让之节，通有补民益主之

译文

赵武灵王白天无事，大臣肥义在一旁陪坐，说："大王是在考虑天下形势的变化，权衡军队的使用，追念简主和襄主的功绩，盘算得到胡、狄的利益吗？"武灵王说："继承王位不忘记先祖的功德，这是君王应遵循的原则；委身事君一定要光大君主的优点，这是臣子应遵循的原则。所以贤明的君主安静时从事引导民众方便行事的教育，行动时发扬光大古代先人的功绩。作为臣子，困窘时要

业。此两者，君臣之分也。今吾欲继襄主之业，启胡、翟[8]之乡，而卒世不见也。敌弱者，用力少而功多，可以无尽百姓之劳，而享往古之勋。夫有高世之功者，必负遗俗之累；有独知之虑者，必被庶人之恐。今吾将胡服骑射以教百姓，而世必议寡人矣。”肥义曰：“臣闻之，疑事无功，疑行无名。今王即定负遗俗之虑，殆毋顾天下之议矣。夫论至德者不和于俗，成大功者不谋于众。昔舜舞有苗[9]，而禹袒入裸国[10]，非以养欲而乐志也，欲以论德而要功也。愚者暗于成事，智者见于未萌，王其遂行之。”王曰：“寡人非疑胡服也，吾恐天下笑之。狂夫之乐，知者哀焉；愚者之笑，贤者戚焉。世有顺我者，则胡服之功未可知也。虽驱世以笑我，胡地、中山吾必有之。”

培养敬长爱幼、谦虚礼让的品行，显达时要建立帮助民众、辅佐君王的功业。这两点是做君臣的本分。现在我想继承襄主的功业，开拓胡、狄的土地，然而最终没有人能理解我的用心。敌人弱小，用力很少而得到的功绩很多，可以不用百姓劳累，就能享有像先人们一样的功勋。那些高超卓绝的功绩，必然承受风俗习惯的拖累；有真知灼见的谋虑，必然为一般人所恐惧。现在我打算用胡服骑射来教育百姓，然而世人必定会非议我。”肥义说：“我听说，做事犹豫就不会建立功业，行动迟疑就不会取得功名。现在大王已经定下了违背世俗的想法，那就不要顾及天下人的非议了。谈论高尚道德的人不附和世俗，成就伟大功业的人不与众人谋划。从前舜跳有苗的舞蹈，禹赤身进入裸体国，这并不是满足欲望、愉悦心志，而是要宣扬德行、建立功业。愚昧的人对于成功的事情也看不清楚，聪明的人在事情还没露出端倪时就已察觉，大王赶紧行动吧。”赵王说：“我并不是怀疑改穿胡服，我担心天下人嘲笑我的做法。狂人感到快乐的事，聪明人感到悲伤；愚昧的人感到好笑的事，贤能的人感到忧愁。世上若有顺从我的人，那么推行胡服的功绩就不可估量了。即使让天下人都来嘲笑我，胡地和中山国一定会被我占有。”

注释

1 **肥义**：赵武灵王的大臣，后为赵惠文王的相国。
2 **简、襄**：分别指赵简子、赵襄子，皆为武灵王先人。
3 **胡、狄**：北方的少数民族。
4 **错质**：犹“委质”，献身给君主。
5 **论**：通“伦”。
6 **道**：通“导”。
7 **弟**：同“悌”。
8 **翟**：通“狄”。
9 **舜舞有苗**：传说舜跳有苗之舞，苗人归服。
10 **禹袒入裸国**：相传禹赤身进入裸国，裸国归降。

原文

王遂胡服。使王孙绁[1]告公子成[2]曰：“寡人胡服，且将以朝，亦欲叔之服之也。家听于亲，国听于君，古今之公行也；子不反亲，臣不逆主，先王之通谊[3]也。今寡人作教易服，而叔不服，吾恐天下议之也。夫制国有常，而利民为本；从政有经，而令行为上。故明德在于论贱，行政在于信[4]贵。今胡服之意，非以养欲而乐志也。事有所出，功有所止，事成功立，然后德且见也。今寡人恐叔逆从政

译文

赵王于是改穿胡服。派王孙绁告诉公子成说：“我已改穿胡服，并且将穿着它上朝，希望王叔也穿上它。家事听从父母，国事听从君主，这是古今公认的法则；子女不反对父母，臣子不违背君主，这是先王以来普遍适用的道理。现在我批示改穿胡服，而王叔不穿，我担心天下人非议这件事。治理国家有一定的法则，而造福百姓是根本；处理政事有一定的原则，而以政令实行为最佳。所以彰明德行在于考虑地位卑贱的百姓，推行政令在于贵族奉行。现在改穿胡服的想法，并不是为了满足欲望、愉悦心志。事情有了开始，功业就会达成，事情成功，功业建立，那么道德就会显现出来。现

之经，以辅公叔之议。且寡人闻之：‘事利国者行无邪，因贵戚者名不累。’故寡人愿慕公叔之义，以成胡服之功。使绁谒之叔，请服焉。”公子成再拜曰：“臣固闻王之胡服也，不佞[5]寝疾，不能趋走，是以不先进。王今命之，臣固敢竭其愚忠。臣闻之：‘中国者聪明睿知之所居也，万物财用之所聚也，贤圣之所教也，仁义之所施也，诗、书、礼、乐之所用也，异敏技艺之所试也，远方之所观赴也，蛮夷之所义行[6]也。’今王释此，而袭远方之服，变古之教，易古之道，逆人之心，畔[7]学者，离中国，臣愿大王图之。”

在我担心王叔违背从政的原则，去附和公叔们对改穿胡服的非议。况且我听说：‘事情有利于国家，行动就没有偏差；依靠贵戚们行事，名声就不会受损害。’所以我希望仰仗公叔们的大义，来促成改穿胡服的成功。我派王孙绁来拜见您，请您改穿胡服。”公子成拜了两拜说：“我早就听说大王改穿胡服了，可是我卧病在床，行动不便，所以没有及早进见大王。大王现在命令我，我就大胆说出我的愚见。我听说：‘中原国家是聪明睿智的民族居住的地方，是各种物资财富聚集的地方，是圣贤进行教化的地方，是仁义施行的地方，是诗、书、礼、乐践行的地方，是各种绝学技艺表演的地方，是远方国家参观学习的地方，是少数民族效法的地方。’现在大王丢弃这些，而袭用边远地区的服饰，改变了古代的教化，更改了古代的大道，违背了人们的心意，背叛了圣贤的教导，偏离了中原风俗，我希望大王好好考虑。”

注释

1 **王孙绁(xiè)：**人名。赵臣。

2 **公子成：**人名。武灵王叔父。

3 **通谊：**即“通义”，普遍适用的道理与法则。

4 **信：**通“伸”。

5 **不佞**(nìng):谦称。

6 **义行**:即“仪形”,效法。

7 **畔**:通“叛”,违背。

原文

使者报王。王曰:“吾固闻叔之病也。”即之公叔成家,自请之曰:“夫服者所以便用也,礼者所以便事也。是以圣人观其乡而顺宜,因其事而制礼,所以利其民而厚其国也。祝发[1]文身,错臂左衽[2],瓯越[3]之民也。黑齿雕题[4],鳀冠秫缝[5],大吴之国也。礼服不同,其便一也。是以乡异而用变,事异而礼易。是故圣人苟可以利其民,不一其用;果可以便其事,不同其礼。儒者一师而礼异,中国同俗而教离,又况山谷之便乎?故去就之变,知者不能一;远近之服,贤圣不能同。穷乡多异,曲学多辨。不知而不疑,异于己而不非者,公于求

译文

使者把公子成的话汇报给武灵王。武灵王说:“我本来就听说王叔生病了。”立即去了王叔公子成家,亲自告诉他说:“衣服是用来方便使用的,礼仪是用来方便行事的。所以圣人观察乡土民情而因地制宜,按照实际需要来制定礼仪,这样可以富民强国。剪掉头发,身刺花纹,手臂也刺上花纹,衣襟向左开,这是瓯、越民族的习惯。把牙齿涂黑,在额头刻上图画,戴着鳀鱼皮做的帽子,穿着缝制粗拙的衣服,这是吴国的民俗。他们的礼节和服饰不同,但便于生活却是一样的。所以乡土民情不同而做法跟着变化,实际情况不同而礼节有所变通。所以圣人认为假若可以方便百姓,就不需要同样的做法;果真可以方便行事,就不需要相同的礼节。儒生们师从同一位老师而对礼的认识却不相同,中原国家习俗相同而政教不同,又何况山谷地区地处偏远,需要方便行事呢?所以对事物的取舍,聪明人也不能强求统一;远近地区的服饰,圣贤也不能强求相同。穷乡僻野的地方往往少见多怪,学识浅陋的

善也。今卿之所言者，俗也；吾之所言者，所以制俗也。今吾国东有河、薄洛之水[6]，与齐、中山同之，而无舟楫之用。自常山以至代、上党，东有燕、东胡[7]之境，西有楼烦[8]、秦、韩之边，而无骑射之备。故寡人且聚舟楫之用，求水居之民，以守河、薄洛之水；变服骑射，以备其燕、东胡、楼烦、秦、韩之边。且昔者简主不塞晋阳以及上党，而襄主兼戎取代，以攘诸胡。此愚知之所明也。先时中山负齐之强兵，侵掠吾地，系累吾民，引水围鄗[9]，非社稷之神灵，即鄗几不守。先王忿之，其怨未能报也。今骑射之服，近可以备上党之形，远可以报中山之怨。而叔也顺中国之俗以逆简、襄之意，恶变服之名，而忘国事之耻，非寡人所望于子！”公子成再拜稽首曰："臣愚不达

人喜欢争辩。不知道的事情不去怀疑，和自己意见不同也不轻易非难，这才是求善的公正态度。现在您所说的话，都是些世俗的言论；而我所说的话，是如何革除世俗的言论。现在我们国家东边有黄河、薄洛水这两条河流，和齐国、中山国共同享有，却没有战船使用。从常山到代、上党，东与燕国、东胡为邻，西边与楼烦、秦国、韩国接壤，却没有骑马射箭的装备。所以我将筹集材料制作战船，寻求水边居住的百姓组建水军来守卫黄河、薄洛水；改穿胡服、训练骑射，来防守与燕国、东胡、楼烦、秦国、韩国接壤的边境。再说从前简主不把国土局限在晋阳和上党，而襄主兼并西戎和代地，驱逐各部胡人。这是愚蠢的人和聪明的人都很明白的事情。从前中山国依仗齐国的强大军队，侵犯、掠夺我国土地，俘虏我国百姓，引水围困鄗邑，要不是社稷的神灵保佑，鄗邑差点儿失守。先王对此非常愤怒，仇恨至今还没能报。现在改穿便于骑射的胡服，从近处讲可以保卫上党地区，从远处讲可以报中山国的仇恨。然而王叔却要顺从中原之国的风俗而违背简主、襄主的遗愿，讨厌改穿胡服带来的不好名声，却忘记了国家蒙受的耻辱，这不是我对您的希望啊！”公子成拜了两拜叩头说："我愚昧没有明白大王的意

于王之议，敢道世俗之闻。今欲继简、襄之意，以顺先王之志，臣敢不听令。”再拜。乃赐胡服。

图，大胆地向您讲了些世俗的偏见。现在大王想要继承简主、襄主的遗愿，顺应先王的志向，我哪里敢不听从命令。”说完又拜了两拜。于是武灵王赐给他胡服。

注释

1 **祝发：**断发。吴越一带风俗。

2 **错臂：**刻画手臂。**左衽：**衣襟向左开。衽，衣襟。

3 **瓯越：**古代越族一支，分布在今浙江、福建一带。

4 **雕题：**用丹青在额头刻画。题，额头。

5 **鳀(tí)冠：**用鳀鱼皮制作的帽子。**秫(shù)缝：**用长针缝制衣服，谓缝制粗拙。秫，通“鉥”，长针。

6 **薄洛之水：**漳水之别称。在今河北宁晋东南。

7 **东胡：**我国古代的少数民族。因居于匈奴之东而得名。

8 **楼烦：**古代北方部族名，精于骑射。

9 **鄗：**同“镐”，赵邑，在今河北柏乡北。

原文

赵文[1]进谏曰：“农夫劳而君子养焉，政之经也。愚者陈意而知者论焉，教之道也。臣无隐忠，君无蔽言，国之禄也。臣虽愚，愿竭其忠。”王曰：“虑无恶扰，忠无过罪，子其言乎。”赵文曰：“当世辅俗，古之道也。衣服有常，礼之制也。修法无愆，民之职也。三者，先

译文

赵文进谏说：“农民辛勤劳作来供养君子，这是政治的常规。愚蠢的人陈述想法而聪明的人讨论评定，这是教化的方法。臣子不隐瞒自己的忠心，君王不阻塞言路，这是国家的福分。我虽然愚笨，愿意竭尽自己的忠心。”武灵王说：“考虑事情不要担心受到干扰，忠言直谏不会因言获罪，你就放心地说吧。”赵文说：“当政要顺从世俗，这是古代的大道。衣服合乎习俗，这是礼仪中的规定。遵

圣之所以教。今君释此，而袭远方之服，变古之教，易古之道，故臣愿王之图之。”王曰：“子言世俗之闻。常民溺于习俗，学者沉于所闻。此两者，所以成官而顺政也，非所以观远而论始也。且夫三代不同服而王，五伯不同教而政。知者作教，而愚者制焉。贤者议俗，不肖者拘焉。夫制于服之民，不足与论心；拘于俗之众，不足与致意。故势与俗化，而礼与变俱，圣人之道也。承教而动，循法无私，民之职也。知学之人，能与闻迁，达于礼之变，能与时化。故为己者不待人，制今者不法古。子其释之！”

守法律，不犯错误，这是百姓的职责。这三个方面，正是古代圣人用来教育我们的。现在您放弃这些，而袭用远方的胡服，变更古代的教化，改变古人的大道，所以我希望大王认真考虑这件事。”赵王说：“你所说的是世俗的看法。普通百姓沉溺于风俗习惯，读书人沉溺于书本知识。这两种人，是用来做官和顺从政令的，并不能高瞻远瞩和讨论治国的根本原则。况且夏、商、周三代的服饰不同而能统治天下，五霸教化不同却能实现政治目标。聪明的人制定政教，愚笨的人服从制度。贤能的人议论习俗，不贤的人被习俗束缚。受制于衣服样式的人，不值得和他讨论思想；拘泥于俗礼的大众，不值得和他们交流意见。所以说，习俗随形势变化而变化，礼仪随形势变化而变化，这才是圣人的大道。秉承教化而行动，遵循法律而大公无私，这是百姓的职责。聪慧而善于学习的人，能够随着知识的增长而改变，通晓礼仪的演变，与时俱化。所以自我完善的人不依赖别人，治理当下社会不效法古人的陈规。你还是放弃那些想法吧！”

注释

1 **赵文：**人名。赵臣。

原文

赵造[1]谏曰："隐忠不竭，奸之属也；以私诬国，贼之类也。犯奸者身死，贼国者族宗。此两者，先圣之明刑，臣下之大罪也。臣虽愚，愿尽其忠，无遁其死。"王曰："竭意不讳，忠也。上无蔽言，明也。忠不辟危，明不距人，子其言乎！"赵造曰："臣闻之：'圣人不易民而教，知者不变俗而动。'因民而教者，不劳而成功；据俗而动者，虑径而易见也。今王易初不循俗，胡服不顾世，非所以教民而成礼也。且服奇者志淫，俗辟[2]者乱民。是以莅国者不袭奇辟之服，中国不近蛮夷之行，非所以教民而成礼者也。且循法无过，修礼无邪，臣愿王之图之。"王曰："古今不同俗，何古之法？帝王不相袭，何礼之循？

译文

赵造进谏说："隐藏忠心不尽力，这是奸邪行为；为了私利而欺骗国家，这是贼害行为。作奸犯法的应被处死，贼害国家的应被灭族。以上两种行为，是先王严明的刑罚，是臣子的严重罪行。我虽然愚笨，愿意竭尽忠心，不避死亡。"武灵王说："直言不讳，这是忠诚。君主不阻塞谏言，这是英明。忠诚则不逃避危险，英明则不拒绝臣下的谏言，你尽管畅所欲言。"赵造说："我听说：'圣人不改变百姓而进行教化，聪明的人不改变习俗而行动。'顺着百姓习俗而教化他们，不用劳累就能成功；依据民俗而行动，谋虑事情直接且容易见功。现在大王改变百姓原来的生活方式，不顺从民俗，改穿胡服而不考虑世人的意见，这不是教化百姓遵守礼仪的方法啊。况且穿奇装异服的人往往思想不正，风俗怪僻的地方往往百姓混乱。所以执政者不穿奇装异服，中原国家不学习蛮夷的行为，因为这不是教化百姓遵守礼仪的方法。再说遵循过去的办法没有过错，学习礼仪不会走上邪路，我希望大王认真考虑。"赵王说："古代和现在民俗不同，为什么要效法古代？历代帝王不互相因袭，为什么要遵循古代礼制？伏羲、神农时代教育百姓而不用刑罚，黄帝、尧、舜施以刑罚而不迁怒别人。到了夏、商、周三

宓戏、神农[3]教而不诛，黄帝、尧、舜诛而不怒。及至三王，观时而制法，因事而制礼，法度制令，各顺其宜，衣服器械，各便其用。故理世不必一道，便国不必法古。圣人之兴也，不相袭而王；夏、殷之衰也，不易礼而灭。然则反古未可非，而循礼未足多也。且服奇而志淫，是邹、鲁无奇行也；俗辟而民易，是吴、越无俊民也。是以圣人利身之谓服，便事之谓教。进退之节，衣服之制，所以齐常民，非所以论贤者也。故圣与俗流，贤与变俱。谚曰：'以书为御者，不尽于马之情；以古制今者，不达于事之变。'故循法之功，不足以高世；法古之学，不足以制今。子其勿反也。"

代君王，观察时代变迁而制定法律，依据实际情况而制定礼仪，法令、制度都顺应时事，衣服、器械都为了方便使用。所以治理国家就不必只用一种方法，只要有利于国家就不必效法古代。圣人的兴起，不因袭前代而称王；夏、商的衰落，没有改变礼仪制度也最终灭亡。既然这样，那么反对古代旧俗就不应该受到非议，遵循传统礼仪制度也不值得赞赏。况且如果说穿奇装异服就会思想不正，那么邹、鲁两国就不应有邪僻的行为；风俗怪僻的地方百姓就会变坏，那么吴、越两国就没有优秀的人才了。所以说圣人认为适合身体的就是好衣服，方便行事的就是好政教。前进、后退的礼节，衣服的样式，是用来统一百姓，而并不是用来评论贤能的人。所以圣人随着风俗而改变，贤人随社会变化而变化。谚语说：'根据书本知识来驾驭马匹，不能完全了解马的性情；用古代来衡量现在，不能通达世事的变化。'所以遵循旧法难以建立卓绝的功劳，效法古代的学说难以治理当今的社会。你还是别再反对了。"

注释

1 **赵造：**人名。赵臣。

2 **辟：**通"僻"，邪僻。

3 **宓(fú)戏**:即伏羲,传说中的古代三皇之一。相传他教民渔猎,取牺牲以供庖厨,故又称庖牺氏。**神农**:传说中的古代三皇之一。相传神农教民用木制耒、耜,从事农业生产。又传说他尝百草。一说神农即炎帝。

王立周绍为傅

导读

赵武灵王请周绍作为王子师傅,理由主要有二:周绍以孝子著称,忠臣出于孝子;周绍具有智慧与谋略。周绍却以自己缺乏"立傅之道"为由推辞不就,武灵王则巧言反驳,最终周绍接受了穿胡服作为王子师傅的任务。是时,武灵王刚刚推行胡服骑射政策,选择周绍作为王子师傅有其深意,他希望赵国将来的国君一不能丢掉道义,二不能溺于学习,只懂书本知识,所以他告诫周绍教育王子的原则是"御道之以行义,勿令溺苦于学"。赵武灵王为了推行胡服骑射政策可谓煞费苦心。

原文

王[1]立周绍[2]为傅,曰:"寡人始行县,过番吾,当子为子之时,践石[3]以上者皆道子之孝。故寡人问子以璧,遗子以酒食,而求见子。子谒病而辞。人有言子者曰:'父

译文

赵武灵王准备让周绍作为王子的师傅,说:"我起初巡视所属各县,经过番吾,那时您父亲还在世,践石以上的人都称赞您的孝行。所以我送您璧玉以示慰问,赠送给您酒食,想要见您。您称病辞谢了。有人谈到您说:'是父亲的孝子,国君的忠臣。'所以我认为您的智慧谋略用来辩论

之孝子，君之忠臣也。’故寡人以子之知虑为辨足以道[4]人，危[5]足以持难，忠可以写[6]意，信可以远期。诗云：‘服难以勇，治乱以知，事之计也。立傅以行，教少以学，义之经也。循计之事，失而不累；访议之行，穷而不忧。’故寡人欲子之胡服以傅王子。”周绍曰：“王失论矣，非贱臣所敢任也。”王曰：“选子莫若父，论臣莫若君。君，寡人也。”周绍曰：“立傅之道六。”王曰：“六者何也？”周绍曰：“知虑不躁达于变，身行宽惠达于礼，威严不足以易于位，重利不足以变其心，恭于教而不快[7]，和于下而不危[8]。六者傅之才，而臣无一焉。隐中不竭，臣之罪也。傅命仆官，以烦有司，吏之耻也。王请更论。”

足以引导别人，您的正直足以拯救危难，您的忠诚可以抒发心意，您的诚信可以保持长远。诗中说：‘勇敢可以克服灾难，智慧可以平定动乱，这是处理事情的关键。根据品行确立师傅，用学习教育少年，这是培养道义的常则。按照计划进行的事情，即便失误也不会有忧患；经过咨询商议的行动，即便遇到困境也不会有忧虑。’所以我想让您穿着胡服来辅佐王子。”周绍回答说：“大王您看错了人吧，这并不是我这种卑微的臣子能够担任的。”赵王说：“挑选儿子没有谁能比得上父亲，评论臣子没有谁比得上君王。我就是君王。”周绍说：“确立师傅有六条标准。”赵王问道：“哪六条标准？”周绍说：“智慧和谋略不急躁而通达权变，行为宽厚仁慈而熟悉礼仪，权势不能够改变他的立场，重利不能够改变他的意志，恭敬地对待礼教而不放纵，谦和地对待属下而不高高在上。这六条是做师傅必备的才能，而我一样都没有。隐瞒自己的忠心不尽心竭力，这是做臣子的罪过。听从君命辱没职位，来麻烦有司，这是官吏的耻辱。请大王您重新选择吧。”

注释

1 **王：指赵武灵王。**

2 **周绍**:人名。赵臣。
3 **践石**:不详其意。一说历阶而上。
4 **道**:通“导”。
5 **危**:正直。
6 **写**:表达,抒发。
7 **快**:放纵。
8 **危**:高。

原文

王曰:“知此六者,所以使子。”周绍曰:“乃国未通于王胡服,虽然,臣,王之臣也,而王重命之,臣敢不听令乎!”再拜,赐胡服。王曰:“寡人以王子为子任,欲子之厚爱之,无所见丑。御道之以行义,勿令溺苦于学。事君者,顺其意,不逆其志。事先者,明其高,不倍其孤。故有臣可命,其国之禄也。子能行是,以事寡人者毕矣。《书》云:‘去邪无疑,任贤勿贰。’寡人与子,不用人矣。”遂赐周绍胡服衣冠、贝带[1]、黄金师比[2],以傅王子也。

译文

赵王说:“正因为您知道这六种标准,所以我才任命您。”周绍说:“现在全国还不了解大王的胡服政策,虽是这样,我是大王的臣子,大王现在将重任交给我,我哪敢不听从命令呢!”于是周绍拜了两拜,赵王赐给他胡服。赵王说:“我将王子交托给您,希望您很好地爱护他,不要让他做出丑陋的事情来。引导教育他奉行道义,不要让他沉溺在书本学习上。侍奉君王,要顺从他的心意,不要违背他的意志;侍奉先王,要宣扬他的高尚,不要背叛他的遗孤。所以有值得托付的大臣可以任命,这是国家的福分。您要是能这样做,就算对我尽到了全部职责了。《尚书》中说:‘驱除邪恶不要犹豫,任用贤才不要三心二意。’我信任您,不再任用其他人了。”于是赐给周绍胡服衣帽、贝壳装饰的腰带、黄金做的带钩,让他做王子的师傅。

注释

1 **贝带**:以贝壳为装饰的腰带。

2 **师比**:匈奴的胡带钩。

赵燕后胡服

导读

赵武灵王大力推行胡服政策,雷厉风行,恩威并施。大臣赵燕迟迟不肯改穿胡服,于是武灵王派人兴师问罪,措辞十分严厉。武灵王以父子关系比喻君臣关系,指出赵燕逆上自伐,立私为名,犯了逆主之罪,一心为己,应当处以极刑。赵燕迫于压力,马上服软,改穿胡服。

原文

赵燕[1]后胡服,王令让[2]之曰:"事主之行,竭意尽力,微谏而不哗[3],应对而不怨,不逆上以自伐,不立私以为名。子道顺而不拂,臣行让而不争。子用私道者家必乱,臣用私义者国必危。反亲以为行,慈父不子;逆主以自成,惠主不臣也。寡人胡服,子

译文

赵燕迟迟不肯穿胡服,赵武灵王派人责备他说:"侍奉君主,应该尽心尽力,委婉规谏而不喧闹,回答问题而没有怨言,不违逆君主的意志来自夸功劳,不为私利而扬名。做儿子的方法是顺从而不违背父亲的心意,做臣子的行为应该谦让而不与君主相争。儿子一心为私的家庭必定混乱,臣子只为一己之私的国家必定危险。反对父母来一意孤行,慈爱的父亲也不把他当成儿子;违背君主来成

独弗服，逆主罪莫大焉。以从政为累，以逆主为高，行私莫大焉。故寡人恐亲犯刑戮之罪，以明有司之法。”赵燕再拜稽首曰：“前吏命胡服，施及贱臣，臣以失令过期，更不用侵辱教，王之惠也。臣敬循衣服，以待令甲。”

就自我，仁慈的君主也不把他当臣子。我改穿胡服，您唯独不穿，违背君主，没有比这更大的罪了。您把处理政事作为负担，把违背君主作为清高，没有比这更大的私心了。所以我担心您触犯了杀头之罪，来证明法律的严明。”赵燕拜了两拜叩头说：“前些日子官吏下令改穿胡服，我接到了命令，我没有执行命令并超过了限期，却没有惩罚而改用教诲，这是君主的恩惠。我恭敬地穿好胡服，等待君主的法令。”

注释

1 **赵燕：**人名。赵臣。

2 **让：**责备。

3 **哗：**喧闹。

平原君谓平阳君

导读

平原君引用魏公子牟的话来劝诫平阳君，权力在不知不觉中侵蚀着人们的生活和思想，人们在放松警惕的同时灾难也悄悄来临，因此身居高位者切忌养尊处优，要防微杜渐，防患于未然。魏牟的话富有人生哲理，与老子“富贵而骄，自遗其咎”的格言有异曲同工之妙。

原文

平原君谓平阳君[1]曰："公子牟[2]游于秦，且东，而辞应侯。应侯曰：'公子将行矣，独无以教之乎？'曰：'且微君之命命之也，臣固且有效于君。夫贵不与富期而富至，富不与粱肉期而粱肉至，粱肉不与骄奢期而骄奢至，骄奢不与死亡期而死亡至。累世以前，坐此者多矣。'应侯曰：'公子之所以教之者厚矣。'仆得闻此，不忘于心，愿君之亦勿忘也。"平阳君曰："敬诺。"

译文

平原君赵胜对平阳君赵豹说："公子牟在秦国游历，准备东行，向应侯辞别。应侯说：'公子将要走了，没有什么指教我的吗？'公子牟说：'您即使不命令我，我本来也有话对您讲。人尊贵了而不期望富裕，但富裕自会到来；富裕了而不期望美食佳肴，但美食佳肴自会到来；有了美食佳肴而不期望骄奢，但骄奢自会到来；有了骄奢而不期望死亡，但死亡自会到来。历代以来，命运如此的太多了。'应侯说：'公子的教诲让我受益非浅。'我听说了这些话，牢牢地记在心里，也希望您不要忘记。"平阳君说："遵命。"

注释

1 **平阳君：**赵豹，赵惠文王同母弟。

2 **公子牟：**魏公子魏牟。

秦攻赵于长平

导读

长平之战给赵国以沉重打击，秦国乘机向赵国索取六城作为讲和的条件。赵王拿不定主意，分别问计于大臣楼缓和虞卿。楼缓是亲秦派，而虞卿是主战派，于是两人展开了针锋相对的辩难。楼缓先以公甫文伯母的故事来掩饰自己的亲秦立场，然后劝赵王割地求和。虞卿则指出求和的危害与后果。两人你来我往，数次交锋。最终，楼缓采用恫吓威胁的方法逼迫赵王就范，虞卿则揭露了其险恶用心，借机成功地劝说赵王联齐抗秦，击破了秦国的阴谋。文中虞卿义正词严、毫不妥协的爱国形象给人留下了深刻的印象。

原文

秦攻赵于长平，大破之[1]，引兵而归，因使人索六城于赵而讲。赵计未定。楼缓[2]新从秦来，赵王[3]与楼缓计之曰："与秦城何如？不与何如？"楼缓辞让曰："此非人臣之所能知也。"王曰："虽然，试言公之私。"楼缓曰：

译文

秦国攻打赵国的长平，大败赵军，撤兵回国，于是派人向赵国索要六座城池来讲和。赵国还没拿定主意。楼缓刚从秦国过来，赵王和楼缓商量说："给秦国城池会怎么样？不给会怎么样？"楼缓推辞说："这不是我能知晓的。"赵王说："即便这样，你试着谈谈个人对这事的看法吧。"楼缓说："大王听说过公甫文伯的母亲吗？公甫文伯在鲁国做官，病死了，有两个妇

"王亦闻夫公甫文伯[4]母乎?公甫文伯官于鲁,病死,妇人为之自杀于房中者二人。其母闻之,不肯哭也。相室[5]曰:'焉有子死而不哭者乎?'其母曰:'孔子,贤人也,逐于鲁,是人不随。今死而妇人为死者二人,若是者,其于长者薄,而于妇人厚。'故从母言之,之为贤母也;从妇言之,之必不免为妒妇也。故其言一也,言者异,则人心变矣。今臣新从秦来,而言勿与,则非计也;言与之,则恐王以臣之为秦也,故不敢对。使臣得为王计之,不如予之。"王曰:"诺。"

人在房中为他殉情自杀。他母亲听说了这件事,就不肯为他哭泣了。他家的家臣说:'哪有儿子死了却不哭泣的呢?'他的母亲说:'孔子是贤能的人,被鲁国驱逐了,可他没有随行。现在他死了,却有两个妇人为他殉情,这样看来,他对长者情薄而对妇人情厚。'所以这话从母亲的口中说出,就是一位贤良的母亲;从妇人的口中说出,就不免被看作爱妒忌的女人。所以话虽一样,但说话人的身份不同,人们的看法就不一样。现在我刚从秦国来,要是说不给,那不是好办法;要是说给,恐怕大王会以为我在帮秦国说话,所以不敢回答。假如让我为大王考虑这事,不如给它。"赵王说:"好。"

注释

1 **秦攻赵于长平,大破之:**公元前260年,秦将白起在长平之战中坑杀赵军降卒40万人。长平,赵邑,在今山西高平西北。

2 **楼缓:**战国时赵国人。赵武灵王之大臣,支持武灵王推行胡服骑射。后入秦。秦昭王十年,任秦丞相,后免职。长平战后,曾为秦入赵,诱赵王献城求和,事未成。

3 **赵王:**赵孝成王。

4 **公甫文伯:**人名。春秋时期鲁国大夫季悼子之孙,公父穆伯之子,名歜(chù)。

5 **相室:**古代为卿大夫管理家务的家臣。

原文

虞卿[1]闻之,入见王,王以楼缓言告之。虞卿曰:“此饰说[2]也。”王曰:“何谓也?”虞卿曰:“秦之攻赵也,倦而归乎?王以其力尚能进,爱王而不攻乎?”王曰:“秦之攻我也,不遗余力矣,必以倦而归也。”虞卿曰:“秦以其力攻其所不能取,倦而归。王又以其力之所不能攻以资之,是助秦自攻也。来年,秦复攻王,王无以救矣。”王又以虞卿之言告楼缓。楼缓曰:“虞卿能尽知秦力之所至乎?诚知秦力之所不至,此弹丸之地犹不予也,令秦来年复攻,王得无割其内而媾[3]乎?”王曰:“诚听子割矣,子能必来年秦之不复攻我乎?”楼缓对曰:“此非臣之所敢任也。昔者三晋之交于秦,相善也。今秦释韩、魏而独攻王,王之所以事秦必不如韩、魏也。今臣为足

译文

赵臣虞卿听说这件事,入宫拜见赵王,赵王把楼缓的话告诉了他。虞卿说:“这是骗人的话。”赵王说:“为什么这么说?”虞卿说:“秦国攻打赵国,是因为疲倦了才撤兵呢,还是大王认为他们的兵力尚能进攻,但爱惜您而不再进攻呢?”赵王说:“秦军攻打我国,不遗余力,必定是疲倦了才撤兵的。”虞卿说:“秦国倾尽全力攻打它所不能得到的,疲倦了才撤兵。大王却又用它倾尽全力都不能得到的东西去资助它,这是帮助秦国攻打我们自己。等到明年,秦国又来攻打大王,大王就没有什么可以自救的了。”赵王又把虞卿的话告诉了楼缓。楼缓说:“虞卿能够完全知道秦国国力的极限吗?要是他确实不知道秦国国力的极限,连这点弹丸之地也不肯给,要是秦国明年再来进攻,大王能不割让内地来和秦国讲和吗?”赵王说:“真要听了你的意见割让土地,你能确保来年秦国必定不攻打我吗?”楼缓回答说:“这不是我敢担保的。从前韩、赵、魏三国和秦交往,邦交友好。现在秦国放弃韩、魏而唯独攻打大王,大王服事秦国必定不如韩、魏。现在我为您解除不亲秦而招致的攻击,使两国开放关隘、互通使臣,让赵国和韩、魏一样

下解负亲之攻，启关通币，齐交韩、魏，至来年而王独不取于秦，王之所以事秦者必在韩、魏之后也，此非臣之所敢任也。”

交好秦国，到明年大王还没能取悦于秦国，一定是大王服事秦国落在韩、魏的后面了。这不是我敢担保的。”

注释

1 **虞卿**：一作虞庆。虞氏，名失传。战国游说之士，以布衣进说赵孝成王，被任为上卿，故称虞卿。

2 **饰说**：虚饰之辞。

3 **媾**(gòu)：讲和。

原文

王以楼缓之言告。虞卿曰：“楼缓言，不媾，来年秦复攻，王得无更割其内而媾。今媾，楼缓又不能必秦之不复攻也，虽割何益？来年复攻，又割其力之所不能取而媾也，此自尽之术也，不如无媾。秦虽善攻，不能取六城；赵虽不能守，而不至失六城。秦倦而归，兵必罢。我以五城收天下以攻罢秦，是我失之于天下，而取偿于秦也。吾国尚利，孰与坐而割地，自弱以强秦？今楼缓曰：‘秦善韩、魏而攻

译文

赵王把楼缓的话告诉了虞卿。虞卿说：“楼缓说，要是我们不讲和，明年秦国再攻打赵国，大王不得不割让内地去讲和。现在讲和，楼缓又不能让秦国不再攻打赵国，那么即便割地又有什么好处呢？明年再来攻打，又割让它兵力不能取得的土地来讲和，这是自取灭亡的办法，不如不和秦国讲和。秦国即便善于攻战，也不能一下子夺取六座城池；赵国即便不善防守，但也不至于一下子就失去六座城池。秦兵疲倦而归，军队必然疲敝不堪。若我们用五座城池换取诸侯援助来攻打疲敝的秦军，我们虽然在诸侯那里失去了土地，但是在秦国那里得到了补偿。这样我们尚且还能有利，哪能坐在那里割让土地，削弱自己来增强秦国实力呢？现在

赵者，必王之事秦不如韩、魏也。’是使王岁以六城事秦也，即坐而地尽矣。来年秦复求割地，王将予之乎？不与，则是弃前功而挑秦祸也；与之，则无地而给之。语曰：‘强者善攻，而弱者不能自守。’今坐而听秦，秦兵不敝而多得地，是强秦而弱赵也。以益愈强之秦，而割愈弱之赵，其计固不止矣。且秦虎狼之国也，无礼义之心，其求无已，而王之地有尽。以有尽之地，给无已之求，其势必无赵矣。故曰‘此饰说也’。王必勿与。”王曰：“诺。”

楼缓闻之，入见于王，王又以虞卿言告之。楼缓曰：“不然，虞卿得其一，未知其二也。夫秦、赵构难，而天下皆说，何也？曰‘我将因强而乘弱’。今赵兵困于秦，天下之贺战胜者，则必尽在于秦矣。故不若亟割地求和以疑天下，慰

楼缓说：‘秦国善待韩、魏，却攻打赵国，必定是大王服事秦国不如韩、魏。’这是让大王每年拿六座城池来服事秦国，也就是坐在那里等待土地割让光啊。明年秦国又来要求割地，大王难道还要给吗？不给，那么就前功尽弃，又挑起秦军攻打的祸患；给它，却已经没有土地可给了。俗语说：‘强者善于进攻，而弱者不善于防守。’现在若任凭秦国摆布，秦军毫不费力就得到很多土地，这是增强秦国而削弱赵国。以越来越强大的秦国来割占越来越弱小的赵国，他们的欲望必定没完没了。况且秦国是虎狼一样的国家，没有礼义的观念，它的欲望没有终止，然而大王的土地有限。以有限的土地，供给无尽的贪求，这样下去赵国必定灭亡。所以说楼缓的话是骗人的话。大王千万不要割让土地。”赵王说：“好的。”

楼缓听说了这话，又拜见赵王，赵王又把虞卿的话告诉了他。楼缓说：“不是这样，虞卿只知其一，不知其二啊。秦、赵两国交战，天下诸侯都很高兴，为什么呢？他们会说‘我将借着强大的一方，欺负弱小的一方’。现在赵兵被秦军所困，天下诸侯祝贺战胜一方的，必然都会到秦国了。所以说不如赶紧割地求和来疑惑天下，安慰秦国。否则天下诸侯将

秦心。不然，天下将因秦之怒，乘赵之敝而瓜分之。赵且亡，何秦之图？王以此断之，勿复计也。”虞卿闻之，又入见王曰：“危矣，楼子之为秦也！夫赵兵困于秦，又割地为和，是愈疑天下，而何慰秦心哉？是不亦大示天下弱乎？且臣曰勿予者，非固勿予而已也。秦索六城于王，王以五城赂齐。齐，秦之深仇也，得王五城，并力而西击秦，齐之听王，不待辞之毕也。是王失于齐而取偿于秦，一举结三国之亲，而与秦易道也。”赵王曰：“善。”因发虞卿东见齐王，与之谋秦。虞卿未反，秦之使者已在赵矣。楼缓闻之，逃去。

借着秦国的愤怒，乘赵国疲敝时来瓜分赵国。赵国即将灭亡，还谈什么对付秦国呢？大王就此作出决断，不要再考虑了。”虞卿听闻楼缓的话，又进宫拜见赵王说：“危险啊，楼缓这是在为秦国出力！赵军为秦兵所困，又割地求和，这更加让天下诸侯怀疑赵国的实力，又哪里谈得上安慰秦国？这岂不是向天下诸侯展示赵国的软弱吗？况且我说不割让土地这话，并非只是不给就算了。秦国向大王索要六座城池，大王就用五座城池送给齐国。齐国是秦国的死对头，得到五座城池，就会和赵国联合向西攻打秦国，齐王听从大王的命令，不用等到话说完。这样大王虽然在齐国那里失去了土地，却在秦国这里得到了补偿，一举就能和韩、魏、齐三国结为友邦，那样和秦国的关系就不一样了。”赵王说：“好。”于是派虞卿向东去拜见齐王，和他商量共同对付秦国。虞卿还没回国，秦国的使者就来到赵国了。楼缓听说后，匆忙逃跑了。

秦、赵战于长平

导读

秦、赵长平之战，赵国处于不利地位，赵国的大臣主张讲和。虞卿认为讲和的主导权在于秦国，赵国应该先派出使者出使楚国和魏国，给秦国造成诸侯国联合攻秦的假象，再和秦国谈讲和的条件。赵王不听，派平阳君出使秦国。虞卿断定讲和一定失败，赵军必定大败。结果不出虞卿所料，秦国在平阳君身上大做文章，使赵国陷入孤立，最终大败。文中用对比的手法塑造了赵国君臣二人的形象。面对国家忧患，虞卿的冷静、智慧与赵王的慌张、唐突及一意孤行形成了鲜明的对比。

原文

秦、赵战于长平，赵不胜，亡一都尉[1]。赵王[2]召楼昌[3]与虞卿曰："军战不胜，尉复死。寡人使卷甲而趍[4]之，何如？"楼昌曰："无益也，不如发重使而为媾。"虞卿曰："夫言媾者，以为不媾者军必破，而制媾者在秦。且王之论秦也，欲破王之军乎？其不邪？"王曰："秦不

译文

秦、赵两军在长平交战，赵军不能取胜，死了一名都尉。赵王召见楼昌和虞卿说："我军作战不能取胜，又死了一个都尉。我想让军队收起铠甲轻装攻打秦军，怎么样？"楼昌说："没有多大用处，不如派一位权臣作为使者前去讲和。"虞卿说："那些动不动就谈讲和的人，认为不讲和军队就必然会失败，然而讲和的主动权是在秦国手中。大王认为秦军是想打败赵军呢，还是不想打

遗余力矣，必且破赵军。”虞卿曰：“王聊听臣，发使出重宝以附楚、魏。楚、魏欲得王之重宝，必入吾使。赵使入楚、魏，秦必疑天下合从也，且必恐。如此，则媾乃可为也。”赵王不听，与平阳君为媾，发郑朱[5]入秦，秦内[6]之。赵王召虞卿曰：“寡人使平阳君媾秦，秦已内郑朱矣，子以为奚如？”虞卿曰：“王必不得媾，军必破矣，天下之贺战胜者皆在秦矣。郑朱，赵之贵人也，而入于秦，秦王与应侯必显重以示天下。楚、魏以赵为媾，必不救王。秦知天下不救王，则媾不可得成也。”赵卒不得媾，军果大败。王入秦，秦留赵王而后许之媾。

败呢？”赵王说：“秦国不遗余力，必定是想打败赵军。”虞卿说：“大王姑且听我的话，派出使者带着贵重珍宝送给楚、魏两国。楚、魏两国想要得到大王的珍贵珍宝，必定会接纳我们的使者。赵国的使者一旦进入了楚、魏两国，秦国必定会怀疑诸侯各国联合起来对付它，就一定会惶恐。只有这样，讲和才能成功。”赵王没有听从虞卿的建议，和平阳君谋划讲和的事情，派郑朱到秦国，秦国接纳了郑朱。赵王召见虞卿说：“我已经派平阳君去和秦国讲和了，秦国已经接纳了郑朱，你觉得怎么样？”虞卿说：“大王的和谈一定不会成功，赵军也必定会战败，天下诸侯都会去秦国祝贺胜利了。郑朱是赵国地位显要的人，现在去了秦国，秦王和应侯范雎必定会高调接待他，做给天下人看。楚、魏两国以为赵国和秦国已经讲和，必然不会来救援大王。秦国知道天下的诸侯不会来救援大王，那么讲和也就不可能成功了。”赵国最终没能和秦国讲和，军队果然也大败。赵王进入秦国，秦王扣留了赵王后才答应讲和。

注释

1 **都尉：**统兵武官。战国赵、魏、秦等国置，地位略低于将军。

2 **赵王：**赵孝成王。

3 **楼昌：**战国时赵国大臣。

4 **趍:**同“趋”。

5 **郑朱:**战国时赵国大臣。

6 **内:**同“纳”。

秦围赵之邯郸

导读

秦军围困赵国都城邯郸,魏王派辛垣衍去劝说赵王尊秦为帝。名士鲁仲连听说后,求见平原君,痛斥其无能,又面见辛垣衍,与其展开唇枪舌战。鲁仲连先以鲍焦自喻,指出暴秦的本质,强调了自己义不帝秦的立场,接着引用史实说明尊帝的历史教训,然后列举了历史上反抗尊帝的故事,最后指出尊秦为帝的危害和直接后果。鲁仲连慷慨激昂、义正词严的激辩令辛垣衍最终放弃了尊秦为帝的计划,迫使秦退兵。事后,鲁仲连又断然拒绝了平原君的重金酬谢。文中人物个性鲜明。次要人物平原君举手无措、优柔寡断,辛垣衍鄙俗不堪、鼠目寸光的形象塑造得都很成功,当然塑造得最成功的人物形象非鲁仲连莫属,他见义勇为、正气凛然、临危不惧、淡泊名利,唐代大诗人李白曾有专诗赞扬他:“齐有倜傥生,鲁连特高妙。明月出海底,一朝开光耀。却秦振英声,后世仰末照。意轻千金赠,顾向平原笑。吾亦澹荡人,拂衣可同调。”

原文

秦围赵之邯郸,魏安釐王[1]使将军晋鄙[2]救

译文

秦军包围了赵都邯郸,魏安釐王派大将晋鄙前去救赵,因畏惧秦军,停在荡阴不

赵，畏秦，止于荡阴[3]，不进。魏王使客将军辛垣衍间入邯郸[4]，因平原君谓赵王曰："秦所以急围赵者，前与齐湣王争强为帝[5]，已而复归帝，以齐故。今齐已益弱，方今唯秦雄天下，此非必贪邯郸，其意欲求为帝。赵诚发使尊秦昭王为帝，秦必喜，罢兵去。"平原君犹豫未有所决。此时鲁仲连适游赵，会秦围赵。闻魏将欲令赵尊秦为帝，乃见平原君曰："事将奈何矣？"平原君曰："胜也何敢言事？百万之众折于外，今又内围邯郸而不能去。魏王使将军辛垣衍令赵帝秦。今其人在是，胜也何敢言事？"鲁连曰："始吾以君为天下之贤公子也，吾乃今然后知君非天下之贤公子也。梁客辛垣衍安在？吾请为君责而归之。"平原君曰："胜请召而见之于先生。"平原君遂见辛垣衍曰："东国有鲁连先生，其人在此，胜请为绍介，而见之于将军。"辛垣衍曰："吾闻

敢前进。魏王又派客将军辛垣衍偷偷进入邯郸，通过平原君对赵王说："秦国之所以急着围攻赵都，是因为秦国之前与齐愍王逞强争帝，可是不久就取消了帝号，是因为齐国先取消帝号的缘故。现在齐国已经越来越衰弱了，当今唯有秦国称雄天下，它并非一定贪图邯郸，只是打算称帝罢了。赵国果真能派使臣前去尊称秦昭王为帝，秦王必定高兴，就会撤兵。"平原君犹豫不决。这时鲁仲连恰好在赵国游历，遇上秦军围攻赵都。听说了魏将打算让赵国尊奉秦王称帝，于是就去拜见平原君说："此事打算怎么办？"平原君说："我哪里还敢说什么？百万大军在外覆没，现在秦军深入内地围困邯郸，无计退兵。魏王派将军辛垣衍让赵国尊奉秦王为帝。现在此人就在这里，我哪里还敢说什么？"鲁仲连说："起初我还以为您是天下的贤公子，现在我才知道您并不是天下的贤公子。魏国客人辛垣衍在哪里？我愿意为您责备他，让他回去。"平原君说："我将他召来面见先生吧。"于是平原君去见辛垣衍说："东方齐国有位鲁仲连先生，他人正在这里，我为您介绍，让他见见将军吧。"辛垣衍说："我听说鲁仲

鲁连先生，齐国之高士也。衍，人臣也，使事有职，吾不愿见鲁连先生也。”平原君曰：“胜已泄之矣。”辛垣衍许诺。

连先生是齐国的高士，我只不过是个人臣，奉命行事，我不愿见鲁仲连先生。”平原君说：“我已经告诉他了。”辛垣衍只好答应。

注释

1 **魏安釐(xī)王：**名圉(yǔ)，魏昭王之子，信陵君无忌的异母兄。公元前276年至前243年在位。

2 **晋鄙：**魏将。

3 **荡阴：**魏邑，今河南汤阴西南。

4 **客将军：**官名，战国魏国设。任用外国人做将军称客将军，且以客礼待之。**辛垣衍：**姓辛垣，名衍，魏将。亦作“新垣衍”。

5 **前与齐湣王争强为帝：**公元前288年，齐湣王（又称愍王、闵王）与秦昭王相互称帝，后齐取消帝号，秦亦取消。

原文

鲁连见辛垣衍而无言。辛垣衍曰：“吾视居此围城之中者，皆有求于平原君者也。今吾视先生之玉貌，非有求于平原君者，曷为久居此围城之中而不去也？”鲁连曰：“世以鲍焦[1]无从容而死者，皆非也。今众人不知，则为一身。彼秦者，弃礼义而上[2]首功之国也，权使其士，虏使其民。彼则肆然而为帝，过而遂正于天下，则连有赴东海而死矣，吾不忍为之民也！

译文

鲁仲连见到辛垣衍后沉默不语。辛垣衍说：“我看住在这座围城中的人，都是有求于平原君的。如今我看先生的风采，并不是有求于平原君的人，为何久留在这座围城之中不离开呢？”鲁仲连说：“世上的人都认为鲍焦是因为行为无常而自杀的，其实不是这样。现在人们不了解原因，以为他是为一己之私而死。那秦国是背弃礼义而崇尚杀人的国家，以权术驾驭士人，像对待俘虏一样奴役百姓。它要是随心所欲地称

所为见将军者，欲以助赵也。”辛垣衍曰：“先生助之奈何？”鲁连曰：“吾将使梁及燕助之，齐、楚则固助之矣。”辛垣衍曰：“燕则吾请以从矣；若乃梁，则吾乃梁人也，先生恶能使梁助之耶？”鲁连曰：“梁未睹秦称帝之害故也，使梁睹秦称帝之害，则必助赵矣。”辛垣衍曰：“秦称帝之害将奈何？”鲁仲连曰：“昔齐威王[3]尝为仁义矣，率天下诸侯而朝周，周贫且微，诸侯莫朝，而齐独朝之。居岁余，周烈王崩，诸侯皆吊，齐后往。周怒，赴[4]于齐曰：‘天崩地坼，天子下席，东藩之臣田婴齐后至，则斫之。’威王勃然怒曰：‘叱嗟！而母婢也。’卒为天下笑。故生则朝周，死则叱之，诚不忍其求也。彼天子固然，其无足怪。”

帝，进而政令通行天下，那么我鲁仲连宁可跳东海自杀，也不愿做秦国的子民！我拜见将军的原因，就是想帮助赵国。”辛垣衍说：“先生怎么帮助赵国呢？”鲁仲连说：“我将让魏国和燕国帮助赵国，齐国和楚国本来就在帮助赵国了。”辛垣衍说：“燕国我姑且相信；至于魏国，我就是魏国人，先生怎么才能使魏国帮助赵国呢？”鲁仲连说：“魏国还没看到秦国称帝的危害，假使魏国看到了秦国称帝的危害，那就必定会帮助赵国。”辛垣衍说：“秦国称帝的危害是怎样的？”鲁仲连说：“从前齐威王曾经奉行仁义，率领天下诸侯朝拜周王室，那时周王室贫困而且衰微，诸侯们没有谁去朝拜，唯独齐威王去了。过了一年多，周烈王死了，诸侯们都来吊唁，齐威王后到。周王室很生气，发给齐国的讣告说：‘天崩地裂了，新任的周天子尚且离宫守丧，你东方藩国之臣田婴齐后到，应该斩首。’齐威王勃然大怒说：‘呸！你妈不过是个奴婢。’此事终为天下人耻笑。所以说周天子活着的时候还能朝拜他，死了就叱骂他，实在是忍受不了周王室的苛求。天子本来就是这样的，也没什么奇怪的。”

注释

1 **鲍焦**：春秋时周人，隐士。

2 **上**：通“尚”。

3 **齐威王**：田氏，名婴齐（一作因齐）。

4 **赴**：后多作“讣”，讣告。

原文

辛垣衍曰：“先生独未见夫仆乎？十人而从一人者，宁力不胜、智不若耶？畏之也。”鲁仲连曰：“然梁之比于秦，若仆耶？”辛垣衍曰：“然。”鲁仲连曰：“然吾将使秦王烹醢[1]梁王。”辛垣衍怏然[2]不悦，曰：“嘻，亦太甚矣，先生之言也！先生又恶能使秦王烹醢梁王？”鲁仲连曰：“固也，待吾言之。昔者，鬼侯、鄂侯[3]、文王，纣之三公也。鬼侯有子而好，故入之于纣，纣以为恶，醢鬼侯。鄂侯争之急，辩之疾，故脯[4]鄂侯。文王闻之，喟然而叹，故拘之于牖里[5]之库百日，而欲舍之死。曷为与人俱称帝王，卒就脯醢之地也？齐闵王将之鲁，夷维子[6]执策而从，谓鲁人曰：‘子将何以待吾君？’鲁人曰：‘吾将

译文

辛垣衍说：“先生难道没见过奴仆吗？十个奴仆跟随一个主人，难道是力量不能超过他、智慧比不过他吗？只不过是害怕他罢了。”鲁仲连说：“那魏国对于秦国就像奴仆一样吗？”辛垣衍说：“是的。”鲁仲连说：“那么我将让秦王把魏王烹煮成肉酱。”辛垣衍很不高兴地说：“哎，先生的话也太过分了吧！先生又怎么能让秦王把魏王烹煮成肉酱呢？”鲁仲连说：“当然能，你听我解释。从前，鬼侯、鄂侯、文王是商纣王的三个诸侯。鬼侯有一个女儿长得非常漂亮，所以将她献给纣王，纣王觉得丑，就把鬼侯剁成了肉酱。鄂侯急忙为鬼侯争辩，言辞激烈了些，结果纣王把鄂侯杀了做成了肉干。文王听说了这件事，长叹了一声，结果被纣王拘禁在牖里的监狱里关了一百天，还想把他置于死地。为何有些人与别人同样称王，最终却沦落到被做成肉酱、肉干的地步呢？齐闵王将要到鲁国去，夷维子拿着马鞭驾车随行，对鲁人说：‘你们将怎样来接待我

以十太牢待子之君。’夷维子曰：‘子安取礼而来待吾君？彼吾君者，天子也。天子巡狩，诸侯辟舍，纳管键[7]，摄衽抱几，视膳于堂下。天子已食，乃退而听朝也。’鲁人投其籥[8]，不果纳，不得入于鲁。将之薛[9]，假途于邹[10]。当是时，邹君死，闵王欲入吊。夷维子谓邹之孤曰：‘天子吊，主人必将倍[11]殡柩，设北面于南方，然后天子南面吊也。’邹之群臣曰：‘必若此，吾将伏剑而死。’故不敢入于邹。邹、鲁之臣，生则不得事养，死则不得饭含。然且欲行天子之礼于邹、鲁之臣，不果纳。今秦万乘之国，梁亦万乘之国，俱据万乘之国，交有称王之名，睹其一战而胜，欲从而帝之，是使三晋之大臣不如邹、鲁之仆妾也！且秦无已而帝，则且变易诸侯之大臣。彼将夺其所谓不肖，而予其所谓贤；夺

们的国君呢？’鲁人说：‘我们将分别杀十头牛、羊、猪来接待你们的国君。’夷维子说：‘你们怎么用这样的礼节来接待我们的国君呢？我们的国君，是天子啊。天子出来巡视狩猎，诸侯们都要让出宫室，交出钥匙，提着衣襟恭敬地立在桌案旁，在厅堂阶下看着天子进食。等到天子吃完后，才能告退处理政务。’鲁国人听了后就将城门上了锁，不让他们进城，齐闵王一行没能进入鲁国。于是齐闵王打算去薛地，借道邹国。恰恰这时，邹国的国君死了，齐闵王想要进去吊唁。夷维子对邹王的遗孤说：‘天子要来吊唁，主人必须将灵柩移到相反的方向，让它朝着北面，然后天子才能南面吊唁。’邹国的大臣们说：‘若真要这样做，我们都拔剑自杀。’所以齐闵王不敢进入邹国。邹、鲁两国的臣子们，君王活着的时候没能侍奉供养，死了也未能举行将玉、米等放入君王口中的丧礼。然而齐闵王却要求他们对自己行天子之礼，他们不接受。现在秦国是拥有万辆战车的强国，魏国也是拥有万辆战车的强国，同样是拥有万辆战车的国家，相互有称王的名分，看到秦国打了一次胜仗，就想顺从地尊他为帝，这样看来三晋的大臣们还不如邹、鲁两国的仆妾啊！况且秦国贪得无厌，称帝后，将会更换各个诸侯

其所憎，而与其所爱。彼又将使其子女谗妾为诸侯妃姬，处梁之宫，梁王安得晏然而已乎？而将军又何以得故宠乎？”于是，辛垣衍起，再拜，谢曰：“始以先生为庸人，吾乃今日而知先生为天下之士也。吾请去，不敢复言帝秦。”秦将闻之，为却军五十里。适会魏公子无忌夺晋鄙军，以救赵击秦，秦军引而去。

于是平原君欲封鲁仲连。鲁仲连辞让者三，终不肯受。平原君乃置酒，酒酣，起前以千金为鲁连寿。鲁连笑曰：“所贵于天下之士者，为人排患、释难、解纷乱而无所取也。即有所取者，是商贾之人也，仲连不忍为也。”遂辞平原君而去，终身不复见。

国的大臣。他将会撤换掉那些他认为无能的人，安置他认为有才能的人；换掉他讨厌的人，任用他喜欢的人。他还会将自己的女儿和喜欢说坏话的女人送给诸侯作为妃子、姬妾，住进魏王的宫里，魏王哪能安宁呢？将军又怎么能得到原来的宠幸呢？”于是，辛垣衍站起来，拜了两拜，道歉说：“起初我以为先生是个平庸的人，我今天才知道先生是天下高士。我请求告辞，再也不敢说尊秦为帝的话了。”秦军将领听说了这件事，为此退兵五十里。恰逢魏公子无忌夺取了晋鄙的军队来救援赵国攻打秦军，秦军撤军而去。

于是平原君想要封赏鲁仲连。鲁仲连多次辞让，最终不肯接受。平原君就安排酒宴，喝得高兴时，平原君起身走到鲁仲连前面，送上千金祝鲁仲连长寿。鲁仲连笑道：“我之所以能够得到天下士人的尊重，就是为人排除祸患、解除危难、解决纠纷而不求回报。假如索取报酬，那就成为商人了，这是我不愿做的。”于是告别平原君而去，从此再也没有见面。

注释

1 **醢(hǎi)：**肉酱。此处作动词，剁成肉酱。

2 **快然：**不乐的样子。

3 **鬼侯、鄂侯：**二者皆为商纣王时诸侯。

4 脯(fǔ):肉干。此作动词,做成肉干。
5 牖里:地名,一作“羑里”。今河南汤阴北。
6 夷维子:人名。夷维,春秋时齐邑,今山东高密。此人盖因地名而姓。
7 管键:钥匙和锁。管,钥匙。键,锁簧。
8 籥(yuè):同“钥”。
9 薛:齐邑。今山东滕州东南。
10 邹:国名。今山东邹城东南。
11 倍:通“背”,背向。

建信君贵于赵

导读

魏公子牟经过赵国,赵王亲自迎接他,并向其讨教治国之方。是时赵王宠幸建信君,公子牟看到赵王命令工人用丝绸做帽子,于是因势利导,劝谏赵王应该像任用工人做帽子一样任用治国贤才,并讲述复涂侦用梦灶劝谏卫灵公的寓言故事来告诫赵王不能为幸臣蒙蔽,应该重用贤人。文中魏牟借用梦境和巫术来说理,充满了神秘色彩,富有想象力。

原文

建信君[1]贵于赵。公子魏牟[2]过赵,赵王[3]迎之,顾反至坐,前有尺帛,且令工以为冠。工见客来也,因辟[4]。赵王曰:“公

译文

建信君在赵国地位尊贵。魏公子魏牟经过赵国,赵王出去迎接他,回宫坐下后,见座前有一块丝绸,就命令工人用它做帽子。工人见客人来了,于是回避退下。赵王说:“魏公子屈尊大驾光临,希

子乃驱后车[5],幸以临寡人,愿闻所以为天下。”魏牟曰:“王能重王之国若此尺帛,则王之国大治矣。”赵王不说,形于颜色,曰:“先王不知寡人不肖,使奉社稷,岂敢轻国若此?”魏牟曰:“王无怒,请为王说之。”曰:“王有此尺帛,何不令前郎中[6]以为冠?”王曰:“郎中不知为冠。”魏牟曰:“为冠而败之,奚亏于王之国?而王必待工而后乃使之。今为天下之工,或非也,社稷为虚戾[7],先王不血食,而王不以予工,乃与幼艾[8]。且王之先帝驾犀首而骖马服[9],以与秦角逐,秦当时适其锋。今王憧憧,乃辇建信以与强秦角逐,臣恐秦折王之椅[10]也。卫灵公[11]近雍疽、弥子瑕[12],二人者,专君之势以蔽左右。复涂侦[13]谓君曰:‘昔日臣梦见君。’君曰:‘子何梦?’曰:‘梦见灶。’君忿然作色曰:‘吾闻梦见人君者,梦见日。今子曰梦见灶

望听您谈谈治理天下的方法。”魏牟说:“大王若能像重视这块丝绸一样重视治国,那么大王的国家就会治理得很好。”赵王听了不高兴,脸色很难看,说:“先王不知道我没有才能,让我治理国家,我哪敢这样轻视国家?”魏牟说:“大王不要生气,请让我为您解释。”他说:“大王有这块丝绸,为什么不命令身边的侍从做帽子呢?”赵王说:“侍从不知道怎样做帽子。”魏牟说:“做帽子做坏了,对大王的国家有什么损害呢?但是大王必定要等工人来才让他去做。现在您对待治理天下的人,却不是这样,国家即将荒芜一片,先王不能享受祭祀,然而大王不用贤臣来治国,而用像妖娆的女人一样的侍臣。况且大王的先帝任用犀首公孙衍、马服君赵奢这样的贤才,与秦国相抗衡,秦国当时也要避其锋芒。现在大王进进出出,都和建信君这样的人同车,而要和强秦抗衡,我担心秦国会灭掉您的国家。卫灵公亲近雍疽、弥子瑕,二人独揽君王的大权来蒙蔽左右大臣。复涂侦对灵公说:‘前几天我做梦见到了君王。’灵公说:‘你梦到了什么?’复涂侦说:‘梦到了灶。’灵公愤怒地变了脸色说:‘我听说做梦见到人君,会梦到太阳。现在你梦到灶

而言君也，有说则可，无说则死。’对曰：‘日，并烛天下者也，一物不能蔽也。若灶则不然，前之人炀，则后之人无从见也。今臣疑人之有炀于君者也，是以梦见灶。’君曰：‘善。’于是因废雍疽、弥子瑕，而立司空狗[14]。”

却说梦到君王，若有说法就算了，没有说法就杀头。’复涂侦回答说：‘太阳，是普照大地的，任何东西也不能遮蔽它。像灶就不行，前面的人在灶口烤火，那么后面的人就烤不到了。现在我怀疑有人在您面前像在灶口烤火一样，所以梦到了灶。’灵公说：‘好。’于是就废掉了雍疽、弥子瑕而任用了司空狗。”

注释

1 **建信君**：赵悼襄王时的宠臣。

2 **公子魏牟**：即魏公子牟，魏国贵族，因封于中山，亦称“中山公子牟”，战国时期思想家。

3 **赵王**：指赵悼襄王。一说赵孝成王，非是。

4 **辟**：通“避”。

5 **后车**：副车，侍从所乘的车。

6 **郎中**：官名。战国时设，君王侍从官的通称，其职责为护卫、陪从，随时建议，备顾问及差遣。

7 **虚戾**：即“虚厉”，指田园荒废，百姓灭绝。

8 **幼艾**：年轻美貌的女子。

9 **犀首**：战国魏官名，借指公孙衍。**马服**：即赵奢，因破秦军有功，封为“马服君”。

10 **椅**：应作“輢”，古代车厢两边可以倚靠的木板。

11 **卫灵公**：春秋时卫国国君。

12 **雍疽、弥子瑕**：二人皆卫灵公宠臣。

13 **复涂侦**：人名。一作“侏儒”。

14 **司空狗**：人名。即史狗，春秋时人，卫国司空。

冯忌请见赵王

导读

冯忌第一次面见赵王，由于双方不甚了解，怕说话掌握不住分寸，于是先讲了一个孔子弟子宓子会客的故事。宓子对于初访者的行为言论不甚满意，认为此人犯了狎、倍、乱三个错误，但初访者的介绍人却为其作了完全不同的阐释，并引用尧见舜而传位、伊尹见汤而受三公的故事，强调了“交浅而言深”的现实意义。冯忌通过这个故事，缩短了与赵王的距离，取得了赵王的信任，为自己与赵王深谈营造了一个良好的氛围。显然，冯忌不仅是一位智者，而且是一位善谈者。

原文

冯忌[1]请见赵王[2]，行人[3]见之。冯忌接手免[4]首，欲言而不敢。王问其故，对曰：“客有见人于服子[5]者，已而请其罪。服子曰：‘公之客独有三罪：望我而笑，是狎也；谈语而不称师，是倍也；交浅而言深，是乱也。’客曰：‘不然。夫望人而笑，是和也；言而

译文

冯忌请求拜见赵王，掌管朝觐的官员带他面见赵王。冯忌拱手低头行礼，想要说话又不敢说。赵王问他缘故，冯忌回答说：“有个客人引见一人面见宓子，宓子不高兴，不久客人请问那人犯了什么错。宓子说：‘你带来的人犯了三个错误：看见我就笑，这是不庄重；言谈之间不称道老师，这是背叛；交情浅却谈论很深，这是混乱。’客人说：‘不是这样。看见人就微笑，是和善；谈话间不称道老师，这是平常闲

不称师，是庸说也；交浅而言深，是忠也。昔者尧见舜于草茅之中，席陇亩而荫庇桑，阴移而受天下传。伊尹[6]负鼎俎而干[7]汤，姓名未著而受三公[8]。使夫交浅者不可以深谈，则天下不传，而三公不得也。'"赵王曰："甚善。"冯忌曰："今外臣交浅而欲深谈可乎？"王曰："请奉教。"于是冯忌乃谈。

谈；交情浅却谈论深，这是忠厚。从前尧在茅草地里见到舜，在田间桑树荫下席地而坐，随着树荫移动，就把天下传给了舜。伊尹背着鼎俎求见汤，名声不显赫就被授予了三公的高位。假使交情浅就不能够深谈，那么天下也不会传给舜，伊尹也得不到三公的高位。'"赵王说："很好。"冯忌说："现在我这个外来人和大王您的交情尚浅，可以深谈吗？"赵王说："请指教。"于是冯忌就谈论起来。

注释

1 **冯忌：**战国游说之士。
2 **赵王：**赵孝成王。
3 **行人：**官名。掌管朝觐聘问之事。
4 **免：**通"俯"。
5 **服子：**即孔子弟子宓子贱。服，通"宓"。
6 **伊尹：**商汤时的大臣。
7 **干：**求见。
8 **三公：**太师、太傅、太保为三公，为最高官衔。

客见赵王

导读

说客游说赵王，并不直奔主题，而是以闲谈的方式，以买马为喻巧妙地引申出治国道理，买好马还是劣马都无补于国家，却要等待会相马的人，那治国为何不依靠贤人，而用建信君这类人呢？说客运用类比推理，将赵王引入彀中，让赵王有口难辩，趁机深入阐述了"柔痈"这类人的危害，告诉赵王"谨备其所憎，而祸在于所爱"的道理，告诫其警惕身边的宠臣们。

原文

客见赵王曰："臣闻王之使人买马也，有之乎？"王曰："有之。""何故至今不遣？"王曰："未得相马之工也。"对曰："王何不遣建信君乎？"王曰："建信君有国事，又不知相马。"曰："王何不遣纪姬[1]乎？"王曰："纪姬，妇人也，不知相马。"对曰："买马而善，何补于国？"王曰："无补于国。""买马而

译文

一位说客拜见赵王说："我听说大王要派人去买马，有这回事吗？"赵王说："有。"说客问："为什么到现在还没派人？"赵王说："还没有找到会相马的人。"说客问："大王为什么不派建信君去呢？"赵王答道："建信君有国家政事要处理，又不懂得相马。"说客又问："大王为何不派纪姬去呢？"赵王说："纪姬是个女人，不懂得相马。"说客问："买来的马是骏马，对国家有什么好处？"赵王回答说："对国家没有好处。"说客

恶，何危于国。”王曰：“无危于国。”对曰：“然则买马善而若恶，皆无危补于国。然而王之买马也，必将待工。今治天下，举错非也，国家为虚戾，而社稷不血食，然而王不待工，而与建信君，何也？”赵王未之应也。客曰：“燕郭[2]之法，有所谓柔痈[3]者，王知之乎？”王曰：“未之闻也。”“所谓柔痈者，便辟左右之近者，及夫人、优笑、孺子也。此皆能乘王之醉昏，而求所欲于王者也。是能得之乎内，则大臣为之枉法于外矣。故日月晖[4]于外，其贼在于内。谨备其所憎，而祸在于所爱。”

又问：“买来的马是劣马，对国家有什么危害？”赵王答：“对国家没有危害。”说客说：“既然这样，买来的马是好还是坏，对国家没有危害和好处。那么大王您买马却一定要等待会相马的人。现在大王治理国家，措施不得当，国家几成废墟，近于灭亡，可是大王不依靠善于治理国家的人，却把国事交给建信君，为什么？”赵王无言以对。说客说：“郭偃之法有所谓柔痈的说法，大王您知道吗？”赵王说：“我没听说过。”说客说：“所谓柔痈，是指君王宠幸的左右亲信，以及君王的夫人、俳优和美妾等。这些人都是能趁君王酒醉糊涂之时向君王提出要求的人。这些人的欲望如果能在宫中得到满足，那么大臣就能在朝廷外贪赃枉法了。所以说，太阳和月亮在外面形成了耀眼的光圈，可它们的毛病在于内部。人们小心地防备自己憎恶的人，可祸患却在自己溺爱的人身上。”

注释

1 **纪姬：**赵王宠姬。

2 **燕郭：**即郭偃，春秋时晋文公大夫。主导当时社会改革，时称“郭偃之法”。

3 **柔痈：**比喻媚君祸国之人。

4 **晖：**通“晕”。

赵太后新用事

导读

赵太后刚刚执政，秦国就对赵国发起猛烈进攻，赵向齐求救，齐国提出以长安君为人质作为出兵条件，太后不同意，并以唾面相要挟，拒绝大臣们进言。老臣触龙深知兹事体大，不能意气用事，于是面见太后。触龙游说太后的技巧极其高明，他避开主题，先以拉家常的方式询问太后健康状况，缓和气氛，再以托太后解决儿子工作一事，引出太后疼爱儿子还是女儿的话题，在一番交锋之后，触龙自然而又意味深长地劝说太后，真正疼爱长安君就要为其作长远打算，否则长安君以后在赵国难以立足。太后被说服，送长安君到齐国做人质，齐国发兵救赵。

原文

赵太后[1]新用事，秦急攻之。赵氏求救于齐。齐曰："必以长安君[2]为质，兵乃出。"太后不肯，大臣强谏。太后明谓左右曰："有复言令长安君为质者，老妇必唾其面。"左师[3]触龙[4]言愿见太后。太后盛

译文

赵太后刚刚执政，秦国就猛烈攻打赵国。赵国向齐国求救。齐国说："一定要用长安君做人质，才发救兵。"太后不愿意，大臣们极力劝说。太后明确告诉左右大臣说："有再说让长安君去做人质的，我一定吐他一脸唾沫。"左师触龙说希望拜见太后。太后怒气冲冲地等着他。触龙进去后小步快走，到太后面前道歉说：

气而胥[5]之。入而徐趋，至而自谢，曰："老臣病足，曾不能疾走，不得见久矣。窃自恕，而恐太后玉体之有所郄[6]也，故愿望见太后。"太后曰："老妇恃辇[7]而行。"曰："日食饮得无衰乎？"曰："恃粥耳。"曰："老臣今者殊不欲食，乃自强步，日三四里，少益嗜食，和于身也。"太后曰："老妇不能。"太后之色少[8]解。

"老臣的脚有毛病，不能快跑，没来拜见太后很久了。我私下宽恕自己，又担心太后身体不舒服，所以想来见见太后。"太后说："我平日靠车行走。"触龙说："日常的饮食有没有减少呢？"太后说："喝点粥罢了。"触龙说："老臣这段时间食欲不振，于是勉强步行，每天走个三四里路，才稍微增进了食欲，身体也舒适了些。"太后说："老婆子我不能。"太后的脸色稍微缓和了些。

注释

1 **赵太后：**赵孝成王母。
2 **长安君：**赵太后的幼子，"长安"是其封号。
3 **左师：**执政官。
4 **触龙：**赵臣。
5 **胥：**等待。
6 **郄**(xì)**：**身体不适。
7 **辇：**王室中人拉着走的车子。
8 **少：**稍，略微。

原文

左师公曰："老臣贱息[1]舒祺，最少，不肖，而臣衰，窃爱怜之，愿令得补黑衣[2]之数，以卫王宫，没死[3]以闻。"太后曰："敬诺。年几何矣？"

译文

触龙说："老臣的犬子舒祺年纪最小，没有才能，而我又老了，私下非常疼爱他，希望他能够补进黑衣侍卫队伍中，来保卫王宫，我冒死提出这个请求。"太后说："可以。他年纪多大了？"

对曰："十五岁矣。虽少，愿及未填沟壑而托之。"太后曰："丈夫亦爱怜其少子乎？"对曰："甚于妇人。"太后笑曰："妇人异甚。"对曰："老臣窃以为媪[4]之爱燕后[5]贤于长安君。"曰："君过矣，不若长安君之甚。"左师公曰："父母之爱子，则为之计深远。媪之送燕后也，持其踵而为之泣，念悲其远也，亦哀之矣。已行，非弗思也，祭祀必祝之，祝曰：'必勿使反。'岂非计久长，有子孙相继为王也哉？"太后曰："然。"

触龙回答说："十五岁了。虽然年纪小，希望在我未死之前把他托付出去。"太后说："男人也疼爱自己的小儿子吗？"触龙说："超过妇人。"太后笑着说："妇人更疼爱。"触龙说："老臣我私下认为您对燕后的疼爱要胜过长安君。"太后说："您错了，比不上对长安君的疼爱。"触龙说："父母疼爱自己的孩子，就为他作长远打算。您为燕后送行时，握着她的脚跟为她哭泣，悲伤她的远嫁，心中哀伤啊。她走后，您并不是不思念，祭祀时必为她祝福，祷告说：'千万不要让她回来。'难道不是替她作长远打算，希望她有子孙继承燕国王位吗？"太后说："对。"

注释

1 **贱息**：谦称自己的子女。

2 **黑衣**：宫廷侍卫的服饰，此代指侍卫。

3 **没死**：冒死罪。

4 **媪**(ǎo)：对年老妇人的尊称。

5 **燕后**：赵太后女，嫁于燕王，故称"燕后"。

原文

左师公曰："今三世以前，至于赵之为赵，赵主之子孙侯者，其继有在者乎？"曰："无有。"曰："微独赵，诸侯有在者

译文

触龙说："从现在上推到三代以前，直到赵建国之初，赵君的子孙封侯的，他的后代还有存在的吗？"太后说："没有。"触龙说："不仅是赵国，

乎？”曰：“老妇不闻也。”“此其近者祸及身，远者及其子孙。岂人主之子孙侯者则必不善哉？位尊而无功，奉厚而无劳，而挟重器多也。今媪尊长安君之位，而封之以膏腴之地，多予之重器，而不及今令有功于国，一旦山陵崩[1]，长安君何以自托于赵？老臣以媪为长安君计短也，故以为其爱不若燕后。”太后曰：“诺。恣[2]君之所使之。”于是为长安君约车百乘质于齐，齐兵乃出。

子义[3]闻之曰：“人主之子也，骨肉之亲也，犹不能恃无功之尊，无劳之奉，而守金玉之重也，而况人臣乎？”

其他诸侯还有存在的吗？”太后说：“我没有听说过。”触龙说：“这些人近的祸及自身，远的祸及子孙。这难道是君主的子孙做了侯就一定不好吗？地位尊贵却没有功绩，俸禄丰厚却没有辛劳，还拥有大量的宝器。现在您让长安君的地位尊贵，封给他肥沃的土地，给他很多宝器，而不趁现在让他为国立功，一旦您不在了，长安君如何在赵国立足呢？我认为您为长安君考虑得不够长远，所以认为您疼爱他比不上燕后。”太后说：“好吧。听凭您安排他吧。”于是给长安君准备了一百辆车，送他到齐国做人质，齐国才发兵。

赵国的贤人子义听说了这件事，说：“君王的儿子，是他的骨肉至亲，尚不能没有功劳依靠而获得尊贵地位，没有辛劳而享有丰厚的俸禄，而坐拥大量的金玉宝器，更何况做臣子的呢？”

注释

1 **山陵崩：**国君或王后死去的讳称。

2 **恣：**纵，任由。

3 **子义：**赵国的贤人。

魏策

战国策

乐羊为魏将而攻中山

导读

乐羊率领魏军攻打中山国，由于敌强我弱，因而采用缓兵之计，于是群臣诬陷乐羊通敌。此时中山君烹杀了乐羊的儿子乐舒，送给他一杯肉羹，乐羊为了表示自己对魏国的忠诚，将肉羹吃掉。魏文侯赞赏其忠诚，但睹师赞却认为其行为违背了父子人伦大义，是个危险人物。故乐羊虽然大败中山国，却不被魏王信任。乐羊的做法是否合理值得深思。

原文

乐羊[1]为魏将而攻中山[2]。其子在中山，中山之君烹其子，而遗之羹。乐羊坐于幕下而啜之，尽一杯。文侯[3]谓睹师赞[4]曰："乐羊以我之故，食其子之肉。"赞对曰："其子之肉尚食之，其谁不食！"乐羊既罢中山，文侯赏其功，而疑其心。

译文

乐羊担任魏军将领攻打中山国。他的儿子正在中山国，中山君烹杀了他的儿子，派人给他送了一杯肉羹。乐羊坐在帐幕中把一杯肉羹喝光了。魏文侯对睹师赞说："乐羊为了我的缘故，吃了他自己儿子的肉。"睹师赞回答说："他连儿子的肉都敢吃，谁的肉不敢吃！"乐羊攻下了中山国，班师回朝，魏文侯奖赏他的功劳，却怀疑他的居心。

注释

1 **乐羊：**战国时期魏人，魏文侯时的将领，燕国名将乐毅即其后裔。一作

“乐阳”。

2 **中山**:中山国。在今河北定州、唐县一带,后为赵所灭。

3 **文侯**:魏文侯。

4 **睹师赞**:魏臣。复姓睹师,名赞。

文侯与虞人期猎

导读

魏文侯励精图治,使得魏国在诸侯中声名显赫,这与魏文侯严于律己有直接关系。本文记载的是他遵守承诺的一件小事。魏文侯与虞人约定某日打猎,正好这一天他喝酒喝得高兴,加之天公不作美下起了雨,但他坚持冒雨赴约,亲自告诉虞人取消打猎。正是这样一件小事,从侧面烘托出魏文侯诚实守信的美好品质。在其言传身教之下,魏国风清气正,开始变得强大。

原文

文侯与虞人[1]期猎。是日,饮酒乐,天雨。文侯将出,左右曰:“今日饮酒乐,天又雨,公将焉之?”文侯曰:“吾与虞人期猎,虽乐,岂可不一会期哉?”乃往,身自罢之。魏于是乎始强。

译文

魏文侯和虞人约定时间打猎。这一天,魏文侯喝酒喝得兴致很高,天下起了雨。魏文侯准备出行,左右的人说:“今天喝酒喝得高兴,天又下雨,您打算到哪里去呢?”魏文侯说:“我和虞人约定今天打猎,虽然高兴,哪能不按期去相会呢?”于是前往,亲自告诉虞人取消打猎。魏国从此开始强大起来。

注释

1 **虞人:**掌管山泽的官。

魏文侯与田子方饮酒而称乐

导读

魏文侯对音乐颇有造诣,可能太用心于此,于是他的老师田子方找到时机,提醒他应该多在国政上下功夫,而不应该把太多精力放在音乐上,否则就会荒废政事。田子方的话很有道理,事实证明,一国之君若耽于艺术,对于国家绝非幸事。

原文

魏文侯与田子方[1]饮酒而称乐。文侯曰:"钟声不比[2]乎? 左高。"田子方笑。文侯曰:"奚笑?"子方曰:"臣闻之,君明则乐官,不明则乐音。今君审于声,臣恐君之聋于官也!"文侯曰:"善,敬闻命。"

译文

魏文侯与田子方一边饮酒,一边欣赏音乐。文侯说:"钟的声音不和谐吧?左边的音高。"田子方笑了笑。文侯问:"笑什么?"田子方说:"我听说,君王英明的就喜欢政事,不英明的就喜欢音乐。现在您对音乐很了解,我担心您不了解政事啊!"文侯说:"好,恭敬地听从您的教导。"

注释

1 **田子方:**战国时人。名无择,受学于子贡,为魏文侯师。

2 **比**:和。

魏武侯与诸大夫浮于西河

导读

魏武侯乘船游历西河,盛赞魏国山川险要,认为恃此可高枕无忧,大臣王错随声附和。吴起严厉批评了二人的错误观点,他引用历史上三苗、夏桀、商纣皆恃险而为政不善最终灭亡的事实,指出只有政治的好坏才是决定国家存亡的关键因素。吴起的话铿锵有力,言之有据,打动了武侯,得到了重用。

原文

魏武侯[1]与诸大夫浮于西河[2],称曰:"河山之险,岂不亦信固哉?"王错[3]侍坐曰:"此晋国之所以强也。若善修之,则霸王之业具矣。"吴起对曰:"吾君之言,危国之道也;而子又附之,是重危也。"武侯忿然曰:"子之言有说乎?"吴起对曰:"河山之险,信不足保也,是伯王之业,不从此

译文

魏武侯和诸位大夫乘船顺西河而下,武侯赞叹说:"河山如此险要,难道不真是固若金汤吗?"王错陪坐在一旁,说:"这就是魏国之所以强大的原因啊。要是好好治理它,那么称霸天下的功业就建立了。"吴起接话说:"大王的那番话,是要将国家引入危险的道路;而您又附和大王,是加剧国家的危险啊。"魏武侯生气地说:"您这话作何解释?"吴起回答说:"河山的险要,实在不足以保卫国家的安全,而成就霸王的功业,也不是从

也。昔者三苗之居，左彭蠡[4]之波，右洞庭之水，文山[5]在其北，而衡山[6]在其南。恃此险也，为政不善，而禹放逐之。夫夏桀之国，左天门[7]之阴，而右天溪[8]之阳，庐、睪[9]在其北，伊、洛[10]出其南。有此险也，然为政不善，而汤伐之。殷纣之国，左孟门[11]，而右漳、釜[12]，前带河，后被山。有此险也，然为政不善，而武王伐之。且君亲从臣而胜降城，城非不高也，人民非不众也，然而可得并者，政恶故也。从是观之，地形险阻，奚足以霸王矣！”武侯曰：“善。吾乃今日闻圣人之言也！西河之政，专委之子矣。”

这里开始的。从前三苗部落的居所，左边是彭蠡泽，右边是洞庭湖，岷山在北边，衡山在南边。依赖这些险要，不实行善政，就被大禹放逐。夏桀的国家，左边有天门险关，右边有黄河、济水，庐山、睪山在北边，伊水、洛水在南边。拥有这些天险，然而不实行善政，商汤就起来讨伐他。殷纣的国家，左边有孟门关隘，右边有漳水、滏水，前面有黄河，背后靠着山。拥有这些天险，然而不实行善政，武王就起来讨伐他。况且大王曾亲自和我一起迫使敌城投降，他们的城墙并非不高，百姓并非不多，然而能够被兼并，就是因为政治太坏啊。由此看来，地形的险要，哪里能够足以成就霸业呢！”魏武侯说：“好。我今天算是听到圣人的言论了！西河郡的政务，就专门委托给您了。”

注释

1 **魏武侯**：魏文侯之子，名击。

2 **西河**：古称黄河南北流向的部分为西河。位于山西、陕西一段。后一“西河”指魏国的西河郡。

3 **王错**：魏臣。

4 **彭蠡**：古泽名，即今江西鄱阳湖。

5 **文山**：即岷山，在今四川松潘北。

6 **衡山**：山名。在今湖南衡阳北。

7 **天门**：即天井关，在今山西晋城南。

8 **天溪(xī)**:指黄河和济水。

9 **庐、睪**:二山名,在今山西太原、交城一带。

10 **伊、洛**:二水名,在今河南境内。

11 **孟门**:太行山隘道,在今河南辉县西。

12 **漳、釜**:二水名。漳水在河南、河北两省交界处。釜,当作"滏",即今河北南部滏阳河。

魏公叔痤病

导读

魏惠王时魏国接连遭遇重大挫折,开始走下坡路,主要原因在于魏惠王不重视人才,最典型的事例莫过于他无视魏相公叔痤临终时劝其重用公孙鞅的建议。本文记叙的正是此事。魏惠王对公叔痤的意见不以为然,结果公孙鞅跑到秦国受到重用,秦国日益强大,魏国日渐衰落。昏聩又糊涂的魏惠王总以为别人糊涂。文章最后的议论不仅形式独特,而且极其深刻,发人深省。

原文

魏公叔痤[1]病,惠王[2]往问之,曰:"公叔病,即不可讳,将奈社稷何?"公叔痤对曰:"痤有御庶子公孙鞅[3],愿王以国事听之也。为弗能听,勿使出竟[4]。"王弗应,出而谓

译文

魏相公叔痤病重,魏惠王前去探望他,说:"公叔病重,若您有个三长两短,国家该怎么办呢?"公叔痤回答说:"我有一位家臣公孙鞅,希望大王可以把国事交给他处理。要是做不到,就不要让他出境。"魏惠王没有说话,

左右曰："岂不悲哉！以公叔之贤，而谓寡人必以国事听鞅，不亦悖乎！"公孙痤死，公孙鞅闻之，已葬，西之秦，孝公受而用之。秦果日以强，魏日以削。此非公叔之悖也，惠王之悖也！悖者之患，固以不悖者为悖。

出来后对左右随从说："真是可悲啊！以公叔痤的贤能，却告诉我一定要把国家交给公孙鞅去处理，不是太糊涂了吗！"公叔痤死后，公孙鞅听说了这件事，在公孙痤下葬后，向西去了秦国，秦孝公接纳并且重用了他。秦国果然一天比一天强大，魏国一天比一天衰弱。这不是公叔痤糊涂，而是魏惠王糊涂啊！糊涂者的毛病，正是把不糊涂的人说成是糊涂的。

注释

1 **公叔痤**(cuó)：魏人。魏武侯、魏惠王时任相国。

2 **惠王**：魏惠王，魏武侯之子，名䓨(yīng)。其在位时迁都大梁，故又称"梁惠王"。

3 **御庶子**：战国时国君、相国等的侍从家臣。**公孙鞅**：卫人，本姓公孙，又称"卫鞅"。后仕秦，因功封于商，号为"商君"，故又称"商鞅"。

4 **竟**：通"境"。

苏子为赵合从说魏王

导读

本文是苏秦游说魏王合纵的一篇说辞。他先大肆渲染魏国的险要地势以及人口的众多与富庶，指出魏国拥有这样的优越条件却要事秦，是一种耻辱；接着借越王勾践和周武王以少胜多的例子，指出魏国兵强马壮应有一番作为，那些主张事秦的大臣都非忠臣；最后引用《周书》的道理劝说魏王合纵。

原文

苏子[1]为赵合从，说魏王[2]曰："大王之地，南有鸿沟、陈、汝南，有许、鄢、昆阳、邵陵、舞阳、新郪[3]；东有淮、颍、沂、黄、煮枣、海盐、无疏[4]；西有长城[5]之界；北有河外、卷、衍、燕、酸枣[6]，地方千里。地名虽小，然而庐田庑舍，曾无所刍牧牛马之地。人民之众，车马之多，日夜行不休已，无以异于三军之众。臣窃料之，大王之国不下于楚。然横人谋王外交强虎狼之秦，以侵天下。卒有国患，不被其祸。夫挟强秦之势，以内劫其主，罪无过此者。且魏，天下之强国也，大王，天下之贤主也，今乃有意西面而事秦，称东藩，筑帝宫，受冠带，祠春秋，臣窃为大王愧之。

译文

苏秦为赵国建立合纵战线，游说魏王说："大王的土地，南边有鸿沟、陈、汝南，有许、鄢、昆阳、邵陵、舞阳、新郪；东边有淮水、颍水、沂水、黄水、煮枣、海盐、无疏；西边有长城为界；北边有河外、卷、衍、燕、酸枣，土地方圆千里。这些地方虽小，但是良田、屋舍众多，甚至没有地方放养牛马。人口众多，车水马龙，日夜川流不息，就像军队一样。我私下猜测，大王的国家实力不在楚国之下。然而那些主张连横的人却为大王谋划对外与虎狼般的强秦建交，来侵犯天下。一旦国家遭遇灾祸，他们又不承担祸患。依仗秦国的势力，对内要挟自己的君主，罪过没有比这更严重的了。况且魏国是天下的强国，大王是天下的贤明之主，现在竟然甘心向西面服事秦国，自称为东边的藩国，为它筑造行宫，接受它的礼服，每年贡奉，我私下为大王感到羞耻。

注释

1 **苏子**:苏秦。

2 **魏王**:魏襄王,魏惠王之子。

3 **鸿沟**:古运河,故河道自今河南荥阳东南至淮阳入颍河。**陈**:地名。今河南淮阳。**汝南**:郡名。在今河南汝水一带。**许**:地名。今河南许昌东。**鄢**:地名。今河南鄢陵。**昆阳**:地名。今河南叶县。**邵陵**:即“召陵”,今河南郾城东。**舞阳**:地名。今河南舞阳西。**新郪**(qī):地名。今安徽太和北。

4 **淮**:淮河。**颍**:颍水。**沂**:沂水。**黄**:黄水。**煮枣**:战国魏邑,今山东东明南。**海盐**:其地不详。**无疏**:地名。今河南商水东南。

5 **长城**:此指魏国为抵御秦军在西境所筑长城。

6 **河外**:地区名,黄河以南的魏地。**卷**:地名。今河南原阳西。**衍**:地名。今河南郑州北。**燕**:地区名。今河北省北部和辽宁省南部。**酸枣**:地名。今河南延津西南。

原文

“臣闻越王勾践以散卒三千,禽[1]夫差于干遂[2];武王卒三千人、革车三百乘,斩纣于牧之野。岂其士卒众哉?诚能振其威也。今窃闻大王之卒,武力[3]二十余万,苍头[4]二十万,奋击[5]二十万,厮徒[6]十万,车六百乘,骑五千匹,此其过越王勾践、武王远矣!今乃劫于辟臣之说,而欲臣事秦。夫事秦必割地效质,故兵未用而

译文

“我听说越王勾践用三千散兵就在干遂擒获了吴王夫差;周武王率领三千士兵、三百辆战车就在牧野斩杀了商纣王。难道他们的兵力多吗?实在是因为他们能振奋军威罢了。现在我私下听说大王的兵力,武力有二十多万,苍头军有二十万,奋击军有二十万,厮徒有十万,战车有六百辆,战马有五千匹,这已经远远超过越王勾践和周武王的实力了!现在您竟然被邪僻臣子的话蛊惑,打算臣服秦国。服事秦国必然要割地献宝,所以军队

国已亏矣。凡群臣之言事秦者，皆奸臣，非忠臣也。夫为人臣，割其主之地以求外交，偷取一旦之功而不顾其后，破公家而成私门，外挟强秦之势以内劫其主，以求割地。愿大王之熟察之也。《周书》[7]曰：'绵绵不绝，缦缦[8]奈何？毫毛不拔，将成斧柯[9]。'前虑不定，后有大患，将奈之何？大王诚能听臣，六国从亲，专心并力，则必无强秦之患。故敝邑赵王使使臣献愚计，奉明约，在大王诏之。"魏王曰："寡人不肖，未尝得闻明教。今主君以赵王之诏诏之，敬以国从。"

还没作战国家就已经亏损了。大凡群臣中说要服事秦国的，都是奸臣，而非忠臣。作为人臣，割让国土来与别国交好，只图眼前的一时功效，却不顾及国家的后患，损坏国家利益而成就个人私利，依仗国外强秦的势力向内要挟自己君主，来谋求割让国土。希望大王仔细考虑这件事。《周书》上说：'草木滋生不斩断，四处蔓延怎么办？细小之时不拔除，将来必要用斧砍。'前面犹豫不定，后面就会有大患，到时怎么办？大王真能听从我的建议，让六国合纵相亲，齐心协力，那么必定就没有强秦的祸患。所以我们赵王派我来献上愚笨的计策，敬奉您贤明的约定，由大王您下诏指示。"魏王说："我无才，以前没有机会听取您高明的指教。现在您用赵王的诏令指示我，我愿意带领魏国跟从您。"

注释

1 **禽**：通"擒"。

2 **干遂**：地名。在今江苏苏州。

3 **武力**：武卒，魏国正规军的一种。

4 **苍头**：头着青巾的特殊军队。

5 **奋击**：冲锋在前奋勇杀敌的战士。

6 **厮徒**：烹炊供食的杂役兵。

7 **《周书》**：书名，即《逸周书》。

8 **缦缦:**草木蔓延的样子。缦,通“蔓”。
9 **柯:**斧柄。

魏惠王死

导读

魏惠王死后,确定了下葬的日期,但恰逢天降大雪,雪深数尺,按期下葬困难重重,群臣建议择日而葬,但太子不同意。于是惠施出面做太子的思想工作。惠施列举了周文王为其父王季历下葬但因故改期的史实,劝谏太子应该学习文王的道义择日而葬。惠施的聪明就在于将地理与天气灾害故意说成是死者神灵的意志,将事件蒙上神秘色彩,生者顺势而为,尊重死者的意志,是道义的体现。太子受到启发,痛快地答应了。

原文

魏惠王死,葬有日矣。天大雨雪,至于牛目,坏城郭,且为栈道[1]而葬。群臣多谏太子[2]者曰:“雪甚如此而丧行,民必甚病之,官费又恐不给,请弛期[3]更日。”太子曰:“为人子而以民劳与官费用之故,而不行先王

译文

魏惠王死后,下葬的日期已经确定了。恰逢天降大雪,雪深数尺,城墙都压塌了,打算修栈道来安葬魏惠王。很多大臣都劝太子说:“雪下得这么大还要举行丧礼,百姓们必定不堪劳累,费用也恐怕承担不起,请缓期改日安葬吧。”太子说:“作为儿子,只因为百姓劳累和费用的缘故就不按时给先王举行

之丧，不义也。子勿复言。”群臣皆不敢言，而以告犀首[4]。犀首曰：“吾未有以言之也，是其唯惠公[5]乎！请告惠公。”

丧礼，这是不义的行为。你们不要再说了。”大臣们都不敢说话了，于是把此事告诉了犀首。犀首说：“我也没什么可说的，这事只有惠施可以解决吧！请告诉惠施。”

注释

1 **栈道：**在险绝处傍山架木而成的一种道路。
2 **太子：**魏惠王之子，即位后为魏襄王，名嗣。
3 **弛期：**缓期。
4 **犀首：**公孙衍。
5 **惠公：**惠施，战国时宋国人，曾为魏惠王相，名家学派代表人物。

原文

惠公曰：“诺。”驾而见太子，曰：“葬有日矣？”太子曰：“然。”惠公曰：“昔王季历[1]葬于楚山[2]之尾，栾水[3]啮其墓，见棺之前和。文王曰：‘嘻！先君必欲一见群臣百姓也夫，故使栾水见之。’于是出而为之张于朝，百姓皆见之，三日而后更葬，此文王之义也。今葬有日矣，而雪甚及牛目，难以行，太子为及日之故，得毋嫌于欲亟葬乎？愿太子更日。先王必

译文

惠施听说后，说：“好。”马上驾车去拜见太子，说：“先王安葬的日期确定了吧？”太子说：“是。”惠施说：“从前王季历被安葬在楚山脚下，地下渗出的水冲坏了墓穴，露出了棺材的前端。周文王说：‘唉！先王一定是想见一见群臣和百姓吧，所以让地下的水把棺木冲了出来。’于是取出棺木盖上幕布放在朝堂之上，百姓们都来朝见他，三天后再重装安葬，这是文王的道义。现在先王安葬的日期已经确定了，但雪深数尺，难以行走，太子还是要按时下葬，会不会显得太急迫了呢？希望太子改换日期。先王一定是想稍微逗留几日，好安抚社稷和他的百

欲少留而扶社稷、安黔首[4]也，故使雪甚。因弛期而更为日，此文王之义也！若此而弗为，意者羞法文王乎？”太子曰：“甚善。敬弛期，更择日。”惠子非徒行其说也，又令魏太子未葬其先王，而因又说文王之义。说文王之义以示天下，岂小功也哉？

姓，所以才让雪下这么大。因此缓期而择日下葬，这是文王的道义啊！要是不这么做，我猜想您是羞于效法文王吧？”太子说：“很好。请缓期，重新选择安葬日期。”惠施不仅让太子遵奉了他的话，又让魏太子没有强行安葬先王，并乘机阐述了文王的道义。阐述文王的道义来昭示天下，这难道是小功劳吗？

注释

1 **王季历**：周文王之父。
2 **楚山**：即商山，在今陕西丹凤一带。
3 **栾水**：地下渗出的水。
4 **黔首**：民众。

齐、魏战于马陵

导读

齐、魏马陵之战，魏国损失惨重，魏王想发动全部军队，与齐决一死战，对此惠施坚决反对。惠施提出王、霸之国要有气度与策略，悉兵攻齐不可取；魏国欲报齐仇，可称臣于齐，让齐、楚相斗。魏王采纳了惠施的意见。而齐国张丑坚决反对接纳魏国，以为如此必引来楚国的灾祸，但田婴不听。最终楚、赵联合大败齐军。

原文

齐、魏战于马陵[1]，齐大胜魏，杀太子申[2]，覆十万之军。魏王[3]召惠施而告之曰："夫齐，寡人之仇也，怨之至死不忘。国虽小，吾常欲悉起兵而攻之，何如？"对曰："不可。臣闻之，王者得度，而霸者知计。今王所以告臣者，疏于度而远于计。王固先属怨于赵，而后与齐战。今战不胜，国无守战之备，王又欲悉起而攻齐，此非臣之所谓也。王若欲报齐乎，则不如因变服折节而朝齐，楚王[4]必怒矣。王游人而合其斗，则楚必伐齐，以休楚而伐罢齐，则必为楚禽矣。是王以楚毁齐也。"魏王曰："善。"乃使人报于齐，愿臣畜而朝。田婴[5]许诺。

译文

齐国和魏国在马陵交战，齐国大胜魏国，杀死了魏国太子申，歼灭了十万魏军。魏惠王召见惠施告诉他说："齐国是我的仇敌，我的怨恨到死也不会忘记。魏国虽小，我常想发动全部军队攻打齐国，你看怎么样呢？"惠施回答说："不可以。我听说，王者要有气度，霸者要知道谋略。现在大王告诉我的，既没有气度也缺乏谋略。大王本来就先和赵国结怨，后来又跟齐国作战。如今战争失败，国家没有做好守战的准备，大王又要发动全部军队攻打齐国，这不是我所说的气度与谋略。大王要是想报齐国之仇，那不如卑躬屈膝去朝拜齐国，楚王必然大怒。大王派人游说让他们相互争斗，那么楚国必定攻打齐国，让休息充分的楚军去攻打疲惫的齐军，齐军必定会被楚军擒拿。这样大王就用楚国毁掉了齐国。"魏王说："好。"于是派人向齐国通报，愿意称臣朝拜齐国。田婴答应了。

注释

1 **马陵：**地名。在今河北大名东南。

2 **太子申：**魏惠王太子。

3 **魏王：**魏惠王。

4 **楚王**:楚威王。

5 **田婴**:齐威王少子,孟尝君之父,封于薛,称"薛公",号"靖郭君"。

原文

张丑[1]曰:"不可。战不胜魏,而得朝礼,与魏和而下楚,此可以大胜也。今战胜魏,覆十万之军,而禽太子申,臣万乘之魏,而卑秦、楚,此其暴戾定矣。且楚王之为人也,好用兵而甚务名,终为齐患者,必楚也。"田婴不听,遂内魏王,而与之并朝齐侯[2]再三。赵氏丑之。楚王怒,自将而伐齐,赵应之,大败齐于徐州[3]。

译文

张丑说:"不可以。如果打仗不能战胜魏国,而能相互朝见,与魏国讲和共同攻打楚国,这能够取得大胜利。现在战胜了魏国,消灭了十万魏军,还擒杀了魏太子申,让拥有万乘战车的魏国臣服,而轻视秦国和楚国,齐国的暴戾止于此。况且楚王的为人,喜好用兵又特别爱追求虚名,最终成为齐国祸患的,必定是楚国。"田婴不听,于是接纳魏王,并和他一起多次朝见齐侯。赵国觉得羞愧。楚王非常生气,亲自率领军队攻打齐国,赵国跟着响应,在徐州大败齐军。

注释

1 **张丑**:齐国大臣。

2 **齐侯**:齐威王。

3 **徐州**:地名。今山东滕州东南。

田需贵于魏王

导读

惠施劝诫田需要善待大王身边的人。他以种杨树为喻，杨树容易成活，但如果让十人种一人拔，那杨树就难以存活，因为树之难而去之易。惠施借此提醒田需，他虽受魏王信任，但想要除去他的人多，就会危险了。

原文

田需[1]贵于魏王，惠子[2]曰："子必善左右。今夫杨，横树之则生，倒树之则生，折而树之又生。然使十人树杨，一人拔之，则无生杨矣。故以十人之众，树易生之物，然而不胜一人者，何也？树之难而去之易也！今子虽自树于王，而欲去子者众，则子必危矣。"

译文

田需受魏王信任，惠施对他说："你一定要善待大王身边的人。就像杨树，横着种下也能生长，倒着种下也能生长，折断了种下还是能生长。然而假如让十个人种植杨树，让一个人去拔，那么杨树就没法存活了。所以以十人之多去种很容易成活的东西，但是不能胜过一人去拔掉它，为什么呢？种植它困难但是拔掉它容易啊！现在你虽然在大王面前有了些根基，但是想要除去你的人太多，那你必定就很危险了。"

注释

1 **田需：**齐人，时为魏相。

2 **惠子:**惠施。

庞葱与太子质于邯郸

导读

庞葱陪太子到赵国做人质,他预料到自己走后会受到诽谤,于是先下手为强,给魏王打预防针。他用“三人言而成虎”作比喻,来说明众口铄金的道理。然而,明枪易躲,暗箭难防,庞葱的担心不幸变成了现实。

原文

庞葱[1]与太子质于邯郸,谓魏王曰:“今一人言市有虎,王信之乎?”王曰:“否。”“二人言市有虎,王信之乎?”王曰:“寡人疑之矣。”“三人言市有虎,王信之乎?”王曰:“寡人信之矣。”庞葱曰:“夫市之无虎明矣,然而三人言而成虎。今邯郸去大梁也远于市,而议臣者过于三人矣。愿王察之矣。”王曰:“寡人自为知。”于是辞行。而谗言

译文

庞葱和魏太子去赵国邯郸做人质,庞葱对魏王说:“现在有一个人说集市上有老虎,大王您相信吗?”魏王说:“不信。”庞葱接着说:“有两个人说集市上有老虎,大王您相信吗?”魏王说:“我会半信半疑。”庞葱又说:“有三个人说集市上有老虎,大王您相信吗?”魏王说:“我相信了。”庞葱说:“集市上没有老虎是很明显的,然而三个人说就变成真的有老虎了。现在邯郸距离大梁比王宫距离集市远多了,而非议我的人远远超过三个。希望大王明察啊。”魏王说:“我自己会辨别。”于是庞葱告辞离去。刚

先至，后太子罢质，果不得见。

一走，谗言就到了魏王那里。后来太子回国，庞葱果然没有得到魏王接见。

注释

1 **庞葱：**魏国大臣。

梁王魏婴觞诸侯于范台

导读

魏惠王宴请诸侯，酒酣时，鲁共公“避席择言”，行祝酒词。他引用历史上的典故，告诫魏王要警惕酒、味、色、乐能导致亡国之祸。共公的话有如一股清泉，沁人心脾，一位君王说出这样的话，在当时实属难能可贵。

原文

梁王魏婴[1]觞[2]诸侯于范台[3]。酒酣，请鲁君[4]举觞。鲁君兴，避席择言曰：“昔者帝女仪狄[5]作酒而美，进之禹，禹饮而甘之，遂疏仪狄，绝旨酒，曰：‘后世必有以酒亡其国者。’齐桓公夜半不嗛[6]，易牙[7]乃煎敖燔炙[8]，和调

译文

魏惠王在范台宴请诸侯。酒喝得高兴时，魏王向鲁共公举杯敬酒。鲁共公很高兴，离席恭敬地说：“从前尧（舜）的女儿仪狄酿造美酒，进献给禹，禹喝完觉得非常甘美，于是疏远仪狄，不再饮酒，说：‘后世必定有因为美酒而亡国的人。’齐桓公半夜饥饿，易牙于是煎熬、烧烤，调和五味进献给桓公，桓公吃饱后，睡到第二天早晨还没起来，说：‘后世必定有因为美味而

五味而进之，桓公食之而饱，至旦不觉，曰：'后世必有以味亡其国者。'晋文公得南之威[9]，三日不听朝，遂推南之威而远之，曰：'后世必有以色亡其国者。'楚王登强台[10]而望崩山[11]，左江而右湖，以临彷徨[12]，其乐忘死，遂盟强台而弗登，曰：'后世必有以高台陂池亡其国者。'今主君之尊，仪狄之酒也；主君之味，易牙之调也；左白台[13]而右闾须[14]，南威之美也；前夹林[15]而后兰台[16]，强台之乐也。有一于此，足以亡其国，今主君兼此四者，可无戒与？"梁王称善相属。

亡国的人。'晋文公得到美人南威，三天不上朝听政，于是疏远南威，说：'后世必定有因为美色而亡国的人。'楚王登上强台远望巫山，看着左边的长江、右边的洞庭湖，俯视下面的彷徨河水，快乐得忘记生死，于是发誓不再登强台，说：'后世必定有因为高台池塘而亡国的人。'现在大王酒杯里装的是仪狄的美酒，享用的是易牙烹饪的美味，左右的白台和闾须是像南威一样的美人，前面的夹林和后面的兰台是强台一样的美景。以上有其中一种就足以亡国，现在大王兼有四种，能不警惕吗？"魏惠王听了连连称赞，并告诫大家引以为戒。

注释

1 **魏婴**：又作"魏罃"，魏惠王。

2 **觞**(shāng)：古代盛酒器。此处作动词，宴请。

3 **范台**：魏地。一说繁台。在今河南开封。

4 **鲁君**：鲁共公，鲁恭侯。

5 **帝女仪狄**：尧或舜之女仪狄，其人无考。

6 **嗛**(qiè)：通"慊"，满足。

7 **易牙**：名巫，春秋时期齐桓公宠臣，善烹饪。又作"狄牙"。

8 **敖**：通"熬"。**燔炙**：烤肉。

9 **南之威**：南威，美女名。

10 **强台**：台名。又称"荆台""章华台"。

11 **崩山：**巫山。
12 **彷徨：**水名。
13 **白台：**战国时美女名。
14 **闾须：**闾姝，战国时美女名。
15 **夹林：**游玩之地。
16 **兰台：**一作"蓝台"。

秦败魏于华

导读

华阳一战，魏国惨败给秦国，魏王迫不得已将要去朝见秦王。大臣周䜣用"宋学子名其母"的寓言故事和"入渊殉鼠首"的比喻，力劝魏王打消去朝见秦王的念头。魏王犹豫不决。大臣支期知道魏相长信侯亲善秦相应侯，于是先恐吓长信侯，再让魏王装病，迫使长信侯出面做应侯的工作，取消魏王赴秦行程。

原文

秦败魏于华，魏王[1]且入朝于秦。周䜣[2]谓王曰："宋人有学者，三年反[3]而名其母。其母曰：'子学三年，反而名我者，何也？'其子曰：'吾所贤者，无过

译文

秦军在华阳打败魏军，魏王将要去秦国朝拜。周䜣对魏王说："宋国有个在外求学的人，三年后回到家里直呼他母亲的名字。他的母亲说：'你学了三年，回来就直呼我的名字，为什么？'她的儿子说：'我认为天下最贤能的人莫过于尧

尧、舜，尧、舜名。吾所大者，无大天地，天地名。今母贤不过尧、舜，母大不过天地，是以名母也。’其母曰：‘子之于学者，将尽行之乎？愿子之有以易名母也。子之于学也，将有所不行乎？愿子之且以名母为后也。’今王之事秦，尚有可以易入朝者乎？愿王之有以易之，而以入朝为后。”魏王曰：“子患寡人入而不出邪？许绾[4]为我祝曰：‘入而不出，请殉寡人以头。’”周䜣对曰：“如臣之贱也，今人有谓臣曰‘入不测之渊而必出，不出，请以一鼠首为女殉者’，臣必不为也。今秦不可知之国也，犹不测之渊也；而许绾之首，犹鼠首也。内王于不可知之秦，而殉王以鼠首，臣窃为王不取也。且无梁孰与无河内[5]急？”王曰：“梁急。”“无梁孰与无身急？”王曰：“身急。”曰：“以三者，身，上也；河内，

和舜了，称尧、舜就直呼其名。我认为天下最大的莫过于天地，称天地就直呼其名。现在母亲的贤能超不过尧、舜，母亲的伟大超不过天地，所以直呼母亲的名字。’他的母亲说：‘你对于所学的东西，将要全部实行吗？希望你换个名称称呼母亲。你对于所学的东西，将有不能实行的吗？希望你暂且把直呼母亲名字放到后面去。’现在大王要去服事秦国，还有可以代替入秦朝拜的办法吗？希望大王换个办法，把入秦朝拜的事放在后面。”魏王说：“您担心我进入秦国再也出不来了吗？许绾向我发誓说：‘进入秦国后出不来，请用我的头颅为您陪葬。’”周䜣回答说：“像我这样卑贱的人，现在要是有人对我说‘跳进不可测量的深渊必定可以出来，若是出不来，请让我用一只老鼠头为您陪葬’，我肯定不会去做。现在秦国是无法预知的国家，就好比不可测量的深渊；而许绾的人头，就像一只老鼠头。把大王送入无法预知的秦国，而陪葬一只老鼠头，我私下认为大王不可以这样做。况且没有大梁和没有河内哪个更紧急？”魏王说：“大梁更紧急。”周䜣又问：“没有大梁和没有性命，哪个更紧急？”魏王说：“性命更紧急。”周䜣说：“以上三个，性命是最重要的，河内是最

其下也。秦未索其下，而王效其上，可乎？”

不重要的。秦国还没求取最不重要的，大王反而献上最重要的，这样合适吗？”

注释

1 **魏王：**魏安釐王。

2 **周䜣(xīn)：**魏臣。

3 **反：**同“返”。

4 **许绾(wǎn)：**秦臣。

5 **河内：**今河南黄河以北地区。

原文

王尚未听也。支期[1]曰：“王视楚王[2]。楚王入秦，王以三乘先之；楚王不入，楚、魏为一，尚足以捍秦。”王乃止。王谓支期曰：“吾始已诺于应侯矣，今不行者欺之矣。”支期曰：“王勿忧也。臣使长信侯[3]请无内王，王待臣也。”支期说于长信侯曰：“王命召相国。”长信侯曰：“王何以臣为？”支期曰：“臣不知也，王急召君。”长信侯曰：“吾内王于秦者，宁以为秦邪？吾以为魏也。”支期曰：“君无为魏计，君其自为计。

译文

魏王还在犹豫不决。支期说：“大王可观察楚王的动静。如果楚王入秦，大王您就派三辆车先入秦国；楚王要是不去秦国，楚国和魏国联合起来，还足以抵抗秦国。”魏王于是没有动身。魏王对支期说：“我之前已经答应应侯范雎了，现在不去就是欺骗他。”支期说：“大王不用担忧。我让长信侯请求范雎不让大王入秦，大王等我消息。”支期游说长信侯说：“大王命令召见相国。”长信侯说：“大王召见我做什么？”支期说：“我不知道，大王紧急召见您。”长信侯说：“我让大王去秦国，难道是为了秦国吗？我是为了魏国啊。”支期说：“您不要为魏国打算，您还是为自己打算吧。您是想死呢，还是想活？是想穷困呢，还是想富贵？您还是先为自己打算，再为魏国打算吧。”长信侯说：“楼公快来

且安死乎？安生乎？安穷乎？安贵乎？君其先自为计，后为魏计。”长信侯曰：“楼公[4]将入矣，臣今从。”支期曰：“王急召君，君不行，血溅君襟矣！”长信侯行，支期随其后。且见王，支期先入谓王曰：“伪病者乎而见之，臣已恐之矣。”长信侯入见王，王曰：“病甚奈何？吾始已诺于应侯矣，意虽道死，行乎？”长信侯曰：“王毋行矣！臣能得之于应侯，愿王无忧。”

了，我跟他商量一下。”支期说：“大王紧急召见您，您要是不去，就是死罪！”长信侯出发，支期紧随他身后。将要面见魏王，支期先入宫对魏王说：“大王您假装生病召见他，我已经恐吓过他了。”长信侯入宫拜见魏王，魏王说：“我病得很厉害，怎么办？我之前已经答应应侯去秦国了，看来就是死在路上，也要动身吧？”长信侯说：“大王不要动身了！我能让应侯答应您不去秦国，希望大王不要担心。”

注释

1 **支期：**人名，魏臣。

2 **楚王：**楚考烈王。一说楚顷襄王。

3 **长信侯：**魏相，与秦相应侯范雎关系亲密。

4 **楼公：**其人不详。

魏王问张旄

导读

魏王想联合秦国攻打韩国，问计于张旄。张旄不作正面回答，而是采用问答的形式，一步步引导魏王分析韩国对秦、魏的态度及应对策略，使魏王自己作出决定。张旄的言谈方式既独特又有技艺，很有说服力。

原文

魏王[1]问张旄[2]曰："吾欲与秦攻韩，何如？"张旄对曰："韩且坐而胥[3]亡乎？且割而从天下乎？"王曰："韩且割而从天下。"张旄曰："韩怨魏乎？怨秦乎？"王曰："怨魏。"张旄曰："韩强秦乎？强魏乎？"王曰："强秦。"张旄曰："韩且割而从其所强，与所不怨乎？且割而从其所不强，与其所怨乎？"王曰："韩将割而从其所强，与其所不怨。"张旄曰："攻韩之事，王自知矣。"

译文

魏王问张旄说："我想和秦国攻打韩国，怎么样？"张旄回答说："韩国将会坐在那里等待亡国呢，还是割让土地与诸侯们联合？"魏王说："韩国将会割让土地和诸侯们联合。"张旄说："韩国是怨恨魏国呢，还是怨恨秦国？"魏王说："怨恨魏国。"张旄说："韩国认为是秦国强大呢，还是魏国强大？"魏王说："认为秦国强大。"张旄说："韩国将会割地给强大而不怨恨的国家呢，还是给不强大而又怨恨的国家呢？"魏王说："韩国将会割地给强大而又不怨恨的国家。"张旄说："攻打韩国的事情，大王自己就能判断了。"

注释

1 **魏王：**魏安釐王。

2 **张旄：**魏臣。

3 **胥：**等待。

魏王欲攻邯郸

导读

魏王想要攻打邯郸，大臣季梁听说后马不停蹄地来劝谏魏王。他给魏王讲了一个“南辕北辙”的寓言故事，告诉魏王攻打邯郸就像去楚国却往北走一样，只会离目标越来越远。“南辕北辙”的故事流传千古，提醒我们做事切记要把握好方向，否则永远达不到目标。

原文

魏王[1]欲攻邯郸，季梁[2]闻之，中道而反[3]，衣焦不申[4]，头尘不浴，往见王曰：“今者臣来，见人于大行，方北面而持其驾，告臣曰：‘我欲之楚。’臣曰：‘君之楚，将奚为北面？’曰：‘吾马良。’臣曰：‘马虽良，此非楚之路也。’曰：‘吾用多。’臣曰：‘用虽多，此非楚之路也。’曰：‘吾御者善。’此数者愈善，而离楚愈远耳。今王动欲成霸王，举欲信[5]于天下，恃王国之大，兵之精锐，而

译文

魏王想攻打赵国邯郸，季梁听说了这件事，中途返回，衣服卷缩不平，满头尘土也没洗，前去拜见魏王说：“今天我回来时，在大路上看见一个人，驾着马车往北走，告诉我说：‘我想去楚国。’我说：‘您去楚国，为什么往北走？’他说：‘我的马非常好。’我说：‘马虽然好，但这不是去楚国的路。’他说：‘我的资用很多。’我说：‘即便资用多，但这不是去楚国的路。’他说：‘我驾车的人技术好。’这几样东西越好，然而距离楚国就越远了。现在大王一举一动都想成为霸

欲攻邯郸，以广地尊名，王之动愈数，而离王愈远耳，犹至楚而北行也。”

王，想让魏国在天下得到伸张，依仗大王的国土之大，武器之精锐，去攻打赵都邯郸，来扩大国土、提高名声，大王采取的行动越多，距离称王就越远，就像想到楚国却往北走一样啊。”

注释

1 **魏王：魏惠王。**
2 **季梁：魏臣。**
3 **反：**同“返”。
4 **焦：**卷。**申：**通“伸”，平展。
5 **信：**通“伸”。

信陵君杀晋鄙

导读

信陵君窃得虎符，领兵大败秦军，救了赵国，赵王亲自到郊外迎接。唐雎告诫信陵君，别人对自己的恩德不能忘记，但自己对别人的恩德要学会忘记。救赵固然是大功，但不能居功自傲，否则会种下祸根。唐雎的话充满人生智慧，具有很强的哲理性。

原文

信陵君杀晋鄙[1]，救邯郸，破秦人，存赵国，赵王[2]自郊迎。唐雎谓

译文

信陵君魏无忌杀掉魏将晋鄙，解救了邯郸，击破了秦军，保存了赵国，赵王亲自到郊外迎接他。唐雎对信陵君说：“我听人

信陵君曰："臣闻之曰，事有不可知者，有不可不知者；有不可忘者，有不可不忘者。"信陵君曰："何谓也？"对曰："人之憎我也，不可不知也；吾憎人也，不可得而知也。人之有德于我也，不可忘也；吾有德于人也，不可不忘也。今君杀晋鄙，救邯郸，破秦人，存赵国，此大德也。今赵王自郊迎，卒然见赵王，臣愿君之忘之也。"信陵君曰："无忌谨受教。"

说，事情有不能知道的，有不能不知道的；有不能忘记的，有不能不忘记的。"信陵君说："什么意思？"唐雎说："别人憎恨我，不能不知道；我憎恨别人，是不可能知道的。别人对我有恩德，是不能忘记的；我对别人有恩德，是不能不忘记的。现在您杀了晋鄙，解救了邯郸，击破了秦军，保存了赵国，这是大恩德。如今赵王亲自到郊外迎接，突然见到赵王，我希望您忘掉您的恩德。"信陵君说："我恭敬地接受您的教导。"

注释

1 **信陵君杀晋鄙：**公元前 257 年，秦围邯郸，赵求救于魏。魏使晋鄙将兵救赵，却畏秦兵而屯兵观望。信陵君窃虎符杀晋鄙，调动军队救赵。晋鄙，魏安釐王时将军。

2 **赵王：**赵孝成王。

魏攻管而不下

导读

魏国攻秦国的管城受阻，听说安陵人缩高的儿子在守卫管城，于是信陵君逼迫安陵君让缩高去攻打管城，缩高以父攻子不义为理由拒绝。信陵君大怒，以大兵压境威胁安陵君务必将缩高送来，安陵君则拿出大府的法令作挡箭牌来回绝。缩高担心自己给安陵国带来祸患，于是自杀身亡。信陵君听说后，穿白色丧服向安陵君谢罪。本文是对父与子、君与臣道义的一次考量，后世争议颇多。

原文

魏攻管[1]而不下。安陵[2]人缩高，其子为管守。信陵君使人谓安陵君曰："君其遣缩高，吾将仕之以五大夫[3]，使为持节尉[4]。"安陵君曰："安陵，小国也，不能必使其民。使者自往，请使道使者至缩高之所，复信陵君之命。"缩高曰："君之幸高也，将使高攻管也。夫以父攻子守，人之大笑也。见臣而下，是倍[5]主也。父教子倍，亦非君之所喜也。敢再拜辞。"

译文

魏国攻打秦国管城，没有攻下。安陵人缩高的儿子担任管城的守卫。信陵君便派人对安陵君说："请您派缩高去，我将任命他为五大夫，让他做持节尉。"安陵君说："安陵是个小国，不可以完全地命令百姓。请使者亲自前去，我让小吏给使者带路去缩高的住所，传达信陵君的命令。"缩高说："您来我这里，想要让我攻打管城。父亲如果去攻打儿子的守城，会被人们非常耻笑的。要是见到我就投降，那就背叛了自己的君主。父亲叫儿子背叛君主，这恐怕也不是您所喜欢的吧。实在抱歉，我只好推辞。"

注释

1 **管：**地名。今河南郑州北。

2 **安陵：**战国时魏国附属国。今河南鄢陵西北。

3 **五大夫：**大夫中最高的爵位。

4 **持节尉：**掌握生杀大权的军官。

5 **倍：**通"背"。

原文

使者以报信陵君，信陵君大怒，遣大使之安陵，曰："安陵之地，亦犹魏也。今吾攻管而不下，则秦兵及我，社稷必危矣。愿君之生束缩高而致之。若君弗致也，无忌将发十万之师，以造安陵之城。"安陵君曰："吾先君成侯[1]受诏襄王[2]以守此地也，手受大府之宪[3]。宪之上篇曰：'子弑父，臣弑君，有常不赦。国虽大赦，降城亡子不得与焉。'今缩高谨辞大位，以全父子之义，而君曰'必生致之'，是使我负襄王之诏，而废大府之宪也，虽死终不敢行。"

译文

使者将情况报告给信陵君，信陵君非常生气，派出特使去安陵，说："安陵这块土地，还是属于魏国的领土。现在我攻打管城没有攻下，那么秦军将会攻打我国，国家必定陷于危难。希望您将缩高活着绑到我这里。如果您不送来，我将派十万大军，兵临安陵城下。"安陵君说："我的先君成侯受魏襄王的诏令来守卫此地，亲手接受大府的法令。法令的上篇说：'儿子杀父亲，臣子杀君主，按照常律不予赦免。即便国家举行大赦，举城投降和逃跑的人也不能赦免。'现在缩高慎重地推辞了高官之位，以保全父子的道义，然而您却说'一定要活着送来'，这是让我背弃魏襄王的诏令，废弃大府的法令，即便我死了也不敢这样做。"

注释

1 **成侯：**安陵国最初受封的君主。

2 **襄王：**魏襄王。

3 **大府：**藏文书的府库。**宪：**法。

原文

缩高闻之曰："信陵君为人，悍而自用也。此辞反，

译文

缩高听到这件事说："信陵君为人刚愎自用。这话要传过去，必定会成为

必为国祸。吾已全己，无违人臣之义矣，岂可使吾君有魏患也？”乃之使者之舍，刎颈而死。信陵君闻缩高死，服缟素辟舍，使使者谢安陵君曰：“无忌，小人也，困于思虑，失言于君，敢再拜释罪。”

安陵国的灾难。我已经保全了自己，没有违背君臣的道义，怎么能让我的君主受到魏国的灾祸呢？”于是去了使臣的住所，自刎而死。信陵君听到缩高的死讯，穿着素服离开住所，派使者向安陵君谢罪说：“我是个小人，思虑不周，对您说错了话，我恭敬地请您恕罪。”

魏王与龙阳君共船而钓

导读

龙阳君是魏王的宠臣，他害怕失宠，于是借与魏王同船钓鱼的机会，用得大鱼而弃前鱼作喻，哭泣自己因担心魏王宠幸美人而被弃的命运。魏王于是下令全国，禁止推荐美女。文章的作者议论说，受宠的人总有固宠之术与蒙蔽君王的手段，他们只看到祸而看不到福，只看到怨而看不到德。争宠如此，治国又何尝不是如此？遗憾的是，中国几千年的历史，代代不乏弄权作乱、祸国殃民的宠臣，谁应该为历史负责呢？

原文

魏王[1]与龙阳君[2]共船而钓，龙阳君得十余鱼而涕下。王曰：“有所不安乎？如是，何不相告也？”对曰：“臣

译文

魏王和龙阳君共坐一条船上钓鱼，龙阳君钓得十几条鱼后哭了。魏王说：“有什么心事吗？如果有，为什么不告诉我呢？”龙阳君回答说：“我

无敢不安也。”王曰：“然则，何为涕出？”曰：“臣为臣之所得鱼也。”王曰：“何谓也？”对曰：“臣之始得鱼也，臣甚喜，后得又益大，今臣直欲弃臣前之所得矣。今以臣凶恶[3]，而得为王拂枕席。今臣爵至人君，走人于庭，辟人于途。四海之内，美人亦甚多矣，闻臣之得幸于王也，必褰裳而趋王。臣亦犹曩臣之前所得鱼也，臣亦将弃矣，臣安能无涕出乎？”魏王曰：“欸！有是心也，何不相告也？”于是布令于四境之内，曰：“有敢言美人者族。”

由是观之，近习[4]之人，其挚谄[5]也固矣，其自幂系也完矣。今由千里之外，欲进美人，所效者庸必得幸乎？假之得幸，庸必为我用乎？而近习之人相与怨我，见有祸，未见有福；见有怨，未见有德，非用知之术也。

不敢有什么心事。”魏王说：“既然这样，那为什么哭呢？”龙阳君说：“我为我钓到的鱼而哭。”魏王说：“什么意思？”龙阳君说：“我起初钓到鱼的时候，非常高兴，后来又钓到了更大的鱼，现在我只是想把以前钓到的鱼扔了。如今凭着我丑陋的外貌幸得服侍大王。现在我被封爵为龙阳君，在朝廷上别人趋附于我，在路上别人也回避我。而天下的美人又如此之多，听闻我得到大王的宠幸，必定提起衣裙跑到大王跟前。我就好像之前我钓到的鱼一样，也将被扔掉，我怎么能不哭泣呢？”魏王说：“唉！你有这样的想法，怎么不告诉我呢？”于是布告全国说：“有敢推荐美人的，处以灭族之罪。”

由此看来，能够得到君王宠幸的人，他们对固宠谄媚的手段很在行，他们蒙蔽君王的方法很完备。现在从千里之外想要进献美人，进献的美人必定能得君王的宠幸吗？假如得到君王宠幸，就一定能为我所用吗？而君王宠幸的人都来怨恨我，他们只看到有祸，没看到有福；只看到怨恨，没看到恩德，都不是运用智谋的办法啊。

注释

1 **魏王**:魏安釐王。

2 **龙阳君**:魏王的男宠,以貌美著称。

3 **凶恶**:谦言貌丑。

4 **近习**:君主宠爱亲信的人。

5 **挚谄**:指固宠谄媚之术。

秦王使人谓安陵君

导读

秦王想通过易地的方式吞并安陵,安陵君不答应,派唐雎出使秦国。面对唐雎,秦王居高临下、盛气凌人,唐雎则不卑不亢、毫不示弱。秦王恼羞成怒、威逼恫吓,唐雎则针锋相对、大义凛然。秦王试图以天子之怒震慑唐雎,唐雎则不仅借历史上著名的勇士之怒压其气势,更要拔剑与秦王同归于尽,迫使秦王屈服。唐雎凭一人之力力挽狂澜,可谓独当一面、智勇双全的大丈夫。

原文

秦王[1]使人谓安陵君曰:"寡人欲以五百里之地易安陵,安陵君其许寡人?"安陵君曰:"大王加惠,以大易小,甚善。虽然,

译文

秦王派人对安陵君说:"我想用五百里土地交换安陵,安陵君愿意答应我吗?"安陵君说:"承蒙大王赐予恩惠,用大换小,非常好。尽管这样,我从先王那里继承的土地,愿意守卫它到底,不敢用

受地于先王，愿终守之，弗敢易。”秦王不说。安陵君因使唐雎使于秦。秦王谓唐雎曰：“寡人以五百里之地易安陵，安陵君不听寡人，何也？且秦灭韩亡魏，而君以五十里之地存者，以君为长者，故不错[2]意也。今吾以十倍之地，请广于君，而君逆寡人者，轻寡人与？”唐雎对曰：“否，非若是也。安陵君受地于先王而守之，虽千里不敢易也，岂直五百里哉！”

来交换。”秦王不高兴。安陵君于是派唐雎出使秦国。秦王对唐雎说：“我用五百里的土地来交换安陵，安陵君竟不听我的，为什么？况且秦国已经灭掉了韩国、魏国，而安陵君仅凭五十里的土地保存下来，是因为念他是个有德行的老人，所以没有在意。现在我用十倍的土地来扩展他的地盘，然而他竟然违抗我，是轻视我吗？”唐雎回答说：“不，并不是这样。安陵君从先王那里继承土地守护着它，即便用千里土地也不敢交换，更何况是五百里呢！”

注释

1 **秦王：**秦王嬴政，于公元前 221 年统一六国，改称“始皇帝”。

2 **错：**通“措”。

原文

秦王怫然[1]怒，谓唐雎曰：“公亦尝闻天子之怒乎？”唐雎对曰：“臣未尝闻也。”秦王曰：“天子之怒，伏尸百万，流血千里。”唐雎曰：“大王尝闻布衣之怒乎？”秦王曰：“布衣之怒，亦免冠徒跣[2]，以头抢地尔。”唐雎曰：“此庸夫之

译文

秦王勃然大怒，对唐雎说：“您也曾听说过天子发怒吗？”唐雎回答说：“我没有听说过。”秦王说：“天子发起怒来，就会倒下百万尸体，血流千里。”唐雎说：“大王曾听说过平民发怒吗？”秦王说：“平民发起怒来，也不过就是脱了帽子光着脚，用头撞地而已。”唐雎说：“这是庸夫发怒，不是勇士发怒。

怒也，非士之怒也。夫专诸之刺王僚[3]也，彗星袭月；聂政之刺韩傀[4]也，白虹贯日；要离之刺庆忌[5]也，苍鹰击于殿上。此三子者，皆布衣之士也，怀怒未发，休祲[6]降于天，与臣而将四矣。若士必怒，伏尸二人，流血五步，天下缟素，今日是也。”挺剑而起。秦王色挠，长跪而谢之曰：“先生坐，何至于此！寡人谕[7]矣。夫韩、魏灭亡，而安陵以五十里之地存者，徒以有先生也。”

从前专诸刺杀吴王僚，彗星的尾巴扫过月亮；聂政刺杀韩傀，白色的长虹穿过太阳；要离刺杀庆忌，苍鹰在殿上搏击。这三个人，都是布衣中的勇士，心中的怒气还没有发泄出来，凶兆就从天而降，算上我将会有四个这样的勇士了。如果勇士定要发怒，就会有两具尸体倒下，血流五步，天下人都将穿上白色孝服，今天就是这样的时候。”说完拔剑站起来。秦王面露胆怯之色，挺直身子道歉说：“先生请坐，哪里会到这种地步！我明白了。韩国和魏国都灭亡了，而安陵仅凭五十里之地得以保存下来，只是因为有先生这样的人啊。”

注释

1 **佛(fú)然**：愤怒的样子。

2 **徒跣(xiǎn)**：光着脚。

3 **专诸之刺王僚**：春秋时，吴公子光(即后来的吴王阖闾)欲杀吴王僚以自立，于是派专诸置匕首于鱼腹中，乘进献时刺杀吴王僚。专诸，春秋时吴国勇士。僚，吴王僚。

4 **聂政之刺韩傀(kuǐ)**：韩烈侯时大臣严遂与相国韩傀争权结怨，于是派聂政刺杀韩傀。聂政，战国时韩国人，因杀人避仇，以屠狗为业。韩傀，字侠累，韩景侯的弟弟，韩烈侯的叔父，曾任韩烈侯相国。

5 **要离之刺庆忌**：庆忌是吴王僚之子，僚死后，逃至卫国，吴王阖闾派要离将其刺杀。要离，春秋时吴国人，以屠为业，有勇有谋。

6 **休祲(jìn)**：凶兆。

7 **谕**：明白。

战国策

韩策

申子请仕其从兄官

导读

申不害是法家代表人物，本主张依法治国，尚贤任能，论功行赏，但他却为堂兄向韩昭侯求官，被昭侯拒绝了。昭侯批评他的言和行自相矛盾，使其无所适从。申不害为自己的行为感到后悔，马上向昭侯承认了错误。

原文

申子[1]请仕其从兄官，昭侯[2]不许也，申子有怨色。昭侯曰："非所学于子者也？听子之谒而废子之道乎？又亡其行子之术而废子之谒乎？子尝教寡人，循功劳，视次第。今有所求，此我将奚听乎？"申子乃辟舍请罪曰："君真其人也。"

译文

韩相申不害为他的堂兄向韩昭侯请官，昭侯不答应，申不害脸上表现出不满的神情。昭侯说："我这不是从您那儿学到的吗？我是听从您的请求而废除您的主张呢，还是实行您的主张而不听您的请求呢？您常常教导我，根据功劳的大小和能力的强弱来任官。现在您有所求，我将听从哪一个呢？"申不害于是离席请罪说："您真是我要找的好国君啊。"

注释

1 **申子**：申不害，郑国人，韩昭侯时任相国。主张法治，法家代表人物之一。

2 **昭侯**：韩昭侯，名武，战国时韩国第六位君主。

楚围雍氏五月

导读

楚军围困韩国雍氏五个月了，韩国求救于盟友秦国，但秦兵迟迟不出。韩王派尚靳使秦，尚靳告之以唇亡齿寒的道理，但宣太后趁机勒索韩国。于是韩王又派张翠去秦国，张翠略施小计，不仅故意行动迟缓，而且告之甘茂韩国危急时将会投靠楚国的计划，迫使秦国出兵救援。张翠轻易地化解了韩国的危机，不愧是一个有计谋的策士。

原文

楚围雍氏[1]五月。韩令使者求救于秦，冠盖相望也，秦师不下殽[2]。韩又令尚靳[3]使秦，谓秦王[4]曰："韩之于秦也，居为隐蔽，出为雁行。今韩已病矣，秦师不下殽。臣闻之，唇揭者其齿寒，愿大王之熟计之。"宣太后曰："使者来者众矣，独尚子之言是。"召尚子入。宣太后谓尚子曰："妾事先王也，先王以其髀加妾之身，妾困不支也；尽置其身妾

译文

楚军围攻韩邑雍氏已有五个月。韩国派使者到秦国求救，来往的车辆络绎不绝，秦国的军队不下崤塞。韩国又派尚靳出使秦国，对秦王说："韩国对秦国来说，平时是屏障，战时是先锋军。现在韩国有难，秦军不下崤塞。我听说，唇亡则齿寒，希望大王仔细考虑这件事。"宣太后说："韩国的使者来了很多，唯独尚靳说的话有道理。"于是召尚靳入见。宣太后对尚靳说："我以前服侍先王，先王把他的大腿压到我身上，我身体

之上，而妾弗重也，何也？以其少有利焉。今佐韩，兵不众，粮不多，则不足以救韩。夫救韩之危，日费千金，独不可使妾少有利焉？”

不支；但他全身压到我身上时，我反而不觉得重，这是为什么呢？因为对我有些好处。现在要帮助韩国，如果派出的军队不够多，粮食不够充足，就不足以解救韩国。救援韩国的危机，一天要耗费千金，难道不能稍微给我一些好处吗？”

注释

1 **雍氏：**韩邑，今河南禹州东北。

2 **殽(xiáo)：**山名，亦作“崤”。在今河南洛宁北。

3 **尚靳(jìn)：**人名。韩臣。

4 **秦王：**秦昭王，此时初立。

原文

尚靳归报韩王，韩王遣张翠[1]。张翠称病，日行一县。张翠至，甘茂曰：“韩急矣，先生病而来。”张翠曰：“韩未急也，且急矣。”甘茂曰：“秦重国知王也，韩之急缓莫不知。今先生言不急，可乎？”张翠曰：“韩急则折而入于楚矣，臣安敢来？”甘茂曰：“先生毋复言也。”甘茂入言秦王曰：“公仲柄得秦师，故敢捍楚。今雍氏围而秦师不下殽，是无韩也。公仲且抑首而不

译文

尚靳回国将情况报告了韩王，韩王又派张翠去秦国。张翠称病，每天只走一个县。张翠到了秦国，甘茂说：“韩国形势危急，先生竟抱病而来。”张翠说：“韩国情势还不危急，不过将要危急了。”甘茂说：“秦国国力强盛，大王睿智，对韩国的缓急了如指掌。现在先生说韩国不危急，可以吗？”张翠说：“韩国若真要危急了，就转而投靠楚国，我还敢来吗？”甘茂说：“先生不要再说了。”甘茂入朝对秦王说：“公仲在韩国掌权，得到秦国的军事援助才敢对抗楚国。现在雍氏被围困，而秦军不下崤塞，这样就会失去韩国。公仲若低着头而不来朝拜，公叔将

朝，公叔且以国南合于楚。楚、韩为一，魏氏不敢不听，是楚以三国谋秦也。如此则伐秦之形成矣。不识坐而待伐，孰与伐人之利？”秦王曰：“善。”果下师于殽以救韩。

会南面与楚国联合。楚、韩联合为一体，魏国就不敢不听从它们，这样楚国就可以用三国的力量来对抗秦国。如果这样那攻打秦国的局势就形成了。不知是坐着被讨伐好呢，还是主动攻打别人好呢？”秦王说：“好。”于是派出军队下崤塞去救援韩国。

注释

1 **张翠**：韩臣。

史疾为韩使楚

导读

史疾治列御寇之学，出使楚国，楚王问其学，史疾答以正。楚王质疑“正”是否能治国，史疾近取诸譬，以落屋的喜鹊不可称乌为喻，来说明楚国吏治腐败，盗贼横行，实则皆由不正引起，巧妙地阐释了“正”可以治国的道理。史疾的比喻形象而又贴切，既宣传了主张，又批评了楚国政治的腐败。

原文

史疾[1]为韩使楚，楚王[2]问曰：“客何方所循？”曰：“治

译文

史疾为韩国出使楚国，楚王问他说：“您研习的是哪种学问？”史疾说：

列子圉寇[3]之言。”曰：“何贵？”曰：“贵正。”王曰：“正亦可为国乎？”曰：“可。”王曰：“楚国多盗，正可以圉[4]盗乎？”曰：“可。”曰：“以正圉盗，奈何？”顷间有鹊止于屋上者，曰：“请问楚人谓此鸟何？”王曰：“谓之鹊。”曰：“谓之乌可乎？”曰：“不可。”曰：“今王之国有柱国、令尹、司马[5]、典令[6]，其任官置吏，必曰廉洁胜任。今盗贼公行，而弗能禁也，此乌不为乌，鹊不为鹊也。”

“我研治列子的学说。”楚王问：“崇尚什么？”史疾说：“崇尚正。”楚王说：“正也可以用来治国吗？”史疾说：“可以。”楚王说：“楚国多盗贼，正可以防御盗贼吗？”史疾说：“可以。”楚王说：“用正来防御盗贼，怎么做呢？”这时忽然有一只喜鹊落在屋上，史疾说：“请问楚国人怎么称呼这鸟？”楚王说：“叫它喜鹊。”史疾说：“叫它乌鸦，可以吗？”楚王说：“不可以。”史疾说：“现在大王的国家有柱国、令尹、司马、典令这些官职，任用官吏时一定要求他们廉洁奉公，能胜利其职。现在盗贼公然横行却不能禁止，这正是乌鸦不是乌鸦，喜鹊不是喜鹊啊。”

注释

1 **史疾**：韩臣。

2 **楚王**：不详何王。

3 **列子圉(yǔ)寇**：列御寇，又称“列子”，战国时郑国人，道家学派代表人。

4 **圉**：防御。

5 **司马**：主管军事的长官。

6 **典令**：主管朝廷礼仪的官。

韩傀相韩

导读

本文记叙的是聂政刺杀韩相韩傀的故事。韩相韩傀和韩王宠臣严遂发生了严重冲突，到了剑拔弩张的地步，严遂惧诛，逃离韩国，寻人伺机报仇。严遂听说齐人聂政是位勇士，于是重金结交他，但聂政以奉养老母为由拒绝了。聂政母亲死了之后，他为了报恩，答应为严遂去刺杀韩傀。聂政单枪匹马闯入韩国东孟之会，当场刺死了韩傀，为了不被人认出，自己用刀毁容，抠出双眼，剖腹流肠而亡。聂政的姐姐为了让弟弟死后留名，大胆指认了暴尸于街市的弟弟，并自杀身亡。故事张弛有度，既充满了温情与道义，又不乏杀戮与血腥的暴力场景，读之令人回肠荡气。

原文

韩傀[1]相韩，严遂[2]重于君，二人相害也。严遂政议直指，举韩傀之过。韩傀以之叱之于朝，严遂拔剑趋之，以救解。于是严遂惧诛，亡去游，求人可以报韩傀者。至齐，齐人或言："轵深井里[3]聂政[4]，

译文

韩傀担任韩国相国，严遂受韩王宠爱，两人相互攻击。严遂严正批评、直接指斥韩傀，列举韩傀的过错。韩傀为此在朝堂上呵斥严遂，严遂于是拔出剑来追杀韩傀，由于众人出手相救才化解了这场纠纷。事后，严遂害怕被韩傀诛杀，于是逃跑了，到处寻求可以帮他向韩傀报仇的人。到了齐国，有齐国人跟他说："轵县

勇敢士也。避仇隐于屠者之间。”严遂阴交于聂政，以意厚之。聂政问曰：“子欲安用我乎？”严遂曰：“吾得为役之日浅，事今薄，奚敢有请？”于是严遂乃具酒，觞聂政母前。仲子奉黄金百镒，前为聂政母寿。聂政惊，愈怪其厚，固谢严仲子。仲子固进，而聂政谢曰：“臣有老母，家贫，客游以为狗屠，可旦夕得甘脆以养亲。亲供养备，义不敢当仲子之赐。”严仲子辟人，因为聂政语曰：“臣有仇，而行游诸侯众矣。然至齐，闻足下义甚高。故直进百金者，特以为夫人粗粝之费，以交足下之欢，岂敢以有求邪？”聂政曰：“臣所以降志辱身，居市井者，徒幸而养老母。老母在，政身未敢以许人也。”严仲子固让，聂政竟不肯受。然仲子卒备宾主之礼而去。

深井里的聂政是个勇敢的人。为了躲避仇家隐居在屠夫中间。”严遂暗地和聂政交往，有意地厚待他。聂政问他说：“您想用我干什么呢？”严遂说：“我为您效劳的日子尚短，侍奉您也不够，哪里敢请您办事呢？”于是严遂备置好酒宴，向聂政的母亲敬酒。严遂奉上黄金百镒，上前给聂政的母亲祝寿。聂政很惊讶，对严遂的厚礼更加感到奇怪，坚决谢绝了严遂的厚礼。严遂坚持献上，聂政推辞说：“我有老母亲，家中清贫，流落他乡以屠狗为业，每天可以挣些可口的食物供养母亲。母亲的供养足够，绝不敢接受您的赠赐。”严遂避开旁人，趁机对聂政说：“我有个仇人，为此我走遍了很多国家。到了齐国，听说您非常讲义气。所以我直接进献百金，仅作为老夫人平时粗茶淡饭的费用，来讨取您的欢心，哪敢有什么要求呢？”聂政说：“我之所以降低心志，辱没自己，隐居在市井之中，只是希望能够奉养老母。老母尚在，我不敢将生命许诺给别人。”严遂坚持送礼，聂政始终不肯接受。然而严遂最后还是完成了宾主之礼才离去。

注释

1 **韩傀:**即侠累,韩烈侯的叔父,任韩相。

2 **严遂:**字仲子,韩烈侯宠臣。

3 **轵:**韩邑,今河南济源南。**深井里:**轵的里巷名。

4 **聂政:**人名。勇士。

原文

久之,聂政母死,既葬,除服。聂政曰:"嗟乎!政乃市井之人,鼓刀以屠,而严仲子乃诸侯之卿相也,不远千里,枉车骑而交臣,臣之所以待之至浅矣,未有大功可以称者。而严仲子举百金为亲寿,我虽不受,然是深知政也。夫贤者以感忿睚眦之意,而亲信穷僻之人,而政独安可嘿然[1]而止乎?且前日要政,政徒以老母。老母今以天年终,政将为知己者用。"遂西至濮阳[2],见严仲子曰:"前所以不许仲子者,徒以亲在。今亲不幸,仲子所欲报仇者为谁?"严仲子具告曰:"臣之仇韩相傀。傀又韩君之季父也,宗族盛,兵卫设,臣使

译文

过了很久,聂政的母亲去世了,安葬完毕,守孝期满脱去丧服。聂政说:"唉!我只不过是个普通的市民,挥刀屠狗为生,而严遂是诸侯卿相,不远千里来屈尊和我结交,我对待他实在是太淡薄了,没有大的功劳回报他。而他献上百金给我母亲祝寿,我虽然没有接受,然而他是非常赏识我的。这么贤德的人因为心中的怨恨而亲近信任我这穷乡僻壤的人,我怎么可以沉默不语就完了呢?况且之前他邀请我,我只因有老母在没能答应他。现在老母已经享尽天年,我将为知己者效力了。"于是西行到了濮阳,见到严遂说:"以前之所以不答应您,只因为母亲尚在。现在母亲不幸去世,请问您要报仇的那人是谁?"严遂把全部情况告诉他说:"我的仇人是韩相韩傀。此人又是韩王的叔父,家族势力很大,他的住处又有士兵守卫,我曾派人去刺杀他,终究没能成

人刺之，终莫能就。今足下幸而不弃，请益具车骑壮士以为羽翼。”政曰：“韩与卫中间不远，今杀人之相，相又国君之亲，此其势不可以多人。多人不能无生得失，生得失则语泄，语泄则韩举国而与仲子为仇也，岂不殆哉！”遂谢车骑人徒，辞，独行仗剑至韩。

功。现在有幸蒙您不弃，请让我为您增派车辆和壮士作为帮手。”聂政说：“韩国和卫国中间相距不远，现在要去杀了它的相国，且相国又是国君的亲人，这种形势下人不能多。人多了难免出现闪失，出现闪失就会有人泄露秘密，秘密泄露了那么韩国人都会和您为仇，那岂不是很危险！”于是谢绝了车骑随从，辞别严遂，独自一人带剑到了韩国。

注释

1 **嘿然：**沉默。

2 **濮阳：**卫邑，今河南濮阳西南。

原文

韩适有东孟[1]之会，韩王[2]及相皆在焉，持兵戟而卫者甚众。聂政直入，上阶刺韩傀。韩傀走而抱烈侯，聂政刺之，兼中烈侯，左右大乱，聂政大呼，所杀者数十人。因自皮面抉眼，自屠出肠，遂以死。韩取聂政尸于市，县购之千金，久之莫知谁子。政姊闻之，曰：“弟至贤。不可爱妾之躯，灭吾弟之名。

译文

韩国恰好举行东孟会议，韩王和相国都在那里，手持兵戟的守卫很多。聂政径直闯入，冲上台阶刺杀韩傀。韩傀逃跑，抱住烈侯，聂政刺死了他，连带刺中了烈侯，身边的人大乱，聂政大声呼喊，连续杀死了数十人。于是自毁面容，抠出眼珠，剖腹流出肠子，就死去了。韩国把聂政的尸体陈列在街市上，悬赏千金，很久也没人知道这是谁。聂政的姐姐听说了这件事，说：“我弟弟非常贤德。不能因为舍不得自己的性命，埋没

非弟意也。”乃之韩，视之曰：“勇哉！气矜之隆。是其轶[3]贲[4]、育[5]而高成荆[6]矣！今死而无名，父母既殁矣，兄弟无有，此为我故也。夫爱身不扬弟之名，吾不忍也。”乃抱尸而哭之，曰：“此吾弟轵深井里聂政也。”亦自杀于尸下。

晋、楚、齐、卫闻之曰：“非独政之能，乃其姊者亦列女也。”聂政之所以名施于后世者，其姊不避菹醢[7]之诛以扬其名也。

了我弟弟的名声。虽然这并非弟弟的本意，我还是要去认领尸体。”于是到了韩国，看着弟弟的尸体说：“勇敢啊！气势真是豪迈啊！恐怕超过了孟贲、夏育，胜过了成荆啊！如今死了却没有留下名字，父母都已经去世了，也没有兄弟，你这是为了我的原因啊。爱惜自己的性命不传扬弟弟的名声，我不忍心这样做。”于是抱着尸体痛哭，说：“这是我的弟弟轵县深井里的聂政。”说完也自杀在弟弟尸体旁。

晋、楚、齐、卫听闻了这件事说：“不仅仅是聂政勇敢，他的姐姐也是刚烈的女子啊。”聂政之所以能够名声流传于后世，是因为他的姐姐不惧死刑来宣扬他的名声啊。

注释

1 **东孟**：韩邑，今河南延津西南。
2 **韩王**：韩烈侯。
3 **轶**：超过。
4 **贲**：孟贲，古代勇士。亦作“孟奔”。
5 **育**：夏育，古代勇士。
6 **成荆**：人名。古代勇士。
7 **菹醢**(zū hǎi)：古代一种把人剁成肉酱的酷刑。

段干越人谓新城君

导读

段干越人因行事受阻说于新城君，但他并不直接说明意图，而是先讲了一个王良驾车的寓言故事：王良的弟子驾车欲行千里，造父的弟子则告诉他，马跑不了千里，原因是马缰绳太长了。故事意在说明一件不起眼的小事会影响事情的成功。段干越人借此来告诫新城君，若不为他排除障碍，可能也会像那马缰绳，影响事情的成功。段干越人所讲述的故事构思巧妙，寓意深刻，很有说服力。

原文

段干越人[1]谓新城君[2]曰："王良[3]之弟子驾，云取千里，遇造父[4]之弟子。造父之弟子曰：'马不千里。'王良弟子曰：'马[5]，千里之马也；服[6]，千里之服也。而不能取千里，何也？'曰：'子纆牵[7]长。'故纆牵于事，万分之一也，而难千里之行。今臣虽不肖，于秦亦万

译文

段干越人对新城君说："王良的弟子驾着马车，说要去千里远的地方，遇到了造父的弟子。造父的弟子说：'你的马走不了千里远。'王良的弟子说：'我的骖马是千里马，我的服马也是千里马。然而却走不了千里，为什么？'造父的弟子说：'您的马缰绳太长了。'所以马缰绳对于这事来说，只占万分之一，却让马车难以行走千里。现在我虽然不贤能，对于秦国来说也只是万分之

分之一也，而相国[8]见臣不释塞者，是纆牵长也。”

一，而相国却不能为我排除障碍，这就如同马缰绳太长一样。”

注释

1 **段干越人：**魏国人。段干，复姓；越人，名。

2 **新城君：**芈戎，秦相，宣太后的弟弟。

3 **王良：**赵简子车夫，善驾车。

4 **造父：**周穆王车夫，以善驾车闻名。

5 **马：**古代四马驾车，中间两匹称“服”，两边的称“骖”。此处“马”作“骖”解。

6 **服：**服马。

7 **纆(mò)牵：**马缰绳。

8 **相国：**指新城君。

燕策

燕文公时

导读

齐国趁燕国举行丧礼时攻占了燕国十座城池。苏秦为燕游说齐王，一见面先祝贺再吊唁。齐王怒问其故，他以食乌喙必亡身为喻，来说明齐得燕十城就像吃了乌喙，定会招来燕、秦的攻击。苏秦劝齐王应该转祸为福，因败为功，归燕城，谢秦国，则天下归心，霸业可成。齐王被其说动，欣然同意。

原文

燕文公时，秦惠王以其女为燕太子[1]妇。文公卒，易王立。齐宣王因燕丧攻之，取十城。武安君苏秦为燕说齐王，再拜而贺，因仰而吊。齐王按戈而却[2]曰："此一何庆吊相随之速也？"对曰："人之饥所以不食乌喙[3]者，以为虽偷充腹，而与死同患也。今燕虽弱小，强秦之少婿也。王利其十城，而深与强秦为仇。今使弱燕为雁

译文

燕文公时，秦惠王将自己的女儿嫁给燕太子。燕文公去世，易王继立。齐宣王趁着燕国居丧期间攻打燕国，夺取了十座城池。武安君苏秦为燕国游说齐王，拜了两拜表示祝贺，然后抬头表示吊唁。齐王按住兵器责问苏秦说："为何刚一庆祝完又马上吊唁？"苏秦回答说："人在饥饿的时候之所以不吃乌喙，是因为即便苟且填饱了肚子，却要面临死亡的祸患。现在燕国虽然弱小，却是强秦的小女婿。大王得到了燕国十座城池的利益，却和强秦结下了深

行，而强秦制其后，以招天下之精兵，此食乌喙之类也。”

仇。现在让弱小的燕国作为先锋，强秦紧随其后，招来天下的精兵攻击，这就和吃下乌喙一样啊。”

注释

1 **燕太子**：后继位为燕易王。

2 **却**：责问。

3 **乌喙**(huì)：中药附子的别称。

原文

齐王曰：“然则奈何？”对曰：“圣人之制事也，转祸而为福，因败而为功。故桓公负妇人[1]而名益尊，韩献开罪而交愈固[2]，此皆转祸而为福，因败而为功者也。王能听臣，莫如归燕之十城，卑辞以谢秦。秦知王以已之故归燕城也，秦必德王。燕无故而得十城，燕亦德王。是弃强仇而立厚交也。且夫燕、秦之俱事齐，则大王号令天下皆从。是王以虚辞附秦，而以十城取天下也，此霸王之业矣。所谓转祸为福，因败成功者也。”齐王大说，乃归燕城，以金千

译文

齐王说：“那该怎么办呢？”苏秦回答说：“圣人处理事情，能把祸转化为福，能把失败转化为成功。所以齐桓公辜负了蔡姬而声名更加显赫，韩献得罪了赵盾而能让交情更加稳固，这都是将祸转化为福，将失败转化为成功的例子。大王如果能够听从我的建议，不如归还燕国的十座城池，用谦卑的言辞向秦国谢罪。秦国知道大王因为它的缘故归还了燕城，必定会感激大王。燕国平白无故得到十座城池，也会感激大王。这样就避免了和强国结仇，而建立深厚邦交。况且燕国、秦国都来服事齐国，那么大王号令天下，天下都会顺从。这样大王用虚言亲附了秦国，用十座城池取得了天下，这是霸王的功业。这就是所谓的把祸转化为福，把失败转化为成功的方法啊。”齐王非常高兴，于是把城池归还了燕国，送给秦国

斤谢其后，顿首涂中，愿为兄弟而请罪于秦。

千金来谢罪，非常谦卑地希望和秦国结为兄弟之国，并向秦国请罪。

注释

1 **桓公负妇人**：桓公，指齐桓公。此处指他休了妃子蔡姬一事。

2 **韩献开罪而交愈固**：韩献，指春秋时晋臣韩献子韩厥。他曾处罚了大臣赵盾的手下，而没有被怪罪。

人有恶苏秦于燕王者

导读

苏秦为燕出使齐国，收回了被齐夺去的十座城池，然而燕国小人诋毁苏秦不讲信用，苏秦归国后遭燕王弃用。苏秦向燕王辩白，认为自己不讲诚信是燕王之福，并引用曾参之孝、伯夷之廉、尾生之信来说明这些所谓的高尚品行并非为人之术，而是为己之术，不能为君王所用，而自己追求的是积极进取之道，是因忠信得罪了君主。他接着用邻家之妻与人私通而谋害亲夫，侍妾施计保住了男、女主人而被鞭打的故事，来说明自己的所作所为正像那侍妾一样，忠信却被治罪。苏秦的辩词立意新颖，论证独特，讲述的寓言故事构思巧妙，独具匠心，前后环环相扣，层层深化，首尾照应，文学色彩极为浓厚。

原文

人有恶苏秦于燕王[1]者，曰："武安君，天下不信

译文

有人在燕王面前诋毁苏秦说："武安君是天下最不讲信用的人。大王以万乘

人也。王以万乘下之，尊之于廷，示天下与小人群也。”武安君从齐来，而燕王不馆也。谓燕王曰：“臣东周之鄙人也，见足下身无咫尺之功，而足下迎臣于郊，显臣于廷。今臣为足下使，利得十城，功存危燕，足下不听臣者，人必有言臣不信，伤臣于王者。臣之不信，是足下之福也。使臣信如尾生[2]，廉如伯夷，孝如曾参[3]，三者天下之高行，而以事足下可乎？”燕王曰：“可。”曰：“有此，臣亦不事足下矣。”

之尊屈身礼待他，在朝廷上尊敬他，这是向天下昭示大王和小人为伍啊。”武安君从齐国回来，燕王不再接待他。他对燕王说：“我本是东周的郊野小民，刚来见您的时候，身无半点功劳，然而您亲自到郊外迎接我，让我在朝廷上得到重用。现在我为您出使齐国，得到了十座城池的利益，于危难之际成功保存了燕国，而您却不信任我，必定是有人说我不讲信用，在大王面前中伤我。我不讲信用，这是您的福气啊。假使我守信如尾生，廉洁如伯夷，孝顺如曾参，用这三种天下最高尚的德行，来侍奉您，可以吗？”燕王说：“可以。”苏秦说：“真有这样的德行，也不会来侍奉您了。”

注释

1 **燕王：**燕昭王。

2 **尾生：**西周鲁人。传说他与女子相约在桥下见面，至约期而女子不至，河水暴涨，抱桥柱而溺死。

3 **曾参：**字子舆，春秋时鲁国南武城（今山东平邑南）人。孔子学生，以孝著称，传说著《孝经》。

原文

苏秦曰：“且夫孝如曾参，义不离亲一夕宿于外，足下安得使之之齐？廉如伯夷，不取素餐，污武王之义而

译文

苏秦说：“况且像曾参一样孝顺，为了孝敬父母，一晚上都不会留宿在外，您哪能派他出使齐国呢？像伯夷一样廉洁，不接受无功之禄，否定武王的大义

不臣焉，辞孤竹[1]之君，饿而死于首阳之山[2]。廉如此者，何肯步行数千里，而事弱燕之危主乎？信如尾生，期而不来，抱梁柱而死。信至如此，何肯扬燕、秦之威于齐，而取大功乎哉？且夫信行者，所以自为也，非所以为人也，皆自覆之术，非进取之道也。且夫三王代兴，五霸迭盛，皆不自覆也。君以自覆为可乎？则齐不益于营丘[3]，足下不逾楚境，不窥于边城之外。且臣有老母于周，离老母而事足下，去自覆之术，而谋进取之道，臣之趣固不与足下合者。足下者，自覆之君也；仆者，进取之臣也，所谓以忠信得罪于君者也。”

而不愿做他的臣子，辞去孤竹国君的位子，饿死在首阳山。像这样廉洁的人，哪里肯步行数千里，来侍奉弱小燕国处境危险的国君呢？像尾生一样守信，等待约会的女子不来，活活抱着梁柱被淹死。守信到这种程度，哪里肯到齐国去宣扬燕国和秦国的威望，建立大功呢？何况守信的人，是为了自己，而不是为了别人，都是自我满足的道路，不是积极进取的途径。况且三王先后兴起，五霸更迭强盛，都是因为不自我满足。您认为自我满足可行吗？那么齐国的势力就不会扩张到营丘，您不会越过楚境，也不会窥视边境以外。况且我年老的母亲尚在东周，离开年老的母亲来侍奉您，舍弃自我满足的道路，而谋求积极进取的途径，我的志趣本来就和您不相合。您是自我满足的君主，我是积极进取的臣子，就是所谓因忠信而得罪君主的人啊。”

注释

1 **孤竹：**古国名。今河北卢龙南。

2 **首阳之山：**首阳山，在今河南偃师西北。

3 **营丘：**即临淄，今山东临淄东北。

原文

燕王曰：“夫忠信又何罪之有也？”对曰：“足下不知

译文

燕王说：“忠信又有什么罪过呢？”苏秦回答说：“您不知道。我邻居家有

也。臣邻家有远为吏者，其妻私人。其夫且归，其私之者忧之。其妻曰：‘公勿忧也，吾已为药酒以待之矣。’后二日，夫至，妻使妾奉卮酒进之。妾知其药酒也，进之则杀主父，言之则逐主母，乃阳僵[1]弃酒。主父大怒而笞之。故妾一僵而弃酒，上以活主父，下以存主母也。忠至如此，然不免于笞，此以忠信得罪者也。臣之事，适不幸而有类妾之弃酒也。且臣之事足下，亢[2]义益国，今乃得罪，臣恐天下后事足下者，莫敢自必也。且臣之说齐，曾不欺之也？使之说齐者，莫如臣之言也，虽尧、舜之智，不敢取也。”

个在远方做官的人，他的妻子与人私通。丈夫即将回来，和她私通的人很担心。妻子说：‘您不要担心，我已经准备了毒酒等他回来。’过了两天，丈夫回来了，妻子让侍妾捧着酒杯献酒给丈夫。侍妾知道这是毒酒，献上去就杀了男主人，说出实情则女主人就会被驱逐出家，于是假装跌倒打翻酒杯。男主人大怒，于是鞭打了她。所以侍妾跌倒打翻酒杯，上可以救活男主人，下可以保存女主人。忠心到这个程度，然而不免遭受鞭打，这就是因为忠信得到的罪过啊。我所做的事情，恰好不幸和侍妾打翻酒杯类似。况且我侍奉您，既合乎道义又有利于国家，现在竟然获罪，我担心日后侍奉您的天下人，都会丧失信心啊。况且我游说齐国，怎么可能不欺骗他呢？那些派去游说齐国的人，如果不像我这么说，即使有尧、舜的智慧，也不会给国家带来什么好处啊。”

注释

1 **阳僵：**假装摔倒。阳，假装。僵，仆倒。

2 **亢：**高。

张仪为秦破从连横

导读

张仪为秦国向燕王游说，破坏燕、赵联盟。他先讲历史上赵王击杀代王的故事，再用当下赵王的凶猛无情来说明赵国的不可靠。接着讲赵国已事秦对燕国造成的威胁，而解决危机的途径是燕国事秦，这样燕国就可解除危险。张仪此篇说辞与其一贯威逼利诱、盛气凌人的风格略有不同，特别是摩笄山的传说，为其说辞添色不少。

原文

张仪为秦破从连横，谓燕王[1]曰："大王之所亲莫如赵。昔赵王[2]以其姊为代王[3]妻，欲并代，约与代王遇于句注[4]之塞。乃令工人作为金斗[5]，长其尾，令之可以击人。与代王饮，而阴告厨人曰：'即酒酣乐，进热歠[6]，即因反斗击之。'于是酒酣乐，进取热歠，厨人进斟羹，因反斗击之，代王脑涂地。其姊闻之，摩笄

译文

张仪为秦国瓦解合纵，推行连横战略，对燕王说："大王最亲近的莫过于赵国。从前赵襄子让自己的姐姐嫁给代国君主，想要兼并代国，和代君约定在句注山要塞会晤。于是命工匠制作了一个金斗，尾部做得很长，可以用它击打别人。赵襄子和代君饮酒时，暗中告诉厨子说：'趁酒喝得酣畅高兴时，进献热汤，当即就反过金斗击杀他。'于是酒喝得高兴时，端上热汤，厨子上前给代君斟汤，随即反过金斗击杀他，代君脑浆迸裂一地。赵襄子的姐姐听说了这件事，磨尖发簪

[7]以自刺也，故至今有摩笄之山，天下莫不闻。

自刺身亡了，所以至今有摩笄山的地名，天下没有不知道的。

注释

1 **燕王**：指燕昭王。

2 **赵王**：指赵襄子，时未称王。

3 **代王**：代国国君，时未称王。代，国名，今河北蔚县一带。

4 **句注**：山名。在今山西代县西北。

5 **金斗**：铜制酒器。

6 **热歠**(chuò)：羹汤。

7 **摩笄**(jī)：磨簪子。摩，通“磨”。笄，发簪。

原文

“夫赵王之狼戾无亲，大王之所明见也。且以赵王为可亲邪？赵兴兵而攻燕，再围燕都而劫大王，大王割十城乃却以谢。今赵王已入朝渑池[1]，效河间[2]以事秦。大王不事秦，秦下甲云中、九原，驱赵而攻燕，则易水、长城[3]非王之有也。且今时赵之于秦，犹郡县也，不敢妄兴师以征伐。今大王事秦，秦王必喜，而赵不敢妄动矣。是西有强秦之援，而南无齐、赵之患，是故愿大王之熟计

译文

“赵王如此凶狠，不讲亲情，大王应该看得很清楚吧。您还认为赵王是可以亲近的吗？赵国发兵攻打燕国，两次围攻燕国都城劫持大王，大王割让了十座城池来谢罪才得以退兵。现在赵王已经去渑池朝见秦王，献上河间土地来服事秦国。大王不服事秦国，秦国就会派兵过云中、九原，驱使赵国攻打燕国，那么易水、长城就不归大王所有了。况且现在赵国对于秦国来说，就好比一个郡县，不敢轻易兴师来讨伐。现在大王服事秦国，秦王必定高兴，赵国就不敢轻举妄动了。这样西边有强秦的支援，南边没有齐国和赵国的祸患，所以希望大王仔细考虑这件事。”燕王说：“我身

之也。”燕王曰：“寡人蛮夷辟[4]处，虽大男子裁[5]如婴儿，言不足以求正，谋不足以决事。今大客幸而教之，请奉社稷西面而事秦。”献常山[6]之尾五城。

居蛮夷杂居的偏僻之地，虽然是个大男人，行为就如同婴儿一般，言论不足以寻求正道，智谋不足以决断大事。现在有幸得到您这位贵客赐教，我愿意带着整个国家向西服事秦国。”于是献上常山尾端五座城池。

注释

1 **渑(miǎn)池**：秦邑，今河南渑池西。
2 **河间**：战国赵邑，今河北献县东南。
3 **长城**：指燕国南部长城，与赵境接，位于今河北易县一带。
4 **辟**：通“僻”。
5 **裁**：通“才”，仅。
6 **常山**：即恒山，古山名。在今河北曲阳西北。

燕王哙既立

导读

燕王哙即位后，听信苏代等人的话，上演了一幕禅让的闹剧。在苏代同党的蛊惑下，燕王不仅将王权让给子之，而且将三百石以上官吏的官印收上来交给子之，结果子之成了真正的国君。子之掌权三年，太子造反，燕国大乱。齐宣王在孟子的建议下，出兵攻燕大获全胜。燕国完成了权力交接，从此开始了燕昭王的辉煌时代。

原文

燕王哙既立，苏秦死于齐。苏秦之在燕也，与其相子之[1]为婚，而苏代与子之交。及苏秦死，而齐宣王[2]复用苏代。燕哙三年，与楚、三晋攻秦，不胜而还。子之相燕，贵重主断。苏代为齐使于燕，燕王问之曰："齐宣王何如？"对曰："必不霸。"燕王曰："何也？"对曰："不信其臣。"苏代欲以激燕王以厚任子之也。于是燕王大信子之。子之因遗苏代百金，听其所使。

译文

燕王哙即位之后，苏秦死在齐国。苏秦在燕国的时候，与相国子之结为儿女亲家，苏代和子之也有交情。等到苏秦死后，齐宣王重新任用苏代。燕王哙在位第三年，和楚国、三晋联合攻打秦国，没有胜利而返回。子之担任燕国相国，地位尊贵，独断专行。苏代为齐国出使燕国，燕王问他说："齐宣王怎么样？"苏代说："肯定不能称霸。"燕王说："为什么？"苏代说："他不信任自己的大臣。"苏代想用这话刺激燕王来重用子之。于是燕王非常信任子之。子之于是送给苏代百金，让他随便使用。

注释

1 **子之：**战国时燕人，曾任燕王哙相。

2 **齐宣王：**名辟疆，齐威王之子。

原文

鹿毛寿[1]谓燕王曰："不如以国让子之。人谓尧贤者，以其让天下于许由[2]，由必不受，有让天下之名，实不失天下。今王以国让相子之，子之必不敢受，是王与尧同行

译文

鹿毛寿对燕王说："不如把国家让给子之。世人都说尧是贤能的人，是因为他把天下禅让给许由，许由坚决不接受，于是尧有禅让天下的美名，实际上又没有失去天下。现在大王把国家让给子之，子之必定不敢接受，这样

也。”燕王因举国属子之，子之大重。或曰：“禹授益[3]而以启[4]人为吏，及老而以启为不足任天下，传之益也，启与支党攻益，而夺之天下，是禹名传天下于益，其实令启自取之。今王言属国子之，而吏无非太子人者，是名属子之，而太子用事。”王因收印自三百石吏而效之子之。子之南面行王事，而哙老不听政，顾为臣，国事皆决子之。

大王和尧就同样高尚了。”燕王于是把全国托付给子之，子之地位更为尊贵。有人说：“禹把国家交给伯益，而任用启的人做官吏，等到老了，认为启不能够担当治理天下的重任，于是传位给伯益，启和他的党羽攻打伯益，夺取了天下，这是禹名义上传天下给伯益，而实际上是让启自己夺取天下。现在大王说把国家交给子之，然而任用的官吏全是太子的人，这是名义上把国家交给子之，而实际上是太子执政。”燕王于是将俸禄在三百石以上的官吏的官印收上来交给子之。子之南面坐上王位行使王权，而燕王哙因年纪大不再过问朝政，反而成为臣子，国家大事都由子之裁决。

注释

1 **鹿毛寿**：燕臣。
2 **许由**：相传为尧时隐士。
3 **益**：伯益，相传为禹时大臣。
4 **启**：大禹的儿子。

原文

子之三年，燕国大乱，百姓恫怨。将军市被[1]、太子平[2]谋，将攻子之。储子[3]谓齐宣王：“因而仆之，破燕必矣。”王因令人谓太子平曰：“寡人闻太子

译文

子之执政三年，燕国大乱，百姓哀痛怨恨。燕将市被、太子平谋反，将要攻打子之。储子对齐宣王说：“乘机攻打，必定能攻破燕国。”齐王于是派人对太子平说：“我听说太子的议论，将要废除私权确立公道，整顿君臣之间的道义，端正子承

之议，将废私而立公，饬君臣之义，正父子之位。寡人之国小，不足先后。虽然，则唯太子所以令之。”太子因数党聚众，将军市被围公宫，攻子之，不克。百姓乃反攻太子平，将军市被死已殉，国构难数月，死者数万众，燕人恫怨，百姓离意。孟轲[4]谓齐宣王曰：“今伐燕，此文、武之时，不可失也。”王因令章子[5]将五都之兵[6]，以因北地之众以伐燕。士卒不战，城门不闭，燕王哙死。齐大胜燕，子之亡。二年，燕人立公子平[7]，是为燕昭王。

父业的秩序。我的国家很小，不能在您身边效力。虽然这样，愿意听从太子的命令。”太子于是聚集党羽，将军市被包围宫廷，攻打子之，未能取胜。百姓竟反攻太子平，将军市被战死殉难，内乱持续几个月，死的人好几万，燕国民众哀痛怨恨，百姓人心涣散。孟轲对齐宣王说：“现在攻打燕国，就像当年周文王、武王讨伐纣王的时候，不可失去机会。”齐王于是命令章子率领五都军队，凭借北边民众的支持攻打燕国。燕国的士兵不抵抗，城门不关闭，燕王哙被杀。齐国大胜燕国，子之也死了。第二年，燕国人拥立公子平，这就是燕昭王。

注释

1 **市被：**人名。燕将。

2 **太子平：**燕国太子，名平，燕王哙之子。

3 **储子：**战国时齐国人，时任齐相。

4 **孟轲：**即孟子，字子舆，儒家学派代表人物。

5 **章子：**即匡章，齐将。

6 **五都之兵：**战国时齐国以国内五城置五都，设有常备军。

7 **公子平：**一说公子职。

燕昭王收破燕后即位

导读

本文记载了燕昭王励精图治、招贤纳士、奋发图强最后报仇雪耻的故事。作者重点记叙了燕昭王问计并礼遇郭隗一事。郭隗建议燕王大力招揽人才,做到礼贤下士,并讲述了古人以五百金为君王购得千里马头的故事,来说明只要真正重视人才,人才定会到来的道理。并且,他将自己比喻成马头,建议燕王从重用自己开始以示范天下。燕王深受启发,果然厚遇郭隗。不久乐毅、邹衍等名士皆来投奔。经过多年发展,燕国实力大增,最终攻破齐国,报仇雪耻。郭隗可谓是一位具有大智慧的小人物,燕国的强大实得益于他当初的纳贤计策。

原文

燕昭王[1]收破燕后即位,卑身厚币以招贤者,欲将以报仇。故往见郭隗[2]先生曰:"齐因孤国之乱,而袭破燕。孤极知燕小力少,不足以报。然得贤士与共国,以雪先王之耻,孤之愿也。敢问以国报仇者奈

译文

燕昭王收拾残破的燕国后即位,用谦卑的姿态和厚重的礼物来招揽贤才,想要依靠他们为国报仇。他前往拜见郭隗先生说:"齐国乘我燕国内乱,袭击攻破了我国。我非常清楚燕国国家小、实力弱,没有力量报仇雪恨。然而得到贤士与我共同治理国家,来洗雪先王的耻辱,这是我的愿望。敢问先生如何才能率领国家报

何？”郭隗先生对曰：“帝者与师处，王者与友处，霸者与臣处，亡国与役处。诎[3]指而事之，北面而受学，则百己者至。先趋而后息，先问而后嘿[4]，则什己者至。人趋己趋，则若己者至。冯[5]几据杖，眄视[6]指使，则厮役之人至。若恣睢[7]奋击，呴籍叱咄[8]，则徒隶之人至矣。此古服道致士之法也。王诚博选国中之贤者，而朝其门下，天下闻王朝其贤臣，天下之士必趋于燕矣。”

仇呢？”郭隗先生回答说：“成就帝业的国君，把贤士当师长对待；成就王业的国君，把贤士当朋友对待；成就霸业的国君，把贤士当臣下对待；亡国的君王，把贤士当仆役对待。屈身侍奉贤人，像学生一样接受贤人教诲，那么超过自己百倍的人就会来。做事抢先而休息在后，发问在前而沉默在后，那么超过自己十倍的人就会来。别人怎么做自己就跟着怎么做，那么和自己一样的人就会来。倚靠桌几，拄着拐杖，斜眼视人，颐指气使，那么受人驱使的奴仆就会来。如果放纵骄横，肆意凌辱，跳着脚呵斥，那么只有奴隶一类的人会来。这就是古代遵从大道、招揽人才的办法。大王真能广泛地选取国中的贤才，亲自登门拜访，天下听到大王拜访他的贤能臣子，那么天下的贤士必定都会跑到燕国来了。”

注释

1 **燕昭王：**燕王哙之子，名平，一说名职。在位时奋发图强，招贤纳士，任用乐毅为将，联合他国一举攻下齐国七十多座城池。

2 **郭隗**(wěi)**：**燕国贤者。

3 **诎：**通“屈”。

4 **嘿：**同“默”。

5 **冯：**通“凭”。

6 **眄**(miǎn)**视：**斜视。

7 **恣睢：**放纵暴戾。

8 **呴**(jū)**籍：**脚踏地跳跃的样子。**叱咄**(chì duō)**：**大声吼叫。

原文

昭王曰："寡人将谁朝而可？"郭隗先生曰："臣闻古之君人，有以千金求千里马者，三年不能得。涓人[1]言于君曰：'请求之。'君遣之。三月得千里马，马已死，买其首五百金，反以报君。君大怒曰：'所求者生马，安事死马而捐五百金？'涓人对曰：'死马且买之五百金，况生马乎？天下必以王为能市马，马今至矣。'于是不能期年，千里之马至者三。今王诚欲致士，先从隗始。隗且见事，况贤于隗者乎？岂远千里哉？"于是昭王为隗筑宫而师之。乐毅[2]自魏往，邹衍[3]自齐往，剧辛[4]自赵往，士争凑燕。燕王吊死问生，与百姓同其甘苦。二十八年，燕国殷富，士卒乐佚轻战。于是遂以乐毅为上将军[5]，与秦、楚、三晋合谋以伐齐。齐兵败，闵王[6]出走于外。燕兵独追北，入至

译文

燕昭王说："那我去拜访谁才可以呢？"郭隗先生说："我听说古代有个国君，想用千金去寻求千里马，三年都没能得到。侍从对国君说：'请让我去寻求吧。'国君就派他去了。三个月后找到了千里马，可马已经死了，于是用五百金买了千里马的头，回来报告给国君。国君大怒说：'我寻求的是活马，怎么买了一匹死马还花了五百金？'侍从回答说：'买一匹死的千里马尚且用五百金，何况活的千里马呢？天下必定认为大王愿意买千里马，千里马就要到了。'于是不满一年，就有三匹千里马到来。现在大王真想要招贤纳士，先从我开始吧。我尚且得到大王重视，何况比我贤能的人呢？贤士难道会嫌燕国太远而不肯来吗？"于是燕昭王为郭隗筑造宫室，拜他为师。不久，乐毅从魏国前来，邹衍从齐国前来，剧辛从赵国前来，贤士们争相聚集在燕国。燕王吊唁死者，慰问生者，和百姓们同甘共苦。二十八年后，燕国殷实富裕，士兵们愉悦安逸，乐于出战。于是就任用乐毅为上将军，和秦国、楚国、三晋联合谋划攻打齐国。齐军大败，齐闵王逃往外

临淄，尽取齐宝，烧其宫室宗庙。齐城之不下者，唯独莒、即墨[7]。

地。燕军单独追击败逃的齐兵，打到了齐都临淄，夺取了齐国的所有财宝，烧毁了它的宫室宗庙。齐国的城池没有被攻下的，只有莒、即墨两城。

注释

1 **涓人：**亲近的侍从。

2 **乐毅：**战国中山国人，魏将乐羊后裔，后入燕，封为上将军。

3 **邹衍：**战国时齐人，稷下学宫的著名学者，阴阳家学派代表人物。

4 **剧辛：**赵国贤人。

5 **上将军：**燕国最高军事统帅。

6 **闵王：**齐宣王之子，在位期间破秦、燕诸国，制楚灭宋，与秦昭王互相称帝。后为燕所破，被楚将淖齿所杀。

7 **莒：**齐邑，今山东莒县。**即墨：**齐邑，今山东平度东南。

苏代为燕说齐

导读

苏代为燕国游说齐王，先拜见淳于髡，他借卖马人求助伯乐提高马价的寓言故事，将自己比喻成千里马，将淳于髡比喻成伯乐，希望借助淳于髡的推荐而抬高自己的身份，同时献上了一份丰富的“马食”。苏代因淳于髡的推荐甚得齐王欢心。

原文

苏代为燕说齐，未见齐王[1]，先说淳于髡[2]曰："人有卖骏马者，比三旦立市，人莫之知。往见伯乐曰：'臣有骏马，欲卖之，比三旦立于市，人莫与言，愿子还而视之，去而顾之，臣请献一朝之贾。'伯乐乃还而视之，去而顾之，一旦而马价十倍。今臣欲以骏马见于王，莫为臣先后者，足下有意为臣伯乐乎？臣请献白璧一双、黄金十镒，以为马食。"淳于髡曰："谨闻命矣。"入言之王而见之，齐王大说苏子。

译文

苏代为燕国游说齐国，还没拜见齐王，先游说淳于髡说："有一个卖千里马的人，连续三个早上站在集市上，别人都不知道他卖的是千里马。于是去拜见伯乐说：'我有一匹千里马，想要卖出去，连续三个早上站在集市上，没人来询问，希望您围绕着我的马好好看一下，离开的时候再回头看一下，我愿意献上一天的收入。'伯乐于是就围绕着他的马好好看了一下，离开的时候再回头看了一下，一个早上马价竟涨了十倍。现在我想以千里马的身份去拜见大王，没有人为我介绍，您愿意做我的伯乐吗？我愿意献上白璧一双、黄金十镒，作为您的酬劳。"淳于髡说："恭敬地听从您的命令。"于是入宫向大王说了此事并推荐了苏代，齐王非常喜欢苏代。

注释

1 **齐王：**齐宣王。

2 **淳于髡：**齐国稷下学士，以博学著称，滑稽善辩，多次劝谏齐王。

昌国君乐毅为燕昭王合五国之兵而攻齐

导读

乐毅得到燕昭王重用，合五国之兵一举几将齐国覆亡。昭王死，惠王继位，齐国用反间计，乐毅受猜忌，惧祸奔赵，燕军大败，齐地尽失。惠王担心乐毅乘机率赵攻燕，于是写信责备乐毅背弃了先王的知遇之恩。乐毅复信为自己作辩解，他先回顾了自己和先王的关系，盛赞先王为贤圣之君，具有高世之心，信任并重用自己，而自己也没有辜负先王的知遇之恩，联合五国成功破齐为先王报仇雪耻。接着他话锋一转，引用伍子胥和夫差的历史故事，说明善作者不必善成，善始者不必善终的道理，故为了保住先王的名声，避免自己遭受诽谤，选择了免身全功之路。乐毅的回信不卑不亢，有理有据，平心静气，毫无过激之辞，更没有反唇相讥、剑拔弩张之感，可谓一篇至文。

原文

昌国君乐毅为燕昭王合五国之兵而攻齐，下七十余城，尽郡县之以属燕，三城未下，而燕昭王死。惠王即位，用齐人反间，疑乐毅，而使骑劫[1]代之将。乐毅奔赵，赵

译文

昌国君乐毅为燕昭王联合五国军队攻打齐国，攻下了七十多座城池，将这些地方全部归属于燕国的郡县，只剩下三座城池没有攻下，燕昭王就死了。燕惠王即位后，误信了齐国的反间计，猜疑乐毅，让骑劫代替乐毅统

封以为望诸君[2]。齐田单欺诈骑劫，卒败燕军，复收七十城以复齐。燕王悔，惧赵用乐毅，承燕之弊以伐燕。燕王乃使人让乐毅，且谢之曰："先王举国而委将军，将军为燕破齐，报先王之仇，天下莫不振动。寡人岂敢一日而忘将军之功哉！会先王弃群臣，寡人新即位，左右误寡人。寡人之使骑劫代将军者，为将军久暴露于外，故召将军且休计事。将军过听，以与寡人有郄[3]，遂捐燕而归赵。将军自为计则可矣，而亦何以报先王之所以遇将军之意乎？"

领燕兵。乐毅逃往赵国，赵国封他为望诸君。齐将田单用计欺骗骑劫，最终打败燕军，收复了齐国失去的七十座城池。燕惠王很后悔，害怕赵王任用乐毅，趁着燕国疲敝的时候攻打燕国。燕王于是派人责备乐毅，并道歉说："先王把全国委托给将军，将军为燕国击破了齐国，为先王报了仇，天下没有不感到震动的。我每天都不敢忘记将军的功劳啊！恰逢先王去世，我刚刚即位，左右大臣误导我。我之所以派骑劫代替将军，是因为将军常年辛劳在外，所以召将军回来休息、从长计议。将军误会我的意思，和我有了隔阂，就舍弃燕国去了赵国。将军为自己打算是可以的，但是怎么能够报答先王对您的知遇之恩呢？"

注释

1 **骑劫：**战国时燕国将领。

2 **望诸君：**因封望诸而得名。望诸，赵地，不确考。

3 **郄(xì)：**嫌隙。

原文

望诸君乃使人献书报燕王曰："臣不佞，不能奉承先王之教，以顺左右之心，恐抵

译文

乐毅于是派人献上书信，告诉燕王说："我不才，不能遵奉先王的教诲，来顺从大王身边亲信的意图，害怕遭

斧质之罪，以伤先王之明，而又害于足下之义，故遁逃奔赵。自负以不肖之罪，故不敢为辞说。今王使使者数之罪，臣恐侍御者之不察先王之所以畜幸臣之理，而又不白于臣之所以事先王之心，故敢以书对。臣闻贤圣之君，不以禄私其亲，功多者授之；不以官随其爱，能当之者处之。故察能而授官者，成功之君也；论行而结交者，立名之士也。臣以所学者观之，先王之举错[1]有高世之心，故假节[2]于魏王，而以身得察于燕。先王过举，擢之乎宾客之中，而立之乎群臣之上，不谋于父兄，而使臣为亚卿[3]。臣自以为奉令承教，可以幸无罪矣，故受命而不辞。

到砍头的罪刑，而伤害先王的英明，又担心带给您加害大臣的不义名声，所以逃跑投奔到赵国。我自己以为背负着不肖的罪名，所以不敢为自己辩解。现在大王派使者来数落我的过错，我担心服侍您的大臣不了解先王信任我的原因，又不能明白我之所以侍奉先王的忠心，所以大胆地用书信回复您。我听说贤能圣明的国君，不把俸禄随意赐给他亲近的人，而授予功劳多的人；不把官位随便赐给他喜爱的人，而让有能力的人来担任。所以考察能力而授予官职，这是成功的君王；衡量德行来结交朋友，这是树立名声的士人。我根据所学的知识观察，先王的行为超过世人，所以我在接受魏王的符节做使臣时，因为自己的行为得到燕国的提拔。先王过高地抬举我，将我从宾客中提拔到群臣位置之上，没有和父亲兄弟们商议，任命我为亚卿。我自认为遵奉命令、接受教导，可以侥幸地免除罪过，所以接受命令没有推辞。

注释

1 **错**：通“措”。

2 **节**：符节，凭证。

3 **亚卿**：周制，卿分上、中、下三级，次者为中卿，又称亚卿。

原文

"先王命之曰：'我有积怨深怒于齐，不量轻弱，而欲以齐为事。'臣对曰：'夫齐，霸国之余教也，而骤胜之遗事也，闲[1]于兵甲，习于战攻。王若欲攻之，则必举天下而图之。举天下而图之，莫径于结赵矣。且又淮北宋地，楚、魏之所同愿也。赵若许约，楚、魏、宋尽力，四国攻之，齐可大破也。'先王曰：'善。'臣乃口受令，具符节，南使臣于赵。顾反命，起兵随而攻齐。以天之道，先王之灵，河北之地随先王举而有之于济上。济上之军，奉令击齐，大胜之。轻卒锐兵，长驱至国。齐王[2]逃遁走莒，仅以身免。珠玉财宝，车甲珍器，尽收入燕；大吕[3]陈于元英[4]，故鼎反于历室[5]，齐器设于宁台[6]，蓟丘[7]之植，植于汶皇。自五伯以来，功未有及先王者也。先王以为惬其志，以臣为不顿命，故裂地而封之，

译文

"先王对我说：'我对齐国的仇恨长期积于心中，不自量国力的轻弱，想把对付齐国作为头等大事。'我回答说：'齐国有霸国的文化传统，有多次打胜仗的经验，精通兵器，熟悉战事。大王如果想要攻打它，一定要联合天下诸侯图谋它。联合天下诸侯图谋它，最直接的就是与赵国结盟。况且淮北是宋地，楚国和魏国都想得到它。赵国如果答应结盟，楚国、魏国和宋国竭尽全力，四国联合攻打，就可以大破齐国。'先王说：'好。'我于是亲口接受命令，准备好符节，到南边出使赵国。等到回国复命，随即起兵攻打齐国。依靠上天的保佑，先王的英明，黄河以北的地方的军队随着先王的大军挺进，在济水边聚集。济水边的军队奉命攻打齐国，大获全胜。轻装的士兵和精锐部队，长驱直入，抵达齐国国都。齐王逃跑到莒城，这才幸免于死。齐国的珠玉财宝，战车兵甲，珍奇宝器，全部收归燕国；齐国的大吕钟陈列在燕国的元英殿，燕国原来失去的宝鼎也返回历室，齐国宝器陈放在燕国的宁台，燕国蓟丘种植的树木，移植到齐国的汶水边。从春秋五霸以来，功业没有超过先王的。先王认为他的愿

使之得比乎小国诸侯。臣不佞，自以为奉令承教，可以幸无罪矣，故受命而弗辞。

望得到了满足，认为我没有辜负使命，所以割地封赏我，让我得以和小国诸侯相并列。我不才，自认为遵奉命令、接受教诲，可以侥幸无罪，所以接受命令没有推辞。

注释

1 **闲:**通“娴”。
2 **齐王:**齐闵王。
3 **大吕:**齐国的大吕钟。
4 **元英:**燕国的元英殿。
5 **历室:**燕国宫殿名。
6 **宁台:**燕台名。
7 **蓟丘:**古地名。今北京城西。

原文

“臣闻贤明之君，功立而不废，故著于春秋；蚤知之士，名成而不毁，故称于后世。若先王之报怨雪耻，夷万乘之强国，收八百岁之蓄积，及至弃群臣之日，余令诏后嗣之遗义，执政任事之臣所以能循法令，顺庶孽[1]者施及萌隶[2]，皆可以教于后世。臣闻善作者不必善成，善始者不必善终。昔者伍子胥说听乎

译文

“我听说贤明的君王，功业建立后不会半途而废，所以能载入史册；有先见之明的人，成名后不会毁掉自己的名声，所以被后世传颂。像先王那样报仇雪耻，消灭万乘的强国，收缴了齐国八百年的积蓄，等到他去世后，他的政令仍影响着子孙，执政任事的大臣能遵循法令，理顺的嫡庶关系渗透到百姓中，这些都可以用来教育后世。我听说善于做事的人不一定容易成功，善于开始的不一定有完美的结果。从前伍子胥说服了吴王阖闾，所以吴王远征攻打到楚国郢都。夫差不再听从他后，就将他赐死，用皮革裹着尸体而漂浮在江上。吴王夫差

阖闾，故吴王远迹至于郢。夫差弗是也，赐之鸱夷[3]而浮之江。故吴王夫差不悟先论之可以立功，故沉子胥而不悔；子胥不蚤见主之不同量，故入江而不改。夫免身全功以明先王之迹者，臣之上计也；离[4]毁辱之非，堕先王之名者，臣之所大恐也。临不测之罪，以幸为利者，义之所不敢出也。臣闻古之君子，交绝不出恶声；忠臣之去也，不洁其名。臣虽不佞，数奉教于君子矣。恐侍御者之亲左右之说，而不察疏远之行也，故敢以书报，唯君之留意焉。”

不明白伍子胥之前的建议可以帮他建功立业，所以将伍子胥沉江也不后悔；伍子胥没有及早发现两代君主度量不同，所以沉江也不改初衷。所以免于杀身、保全功劳来宣扬先王的伟绩，这是我的上策；遭受侮辱毁谤，损害先王的名声，这是我最害怕的。面对不可知的罪过，以侥幸来谋取利益，这是我绝不敢去做的。我听说古代的君子，交情断绝了不说对方的坏话；忠臣离开国家，不为自己的名声辩白。我虽然没有才能，但也多次承受君子的教导。我担心大王听信身边人的谗言，而不明察我离开的实情，所以斗胆用书信回复您，希望您能够体谅。”

注释

1 **庶孽：**妃妾所生之子。
2 **萌隶：**百姓。
3 **鸱(chī)夷：**皮囊。
4 **离：**通“罹”，遭遇。

赵且伐燕

导读

赵国将要攻打燕国，苏代为燕国出使赵国，他用“鹬蚌相争，渔翁得利”的寓言故事告诉惠王，赵、燕长期对抗必会导致双方国力衰弱，最终使秦国得利。苏代讲述的这个寓言故事，成为流传千古的经典，充满着智慧，警醒着世人。

原文

赵且伐燕，苏代为燕谓惠王[1]曰：“今者臣来，过易水，蚌方出曝[2]，而鹬[3]啄其肉，蚌合而钳其喙。鹬曰：‘今日不雨，明日不雨，即有死蚌。’蚌亦谓鹬曰：‘今日不出，明日不出，即有死鹬。’两者不肯相舍，渔者得而并禽之。今赵且伐燕，燕、赵久相支以弊大众，臣恐强秦之为渔父也。故愿王之熟计之也。”惠王曰：“善。”乃止。

译文

赵国将要攻打燕国，苏代为燕国对赵惠王说：“今天我来的时候，经过易水，一只河蚌正出来晒太阳，一只鹬鸟啄住了它的肉，河蚌合起两只壳紧紧夹住了鹬鸟的嘴。鹬鸟说：‘今天不下雨，明天不下雨，就会有一只死河蚌了。’河蚌也对鹬鸟说：‘今天你的嘴不出来，明天你的嘴不出来，就会有一只死鹬鸟了。’蚌、鹬互不相让，渔夫遇见把它们都捉去了。现在赵国将要攻打燕国，燕国和赵国相持不下以致双方国内疲敝，我担心强秦会成为那个渔夫啊。所以希望大王仔细考虑这件事啊。”赵惠王说：“好。”于是停止攻燕。

注释

1 **惠王**：赵惠文王。

2 **曝**(pù)：晒。

3 **鹬**(yù)：一种生活在水边或田野中的鸟。

燕太子丹质于秦

导读

荆轲刺秦王的故事脍炙人口，千古传诵。本文对这一故事作了详细记载，主要突出了几件事。一是荆轲为取得秦王信任，亲自向樊於期借人头一事，令情节跌宕起伏，充满传奇色彩。二是易水送别，白衣缟素，击筑和乐，一首《易水歌》，怒发冲冠，慷慨悲壮，千年来激励了无数仁人志士。三是刺杀秦王，惊心动魄，先是秦武阳的色变发抖与荆轲的镇静自如形成了强烈的对比，接着图穷而匕见，刺杀、追逐、拔剑、反击，紧张激烈，一波三折，扣人心弦。最后荆轲身中八剑，却临危不惧，大义凛然、谈笑自若，令人动容，刺杀行为虽然失败，却成就了一代英雄。文章波澜壮阔，大开大阖，充满了悲剧色彩，代表了《战国策》叙事文学的最高成就。

原文

燕太子丹[1]质于秦，亡归。见秦且灭六国，兵以临易水，恐其祸至。太

译文

燕太子丹在秦国做人质，后来逃回燕国。看到秦国将要灭掉六国，秦军已逼近易水，害怕灾祸降临。太子丹非常担心，对

子丹患之，谓其太傅鞫武[2]曰："燕、秦不两立，愿太傅幸而图之。"武对曰："秦地遍天下，威胁韩、魏、赵氏，则易水以北未有所定也。奈何以见陵之怨，欲排其逆鳞[3]哉？"太子曰："然则何由？"太傅曰："请入图之。"居之有间，樊将军[4]亡秦之燕，太子容之。太傅鞫武谏曰："不可。夫秦王[5]之暴而积怨于燕，足为寒心，又况闻樊将军之在乎！是以委肉当饿虎之蹊[6]，祸必不振[7]矣！虽有管、晏，不能为谋。愿太子急遣樊将军入匈奴以灭口，请西约三晋，南连齐、楚，北讲于单于[8]，然后乃可图也。"太子丹曰："太傅之计，旷日弥久，心惛然，恐不能须臾。且非独于此也。夫樊将军困穷于天下，归身于丹，丹终不迫于强秦，而弃所哀怜之交，置之匈奴，是丹命固卒之时也。愿太傅更虑之。"鞫武曰："燕有田光[9]先生者，其智深，其勇沉，可与之谋也。"太子曰："愿因太傅

太傅鞫武说："燕国和秦国势不两立，希望太傅想想对付秦国的办法。"鞫武回答说："秦国土地遍布天下，威胁着韩、魏、赵三国，那么易水以北的土地还不知落入谁手。何必因曾受欺凌的怨恨，就去触怒残暴的秦国呢？"太子说："那该怎么办？"太傅说："请您先回宫去，我考虑考虑。"不久，樊将军从秦国逃亡到了燕国，太子收留了他。太傅鞫武劝谏说："不行。秦王如此残暴，又对燕国积怨已久，已经让人够担心的了，更何况听说樊将军在这里呢！这是把肉放在饿虎经过的小路上，灾祸必定无法挽救啊！即便有管仲、晏婴这样的人，也不能想出好办法。希望太子赶紧送樊将军去匈奴来消除秦国的借口，请向西联合三晋，向南联络齐国和楚国，向北和单于讲和，然后才能图谋秦国。"太子丹说："太傅的计谋，实施起来花费时间太长，我忧思烦闷，恐怕片刻都等不了了。况且还不仅仅如此。樊将军走投无路，投奔于我，我终究不能因为强秦逼迫，而抛弃这个可怜的朋友，将他送入匈奴，这真是我命该灭绝的时候了。希望太傅另想办法。"鞫武说："燕国有个叫田光的先生，深谋远虑，勇敢沉着，可以和他

交于田先生，可乎？”鞠武曰：“敬诺。”

商量。”太子说：“希望通过太傅结交田光先生，可以吗？”鞠武说：“遵命。”

注释

1 **燕太子丹：**燕王喜之子。
2 **鞫(jū)武：**燕臣，任太子太傅。又作“鞠武”。
3 **逆鳞：**倒生的鳞片，此处指触怒君王。
4 **樊将军：**秦将樊於(wū)期，因得罪秦王，逃至燕国。
5 **秦王：**指秦王嬴政。
6 **蹊：**小路。
7 **振：**挽救。
8 **单于(chán yú)：**匈奴王的称号。
9 **田光：**战国末期燕国人，著名侠士。

原文

出见田光，道太子曰：“愿图国事于先生。”田光曰：“敬奉教。”乃造焉。太子跪而逢迎，却行为道，跪而拂席。田先生坐定，左右无人，太子避席而请曰：“燕、秦不两立，愿先生留意也。”田光曰：“臣闻骐骥盛壮之时，一日而驰千里，至其衰也，驽马先之。今太子闻光壮盛之时，不知吾精已消亡矣。虽然，光不敢以乏国事也。所善荆

译文

鞠武出来就去会见田光，传达太子的意思说：“太子希望与先生谋划国家大事。”田光说：“遵命。”于是去了太子那里。太子跪地迎接田光，后退着为他引路，跪着为他拂拭座位。田先生坐下，身边没有旁人，太子离开座席请教说：“燕国和秦国势不两立，希望先生想想办法。”田光说：“我听说骏马壮年的时候，一天可以跑千里，等到它衰老的时候，劣马都能赶超它。现在太子听说的是我壮年时候的名声，却不知道我的精力已经消失了。即使这样，我不敢耽误国事。我的好友荆轲可以任用。”太子说：“希望

轲[1]可使也。”太子曰：“愿因先生得交于荆轲，可乎？”田光曰：“敬诺。”即起，趋出。太子送之至门，曰：“丹所报先生，所言者国大事也，愿先生勿泄也。”田光俯而笑曰：“诺。”偻行见荆轲，曰：“光与子相善，燕国莫不知。今太子闻光壮盛之时，不知吾形已不逮也。幸而教之曰：‘燕、秦不两立，愿先生留意也。’光窃不自外，言足下于太子，愿足下过太子于宫。”荆轲曰：“谨奉教。”田光曰：“光闻长者之行，不使人疑之，今太子约光曰：‘所言者国之大事也，愿先生勿泄也。’是太子疑光也。夫为行使人疑之，非节侠士也。”欲自杀以激荆轲，曰：“愿足下急过太子，言光已死，明不言也。”遂自刭而死。

通过先生结交荆轲，行吗？”田光说：“遵命。”于是起身，走了出去。太子送田光到门口，说：“我刚才和先生说的是国家大事，希望先生不要泄露。”田光俯身笑了笑说：“好的。”田光弯腰走着前去见荆轲，说：“我和您关系很好，燕国没有人不知道。现在太子听说了我壮年时的名声，不知道我的身体已不比从前了。承蒙他赐教说：‘燕国和秦国势不两立，希望先生帮着想想办法。’我私下不把您当外人，就把您推荐给了太子，希望您进宫去见见太子。”荆轲说：“谨遵教诲。”田光说：“我听说长者做事，不让别人怀疑自己，现在太子和我约定说：‘所说的是国家大事，希望先生不要泄露。’这是太子对我不放心。做事让人起疑，不是有节操的侠士。”田光想用自杀来激励荆轲，说：“希望您赶紧去见太子，就说我已经死了，以表明我决不会泄露秘密。”于是自刎而死。

注释

1 **荆轲**：战国末卫国人。先世为齐贵族，迁于卫，卫人称“庆卿”。秦灭卫，亡至燕，燕人称“荆卿”“荆叔”。后以刺杀秦王著称于世。

原文

轲见太子，言田光已死，明不言也。太子再拜而跪，膝行流涕，有顷，而后言曰："丹所请田先生无言者，欲以成大事之谋。今田先生以死明不泄言，岂丹之心哉？"荆轲坐定，太子避席顿首曰："田先生不知丹不肖，使得至前，愿有所道，此天所以哀燕不弃其孤也。今秦有贪饕[1]之心，而欲不可足也。非尽天下之地，臣海内之王者，其意不餍。今秦已虏韩王[2]，尽纳其地，又举兵南伐楚，北临赵。王翦[3]将数十万之众，临漳、邺，而李信[4]出太原、云中。赵不能支秦，必入臣，入臣则祸至燕。燕小弱，数困于兵，今计举国不足以当秦。诸侯服秦，莫敢合从。丹之私计，愚以为诚得天下之勇士使于秦，窥以重利，秦王贪其贽，必得所愿矣。诚得劫秦王，使悉反诸侯之侵地，若曹沫[5]之与齐桓公，

译文

荆轲见到太子，说田光已经自杀身亡，以此来表明不会泄露秘密。太子拜了两拜，跪了下来，边爬边流着泪，过了一会儿说："我请田先生不要说出去，是想办成这件大事。现在田先生用死来表明绝不泄密，难道是我的本意吗？"荆轲坐好后，太子离开座席向他叩头说："田先生不知道我不贤能，让您来我这里，希望您多加指教，这是上天怜悯燕国而不抛弃它的后人啊。现在秦国贪得无厌，欲望永不满足。不吞并完天下土地，臣服海内诸侯，它的欲望不会满足。现在秦国已经掳走了韩王，兼并了韩国的所有土地，又发兵向南攻打楚国，向北逼近赵国。王翦率领数十万大军逼近漳水、邺城，而李信出兵太原、云中。赵国不能抵抗秦国，必定入秦称臣，赵国称臣那么灾祸就降临燕国。燕国弱小，又多次遭受战事，现在就算发动全国的军队也不足以抵挡秦国。诸侯们臣服秦国，没有人敢联合对抗它。我私下谋划，认为如果真能得到天下勇士出使秦国，用重利来引诱秦王，秦王贪图这份重礼，必定能实现愿望。如果真能劫持了秦王，让他退回诸侯的全部失地，像曹沫对付齐桓公一样，那就太好了；如果不行，就刺杀

则大善矣；则不可，因而刺杀之。彼大将擅兵于外，而内有大乱，则君臣相疑，以其间诸侯，诸侯得合从，其偿破秦必矣。此丹之上愿，而不知所以委命，唯荆卿留意焉。”久之，荆轲曰：“此国之大事也，臣驽下，恐不足任使。”太子前顿首，固请无让，然后许诺。于是尊荆轲为上卿，舍上舍，太子日日造问，供太牢异物，间进车骑、美女恣荆轲所欲，以顺适其意。

他。秦国大将在外手握重兵，如果国内发生大乱，那么君臣就相互猜疑，趁着这个时机联合诸侯建立合纵联盟，那么必定就能击败秦国了。这是我的最大愿望，不知道该把这个使命托付给谁，只有让您费心了。”过了很长时间，荆轲说：“这是国家的重大事情，我愚钝无能，恐怕不能胜任这件事。”太子上前叩头，坚持请求他不要推辞，最终荆轲答应了。于是奉荆轲为上卿，住最好的馆舍，太子每天来慰问，供给他佳肴美味，献上奇珍异宝，不时送去车辆和美女，让他纵情享乐，称心如意。

注释

1 **贪饕(tāo)：**贪得无厌。

2 **韩王：**韩王安。公元前230年，秦灭韩，掳其王。

3 **王翦：**战国末期秦国名将。

4 **李信：**战国末期秦国名将。

5 **曹沫：**春秋时鲁国人。以勇力为鲁庄公武士。庄公十三年鲁庄公与齐桓公会于柯，沫持匕首胁迫齐桓公订盟，使齐归还鲁国的失地。

原文

久之，荆卿未有行意。秦将王翦破赵，虏赵王[1]，尽收其地，进兵北略地，至燕南界。太子丹恐惧，乃请荆卿曰：“秦兵旦暮渡易水，

译文

过了很久，荆轲还没有出发的意思。秦将王翦攻破赵国，掳走赵王，攻占了赵国的全部土地，又率军向北攻城略地，到了燕国南境。太子丹惊恐万分，于是请求荆轲说：“秦军早晚要渡过

则虽欲长侍足下，岂可得哉？”荆卿曰：“微太子言，臣愿得谒之。今行而无信，则秦未可亲也。夫今樊将军，秦王购之金千斤，邑万家。诚能得樊将军首，与燕督亢[2]之地图献秦王，秦王必说见臣，臣乃得有以报太子。”太子曰：“樊将军以穷困来归丹，丹不忍以己之私而伤长者之意，愿足下更虑之。”荆轲知太子不忍，乃遂私见樊於期曰：“秦之遇将军可谓深矣，父母宗族皆为戮没。今闻购将军之首，金千斤，邑万家，将奈何？”樊将军仰天太息流涕曰：“吾每念，常痛于骨髓，顾计不知所出耳。”轲曰：“今有一言，可以解燕国之患，而报将军之仇者，何如？”樊於期乃前曰：“为之奈何？”荆轲曰：“愿得将军之首以献秦，秦王必喜而善见臣，臣左手把其袖，而右手揕[3]其胸，然则将军之仇报，而燕国见陵之耻除矣。将军

易水，我虽然想长期侍奉您，怎么可能呢？”荆轲说：“假如太子不说，我也要去拜见您请求行动了。现在我去秦国没有信物，秦王就不会亲近我。樊将军这人，秦王正用千斤黄金和万户邑悬赏缉拿他。如果能够得到樊将军的人头，和燕国督亢的地图一起献给秦王，秦王必定很乐意见我，我便有机会报答太子了。”太子说：“樊将军因为走投无路来投奔我，我不忍心因为自己的私心伤害长者的意愿，希望您想想其他办法。”荆轲知道太子不忍心，于是私下去见樊於期说：“秦国对待将军可真是太残忍了，将您的父母和族人都杀死了。现在听说秦国购求将军的人头，悬赏千斤黄金和万户邑，您将怎么办？”樊将军仰天长叹，流着泪说：“我每次想起这事，常常疼到骨髓，只是想不出什么好办法啊。”荆轲说：“现在我有一句话对您说，既可以解救燕国的祸患，又可以替将军报仇，怎么样？”樊於期于是上前说：“该怎么做？”荆轲说：“希望得到将军的人头献给秦王，秦王必定高兴，愿意接见我，我左手抓住他的袖子，右手持刀刺入他的胸膛，这样既报了将军的深仇大恨，燕国被欺凌的耻辱又得到了洗雪。将军愿意这样做吗？”樊於期解衣露出一只臂膀，一只手

岂有意乎？”樊於期偏袒扼腕而进曰：“此臣日夜切齿拊心也，乃今得闻教。”遂自刎。太子闻之，驰往，伏尸而哭，极哀。既已无可奈何，乃遂收盛樊於期之首，函封之。于是太子预求天下之利匕首，得赵人徐夫人之匕首，取之百金，使工以药淬[4]之，以试人，血濡缕[5]，人无不立死者。乃为装遣荆轲。燕国有勇士秦武阳[6]，年十二杀人，人不敢与忤视[7]，乃令秦武阳为副。

握住另一只手的手腕，激动地上前说：“这是我白天、晚上咬牙捶胸都愤慨的事，现在终于听到了您的指教。”说完就自杀身亡。太子听说后，急忙驱车前往，伏在樊於期的尸体上哭泣，非常悲伤。然而事已至此，无可奈何，于是收拾起樊於期的人头，用匣子封装起来。这时，太子预先已访求天下最锋利的匕首，得到赵国徐夫人的一把匕首，用百金将它买了下来，让工匠用毒药水浸染，在人身上做实验，只要有一丝血迹，人没有不立刻死去的。于是装好匕首，准备送荆轲出发。燕国有位勇士叫秦武阳，十二岁的时候就杀了人，别人都不敢和他对视，于是派秦武阳作为荆轲的助手。

注释

1 **赵王**：赵王迁。公元前 228 年，秦掳赵王。

2 **督亢**：地区名。今河南涿州东。

3 **揕(zhèn)**：用刀剑刺。

4 **淬**：浸染。

5 **濡缕**：沾湿一缕。

6 **秦武阳**：战国末燕国人，以勇著称。一作“秦舞阳”。

7 **忤(wǔ)视**：正面看。

原文

荆轲有所待，欲与俱，其人居远未来，而为留待。

译文

荆轲还在等待一个人，打算和他一起前往，那人路途较远还没赶过来，就等

顷之未发，太子迟之，疑其有改悔，乃复请之曰："日以尽矣，荆卿岂无意哉？丹请先遣秦武阳。"荆轲怒叱太子曰："今日往而不反者，竖子也！今提一匕首入不测之强秦，仆所以留者，待吾客与俱。今太子迟之，请辞决矣！"遂发。太子及宾客知其事者，皆白衣冠以送之，至易水上。既祖[1]，取道。高渐离[2]击筑[3]，荆轲和而歌，为变徵[4]之声，士皆垂泪涕泣。又前而为歌曰："风萧萧兮易水寒，壮士一去兮不复还！"复为慷慨羽声，士皆瞋目，发尽上指冠。于是荆轲遂就车而去，终已不顾。

他到来。过了段时间荆轲还没出发，太子嫌他延误了时间，怀疑他改变了主意，就又催促说："时间很紧了，您难道不想去了吗？那我先让秦武阳出发吧。"荆轲生气地斥责太子说："今天一去不返的人是我！现在我只拿着一把匕首进入吉凶难料的强秦，我之所以停留，是为了等我的朋友一起去。既然太子您认为我故意延误时间，那我就告辞吧！"于是动身出发。太子和知道这件事的门客们，都穿戴着白色衣帽来为荆轲送行，到了易水边上。祭祀完路神，就上路了。高渐离敲打着筑，荆轲和着筑声歌唱，声音凄楚悲壮，在场的人都流着泪哭泣。荆轲又上前几步，唱道："风萧萧兮易水寒，壮士一去兮不复还！"接着奏起慷慨激昂的乐调，在场的人怒目圆睁，头发都竖了起来，顶起了帽子。这时荆轲就上车离去，始终连头也没回一下。

注释

1 **祖：**古代出行时要祭祀路神。

2 **高渐离：**人名。荆轲的朋友，善击筑。

3 **筑：**古代一种弦乐器，形似琴，有十三弦。

4 **徵(zhǐ)：**古代五音之一。

原文

既至秦，持千金之资币物，厚遗秦王宠臣中庶子蒙嘉[1]。嘉为先言于秦王曰："燕王诚振怖大王之威，不敢兴兵以拒大王，愿举国为内臣，比诸侯之列，给贡职如郡县，而得奉守先王之宗庙。恐惧不敢自陈，谨斩樊於期头，及献燕之督亢之地图，函封，燕王拜送于庭，使使以闻大王，唯大王命之。"秦王闻之，大喜。乃朝服，设九宾[2]，见燕使者咸阳宫。荆轲奉樊於期头函，而秦武阳奉地图匣，以次进至陛下。秦武阳色变振恐，群臣怪之。荆轲顾笑武阳，前为谢曰："北蛮夷之鄙人，未尝见天子，故振慑[3]。愿大王少假借[4]之，使毕使于前。"秦王谓轲曰："起，取武阳所持图。"轲既取图奉之。发图，图穷而匕首见。因左手把秦王之袖，而右手持匕首揕之。未至身，秦

译文

荆轲到了秦国，带着价值千金的厚礼贿赂秦王的宠臣中庶子蒙嘉。蒙嘉就预先对秦王说："燕王确实畏惧大王的威势，不敢发兵抵抗大王，愿意率领全国来做您的臣民，与其他降服的诸侯一样，并如同秦国的郡县一样纳贡，只求保全他们先王的宗庙。燕王因为害怕不敢自己来当面陈述，特地斩下樊於期的人头，并献上燕国督亢的地图，封装在匣子里，燕王在宫廷前行拜送之礼，派使者前来报告大王，听候大王的命令。"秦王听了，非常高兴。于是换上朝服，安排九宾的外交礼节，在咸阳宫召见燕国使者。荆轲捧着装有樊於期人头的匣子，秦武阳捧着装有地图的匣子，依次进入到宫殿的台阶前。秦武阳吓得脸色大变，极度惊恐，大臣们都觉得奇怪。荆轲回头对秦武阳笑了笑，上前谢罪说："他是北方蛮夷的鄙陋之人，从没见过天子，所以吓得发抖。希望大王对他稍加宽容，让他在您面前完成自己的使命。"秦王对荆轲说："起来吧，把秦武阳拿的地图送上来。"荆轲于是拿过地图献上。秦王打开地图，地图展到最后匕首露了出来。荆轲顺势左手抓住秦王的袖子，右手拿起匕首刺向秦王。没有刺到，秦王惊慌，从座位上

王惊，自引而起，绝袖。拔剑，剑长，掺[5]其室[6]。时恐急，剑坚，故不可立拔。荆轲逐秦王，秦王还柱而走。群臣惊愕，卒[7]起不意，尽失其度。而秦法，群臣侍殿上者，不得持尺兵。诸郎中[8]执兵皆陈殿下，非有诏不得上。方急时，不及召下兵，以故荆轲逐秦王，而卒惶急，无以击轲，而乃以手共搏之。是时，侍医夏无且[9]以其所奉药囊提[10]轲。秦王之方还柱走，卒惶急不知所为，左右乃曰："王负剑！王负剑！"遂拔以击荆轲，断其左股。荆轲废，乃引其匕首提秦王，不中，中柱。秦王复击轲，被八创。轲自知事不就，倚柱而笑，箕踞[11]以骂曰："事所以不成者，乃欲以生劫之，必得约契以报太子也。"左右既前斩荆轲，秦王目眩良久。而论功赏群臣及当坐者，各有差。而赐夏无且黄金二百镒，曰："无且爱我，乃以药囊提轲也。"

跳了起来，扯断了衣袖。想要拔剑，剑太长，只握住了剑鞘。当时惊恐紧张，剑又卡得很紧，所以一下子拔不出来。荆轲追着秦王跑，秦王绕着宫殿柱子跑。大臣们惊慌失措，事发突然，出乎意料，全都失去了常态。依照秦国的法规，大臣们侍立在殿上，不能携带任何兵器。郎中们手持兵器都站在殿下，没有诏令不得上前。这紧急时刻，秦王来不及召唤侍卫，所以荆轲追着秦王跑，惊恐中没有什么东西还击荆轲，只好空手和他搏斗。这时，侍医夏无且用手上的药囊向荆轲掷过去。秦王正围着柱子跑，惊恐中不知该怎么办，身边的人就说："大王背好剑！大王背好剑！"于是秦王才拔出长剑还击荆轲，砍断了他的左腿。荆轲受伤倒地，于是用匕首向秦王掷去，没有刺中，刺中了柱子。秦王继续用剑砍杀荆轲，荆轲被砍中了八处。荆轲自知事情不能成功，靠在柱子上大笑，张开腿坐在地上大骂道："事情之所以不成功，是因为我想生擒你，必能订立契约来回报太子。"身边的大臣们一拥而上斩杀了荆轲，秦王头晕目眩了很长时间。事后论功封赏了大臣们，惩罚了应当治罪的人，各有差别。秦王赏赐了夏无且黄金二百镒，说："无且真是爱护我，才会用药囊掷向荆轲啊。"

注释

1 **中庶子：**官名。掌诸侯、卿大夫庶子的教育管理。**蒙嘉：**战国时秦国人。
2 **设九宾：**设立九位礼宾人员，属于隆重的外交礼节。
3 **振慑：**即“震慑”。
4 **假借：**宽容。
5 **摻(shǎn)：**持，握。
6 **室：**剑鞘。
7 **卒：**同“猝”，突然。
8 **郎中：**秦王身边的侍卫。
9 **夏无且：**人名。秦王嬴政侍医。
10 **提(dǐ)：**投掷。
11 **箕踞：**随意张开两腿坐着，形似簸箕。

原文

于是，秦大怒燕，益发兵诣赵，诏王翦军以伐燕。十月而拔燕蓟城[1]。燕王喜、太子丹等，皆率其精兵东保于辽东[2]。秦将李信追击燕王，王急，用代王嘉[3]计，杀太子丹，欲献之秦。秦复进兵攻之，五岁而卒灭燕国，而虏燕王喜。秦兼天下。其后荆轲客高渐离以击筑见秦皇帝，而以筑击秦皇帝，为燕报仇，不中而死。

译文

此事之后，秦王对燕国非常愤怒，增派军队到赵国，命令王翦率军攻打燕国。这年十月攻下燕都蓟城。燕王喜和太子丹等都率领精兵退守辽东。秦将李信追击燕王，燕王着急，于是采用代王嘉的计策，杀了太子丹，打算献给秦王。秦军继续攻打燕国，经过五年，最终灭掉燕国，掳走燕王喜。秦国兼并了天下。后来荆轲的朋友高渐离因为善于击筑受到秦始皇召见，趁机用筑袭击秦始皇，想为燕国报仇，可惜没有击中而被处死。

注释

1 **蓟城:**燕都,今北京市。

2 **辽东:**地区名。辽水以东,今辽宁东南部。

3 **代王嘉:**秦灭赵,掳赵王迁,公子嘉自立为代王。

战国策

宋策

公输般为楚设机

导读

公输班为楚国制造云梯攻打宋国，墨子听说后，跋山涉水去见公输班。见面后墨子开门见山以“杀人”为话题，三言两语即将公输班说得哑口无言，心悦诚服，只好引他去见楚王。墨子见了楚王，用一个患有盗窃病的人的故事为喻，来说明楚国放着自己国内美好的东西不享受，却去攻打弱小贫穷的宋国，跟患有盗窃病的人无异。楚王理屈，无言以对，只好放弃了攻宋的打算。文中墨子为了履践自己非攻的思想，不怕艰难险阻的吃苦精神值得学习。此外，墨子精湛的辩论技巧也显示出非凡智慧。

原文

公输般[1]为楚设机，将以攻宋。墨子[2]闻之，百舍[3]重茧，往见公输般，谓之曰：“吾自宋闻子，吾欲借子杀人。”公输般曰：“吾义固不杀人。”墨子曰：“闻公为云梯，将以攻宋。宋何罪之有？义不杀人而攻国，是不杀少而杀众。敢

译文

公输班为楚国设计攻城器械，将要用来攻打宋国。墨子听说了这件事，万里迢迢，长途跋涉，脚底都磨出了老茧，去见公输班，对他说：“我从宋国听说您的大名，我想请您帮我杀人。”公输班说：“我的原则是不杀人。”墨子说：“听说您做了云梯，将用来攻打宋国。宋国有什么罪？您不随便杀人却攻打宋国，这不是少杀人而是多杀人。请问攻打宋国

问攻宋何义也？”公输般服焉，请见之王。墨子见楚王[4]曰：“今有人于此，舍其文轩，邻有弊舆而欲窃之；舍其锦绣，邻有裋褐[5]而欲窃之；舍其粱肉[6]，邻有糟糠而欲窃之。此为何若人也？”王曰：“必为有窃疾矣。”墨子曰：“荆之地方五千里，宋方五百里，此犹文轩之与弊舆也；荆有云梦，犀、兕、麋鹿盈之，江汉鱼、鳖、鼋、鼍[7]为天下饶，宋所谓无雉、兔、鲋鱼者也，此犹粱肉之与糟糠也；荆有长松、文梓、楩、楠、豫樟[8]，宋无长木，此犹锦绣之与裋褐也。臣以王吏之攻宋为与此同类也。”王曰：“善哉！请无攻宋。”

是什么原则呢？”公输班心悦诚服，于是将墨子引见给楚王。墨子见到楚王说：“现在有这样一个人，舍弃自己华美的车子，看见邻居有破车就想偷来；舍弃自己华丽的服饰，看到邻居有粗布衣服就想偷来；舍弃自己的美味佳肴，看见邻居有糟糠就想偷来。这是什么样的人呢？”楚王说：“此人必定患有盗窃病啊。”墨子说：“楚国的土地方圆五千里，宋国方圆仅五百里，这就像华美的车子与破车一样；楚国有云梦泽，犀牛、野牛、麋鹿等珍稀动物到处都是，长江和汉水里的鱼、鳖、鼋、鼍是天下最富饶的，而宋国连野鸡、兔子、鲋鱼都没有，这就像美味佳肴和糟糠一样；楚国有长松、文梓、楩、楠、豫樟等珍贵树木，宋国却连普通的大树都没有，这就像华丽服饰与粗布衣服一样。我认为大王的手下去攻打宋国与此同类啊。”楚王说：“您说得对！我不攻打宋国了。”

注释

1 **公输般：**即鲁班，春秋末鲁国人，著名工匠。

2 **墨子：**名翟，春秋末鲁国人，墨家学派创始人。

3 **百舍：**百里为一宿，形容长途跋涉。

4 **楚王：**楚惠王。

5 **裋(shù)褐：**粗陋布衣。

6 **粱肉**：指美味佳肴。

7 **鼋**(yuán)：大鳖。**鼍**(tuó)：爬行动物，亦称“扬子鳄”。

8 **楩**(pián)：树的一种，亦称“黄楩木。”**楠**(nán)：一种乔木。**豫樟**：亦作“豫章”，枕木与樟木的并称。

宋康王之时

导读

宋康王时一只小鸟生了一只大鸟，占卜的人认为天生祥瑞，宋国必霸。于是康王忘乎所以，不敬天地，亵渎神灵，对外穷兵黩武，对内凶残暴戾，最终众叛亲离，身死国亡，为天下笑。宋康王的故事验证了一句老话：上帝要让一个人灭亡，一定先让他疯狂。

原文

宋康王[1]之时，有雀生䳱[2]于城之陬[3]。使史[4]占之，曰：“小而生巨，必霸天下。”康王大喜。于是灭滕[5]、伐薛[6]，取淮北之地，乃愈自信，欲霸之亟成，故射天笞地，斩社稷而焚灭之，曰：“威服天地鬼神。”骂国老谏

译文

宋康王的时候，有只雀鸟在城墙角生了一只鹯鸟。宋王让太史占卜吉凶，史官说：“小鸟生大鸟，必能称霸天下。”宋康王听了非常高兴。于是灭掉滕国，攻打薛邑，夺取了淮北的广大土地，康王更加自信，想要快速地成就霸业，所以用箭射天神，又鞭打地神，还砍掉了土神和谷神的牌位，并烧掉，说：“我要用威力来臣服天地鬼神。”辱骂劝谏的国家重臣，头戴没有遮住额头的

者，为无颜之冠以示勇，剖伛之背，锲[7]朝涉之胫，而国人大骇。齐闻而伐之，民散，城不守。王乃逃倪侯[8]之馆，遂得而死。见祥而为不可，祥反为祸。

帽子以表示勇敢，剖开驼背之人的背，砍掉早晨过河之人的脚，宋国百姓大为惊恐。齐国听说后来讨伐，百姓逃散，城门无人把守。宋王于是逃到倪侯的馆舍里，不久被齐国人抓住杀死。上天降下祥瑞，执政的人不行善政，祥瑞反而成为灾祸。

注释

1 **宋康王**：宋王偃的谥号。

2 **鹯**(zhān)：即"鹯"，一种类似鹞鹰的猛禽。

3 **陬**：角落。

4 **史**：太史，主占卜。

5 **滕**：国名。今山东滕县西南。

6 **薛**：齐邑。今山东滕县西。

7 **锲**：砍断。

8 **倪侯**：其人不详。

卫策

战国策

知伯欲伐卫

导读

知伯想要攻打卫国，先送给卫君一份重礼来麻痹对方，卫国君臣不知是计，以为大国结欢，纷纷庆祝。唯有大臣南文子头脑冷静，认为此事违反常理，暗藏阴谋。正因为南文子有先见之明，卫国加强了防范，才没有让知伯阴谋得逞。

原文

知伯[1]欲伐卫，遗卫君[2]野马四、白璧一。卫君大悦，群臣皆贺，南文子[3]有忧色。卫君曰："大国交欢，而子有忧色，何？"文子曰："无功之赏，无力之礼，不可不察也。野马四、白璧一，此小国之礼也，而大国致之，君其图之。"卫君以其言告边境。知伯果起兵而袭卫，至境而反，曰："卫有贤人，先知吾谋也。"

译文

知伯想要攻打卫国，赠送给卫君野马四匹、白璧一只。卫君非常高兴，大臣们都来祝贺，南文子却露出忧虑的神色。卫君说："大国与我交好，而您却露出忧虑的神色，为什么？"南文子说："没有功劳得来的奖赏，没有出力得来的礼物，不能不小心对待啊。野马四匹、白璧一只，这是小国送给大国的礼物，但现在大国送给我们，大王请仔细考虑这件事。"卫君把这话告诉了戍守边境的人，让他们加强防备。知伯果然起兵袭击卫国，到了边境又返回，说："卫国有贤人，预先知道我的计划了。"

注释

1 **知伯**：晋卿智瑶。

2 **卫君**：卫悼公。

3 **南文子**：战国时卫人，卫大夫。

卫使客事魏

导读

卫客被派到魏国侍奉魏王，三年都没见到魏王，只好求教于梧下先生，许以百金。梧下先生面见魏王，劝谏魏王专心事秦，然后以魏王对于事己者缓为由，推断魏王事秦可能已经晚了。于是魏王急忙召见卫客。梧下先生虽然贪财，却是一位能言善辩的智士。

原文

卫使客事魏，三年不得见。卫客患之，乃见梧下先生[1]，许之以百金。梧下先生曰："诺。"乃见魏王曰："臣闻秦出兵，未知其所之。秦、魏交而不修之日久矣。愿王专事秦，无有佗计。"魏王曰："诺。"客趋出，至郎门[2]而反曰：

译文

卫国派人去侍奉魏王，过了三年仍没有见到魏王。卫国派来的人感到很担心，便去拜见梧下先生，许诺给他百金。梧下先生说："好。"于是去见魏王说："我听说秦国要出兵，不知进攻什么地方。秦、魏两国外交已经很久没有修好了。希望大王一心一意服事秦国，不要有其他打算。"魏王说："好。"梧下先生快步走出，到郎门口又返回来说："我担心大王服事秦国已经晚

"臣恐王事秦之晚。"王曰："何也？"先生曰："夫人于事己者过急，于事人者过缓。今王缓于事己者，安能急于事人？""奚以知之？""卫客曰：'事王三年不得见。'臣以是知王缓也。"魏王趋见卫客。

了。"魏王说："为什么？"梧下先生说："人们对于别人侍奉自己都很着急，对于侍奉别人都很缓慢。现在大王对于侍奉自己的人都漫不经心，又怎么会急着侍奉别人呢？"魏王说："您怎么知道？"梧下先生说："卫国派来的人说：'侍奉大王三年了还没见到大王的面。'我因此知道大王漫不经心。"魏王便立刻接见了卫国派来的人。

注释

1 **梧下先生**：其人因住在梧桐树下而得的雅号。

2 **郎门**：宫中之门。

卫嗣君时

导读

卫国有个刑徒逃到了魏国，卫嗣君不惜用百金将他赎回，魏国不给，卫嗣君就打算用左氏之地赎回。君臣不解，卫嗣君告诉大家，治国、治民之道重在教化。看来，卫嗣君虽小国之君，但并非昏庸之辈。

原文

卫嗣君[1]时，胥靡[2]逃之魏，卫赎之百金，不与，

译文

卫嗣君在位时，有个刑徒逃到了魏国，卫君想用百金将他赎回，魏国不给，于

乃请以左氏[3]。群臣谏曰："以百金之地，赎一胥靡，无乃不可乎？"君曰："治无小，乱无大。教化喻于民，三里之城，足以为治；民无廉耻，虽有十左氏，将何以用之？"

是卫君请求用左氏之地交换他。大臣们都劝谏说："用价值百金的土地赎回一个刑徒，不是太不值得了吗？"卫君说："安定不在于国小，混乱也不在于国大。让百姓通晓教化，就算只有三里的小城也足以治理得很好；倘若百姓没有礼义廉耻，即便有十个左氏这样的城邑，又有什么用呢？"

注释

1 **卫嗣君**：战国时卫国国君，成侯孙。成侯时，秦国强，卫已贬号为侯。嗣君五年，卫国再被贬号曰君，仅有濮阳。

2 **胥靡**：古代服劳役的奴隶或刑徒。

3 **左氏**：卫邑，今山东定陶西。

卫人迎新妇

导读

卫国人迎娶新娘，新娘在上车、至门、入室时分别说了一句话，这三句话都是至理，但却为人嘲笑。原因很简单，因为她说话不分场合、环境与身份。

原文

卫人迎新妇。妇上车，问："骖马[1]，谁马也？"

译文

一个卫国人迎娶新娘。新娘上了车，问道："这两匹骖马是谁的？"驾车的人说：

御曰："借之。"新妇谓仆曰："拊骖，无笞服。"车至门，扶，教送母曰："灭灶，将失火。"入室见臼，曰："徙之牖下，妨往来者。"主人笑之。此三言者，皆要言也，然而不免为笑者，蚤[2]晚之时失也。

"是借来的。"新娘对仆人说："鞭打骖马，不要鞭打服马。"车子到了夫家，新娘由人扶下车，叮嘱送她的保姆说："记住要把家中的灶火灭掉，不然会失火。"新娘进入新房时看见捣米臼，说："把它移到窗户下，以免妨碍来往的人。"主人嘲笑她。这三句话，都是至理，却不免被人嘲笑，是因为说话早晚的时机不恰当。

注释

1 **骖马：**古代驾在车前两侧的马称为"骖马"，中间的马称为"服马"。

2 **蚤：**通"早"。

中山策

阴姬与江姬争为后

导读

中山国的阴姬与江姬争夺王后之位，这场后宫之争与朝廷权力之争交织在一起，是一场你死我活的斗争。相国司马憙为了自己的政治利益加入到了这场宫廷斗争中，主动站到了阴姬一方。他假借出使赵国的机会，刻意在赵王面前夸大阴姬的美貌，赵王为其言辞所迷，向中山国施压，索要阴姬。中山王为了保住自己的脸面，只能听从司马憙的建议，让阴姬登上了王后之位。

原文

阴姬[1]与江姬[2]争为后。司马憙[3]谓阴姬公[4]曰："事成则有土子民，不成则恐无身。欲成之，何不见臣乎？"阴姬公稽首曰："诚如君言，事何可豫道者。"司马憙即奏书中山王曰："臣能弱赵强中山。"中山王悦而见之曰："愿闻弱赵强中山之说。"司马憙

译文

阴姬和江姬争做中山王王后。司马憙对阴姬的父亲说："立后的事情一旦成功，那就拥有了土地和百姓；如果不能成功，恐怕性命不保。想要让此事成功，为什么不来见我呢？"阴姬的父亲叩头说："真像您所说那样，不用说，我一定好好感谢您。"司马憙立即上书对中山王说："我有了削弱赵国让中山国强大的办法。"中山王非常高兴地接见他说："希望听听您削弱赵国让中山国强大的办法。"

曰："臣愿之赵，观其地形险阻，人民贫富，君臣贤不肖，商敲[5]为资，未可豫陈也。"中山王遣之。

司马憙说："我希望去一趟赵国，观察它的地形险要情况，百姓贫富情况，君臣贤能与否，斟酌比较一下作为参考，不能事先妄言。"于是中山王派他前往赵国。

注释

1 **阴姬：**中山王宠妃，即阴简。

2 **江姬：**中山王江姓宠妃。

3 **司马憙：**战国中期卫国人，中山国相国。

4 **阴姬公：**阴姬的父亲。

5 **商敲：**即"商榷"。

原文

见赵王[1]曰："臣闻赵，天下善为音，佳丽人之所出也。今者，臣来至境，入都邑，观人民谣俗，容貌颜色，殊无佳丽好美者。以臣所行多矣，周流无所不通，未尝见人如中山阴姬者也，不知者特以为神力，言不能及也。其容貌颜色固已过绝人矣，若乃其眉目、准颇[2]、权衡[3]、犀角[4]、偃月[5]，彼乃帝王之后，非诸侯之姬也。"赵王意移，大悦曰："吾愿请之，何如？"司马憙曰："臣窃见其佳丽，口不能无道尔，

译文

司马憙见到赵王说："我听说赵国是天下最擅长音乐，又盛产美女的地方。今天我来到赵国境内，进入都城，观察百姓的歌谣风俗，从人们的容貌脸色上看，并没有特别美貌的女子。我到过很多地方，周游各地没有哪里不去，从没看到像中山国阴姬那样的美女，不知道的人还以为是神仙所为，实在不能用言语形容。她的容貌姿色简直超过了那些绝代佳人，至于她的眉目、鼻子、面颊、眉宇、头型和额头，她简直就是帝王之后的面相，绝不像一个诸侯的姬妾。"赵王听得心动，非常高兴地说："我希望把她要过来，怎么样？"司马憙说："我私下看到她的美貌，嘴上不自觉说

即欲请之，是非臣所敢议，愿王无泄也。”

了出来，您想把她要过来，这并不是我敢议论的了，希望大王不要泄露出去。”

注释

1 **赵王：**赵武灵王。

2 **准頞(è)：**准，鼻子。頞，鼻梁。

3 **权衡：**权，通“颧”，面颊。衡，眉上。

4 **犀角：**头骨。

5 **偃月：**额骨。

原文

司马憙辞去，归报中山王曰：“赵王非贤王也，不好道德，而好声色；不好仁义，而好勇力。臣闻其乃欲请所谓阴姬者。”中山王作色不悦。司马憙曰：“赵，强国也，其请之必矣。王如不与，即社稷危矣；与之，即为诸侯笑。”中山王曰：“为将奈何？”司马憙曰：“王立为后，以绝赵王之意。世无请后者，虽欲得请之，邻国不与也。”中山王遂立以为后，赵王亦无请言也。

译文

司马憙告辞离开，回来报告中山王说：“赵王并不是一个贤明的君王，他不重视道德，而喜好声色；不喜欢仁义，而崇尚勇力。我听说他竟然想把那个叫阴姬的要过去。”中山王变了脸色，很不高兴。司马憙说：“赵国是强国，他想要就肯定会来要。大王如果不给，那么国家就危险了；如果给他，就会被诸侯们耻笑。”中山王说：“那该怎么办？”司马憙说：“大王立阴姬为王后，这样就断绝了赵王的念头。世间还没有要人家王后的，即便赵王想要索取，邻国也不会答应。”中山王于是就立阴姬为王后，赵王也就没有再说要阴姬的话了。

主父欲伐中山

导读

赵武灵王想要攻打中山国，派李疵前去打探虚实，李疵回来说可以攻打，理由是中山国王简车拜访七十位读书人，举士与朝贤必然亡国。李疵的观点显然与儒家格格不入，更接近法家思想。

原文

主父[1]欲伐中山，使李疵[2]观之。李疵曰："可伐也。君弗攻，恐后天下。"主父曰："何以？"对曰："中山之君，所倾盖与车而朝穷闾隘巷之士者，七十家。"主父曰："是贤君也，安可伐？"李疵曰："不然。举士，则民务名不存本；朝贤，则耕者惰而战士懦。若此不亡者，未之有也。"

译文

赵武灵王想要攻打中山国，派李疵去观察情况。李疵回来说："可以攻打。大王您不攻打它，恐怕要落在别国后边了。"赵武灵王说："为什么这么说？"李疵回答说："中山国的君主，乘坐去掉车盖的车子去拜访住在窄街陋巷的读书人，总共去了七十家。"赵武灵王说："这是贤明的君主，怎么可以攻打呢？"李疵说："不对。举用读书人，那么百姓就会追逐名利而不踏实务农；拜访贤者，那么耕种的人就懒惰而战士就会怯懦。像这样还不灭亡的话，还从来没有过。"

注释

1 **主父**:赵武灵王。

2 **李疵(cī)**:赵臣。

中山君飨都士大夫

导读

中山君宴飨大夫,由于招待不周而惹怒了司马子期,他跑到楚国游说楚王攻打中山,中山君因而流亡。在逃亡路上得到曾经施恩救济的人的两个儿子的舍身保护,因祸得福。这一祸一福,让中山君感慨良多。

原文

中山君飨都士大夫,司马子期[1]在焉。羊羹不遍,司马子期怒而走于楚,说楚王伐中山。中山君亡,有二人挈戈而随其后者,中山君顾谓二人:"子奚为者也?"二人对曰:"臣有父,尝饿且死,君下壶餐饵之。臣父且死,曰:'中山有事,汝必死之。'故来死君也。"中

译文

中山君设宴招待都城里的士大夫,司马子期也在被邀之列。宴会上分送羊肉汤时没有分到司马子期那里,司马子期非常生气,跑去楚国,游说楚王攻打中山国。中山君逃亡,有两个人拿着戈跟随在他身后,中山君回过头对两人说:"你们是干什么的?"两人回答说:"我们的父亲曾经饿得快死了,是您拿出身上壶中的食物给他吃。我们的父亲临死的时候说:'中山国如果有难,你们一定要以死报国。'所以我们以死来报效君王。"中山君仰天长叹说:"施恩不在于多少,

山君喟然而仰叹曰:"与不期众少,其于当厄;怨不期深浅,其于伤心。吾以一杯羊羹亡国,以一壶餐得士二人。"

应在困难之时施予;结怨不在于深浅,要看是否伤害了人心。我因为一杯羊肉汤亡国,因为一壶食物得到了两位士人。"

注释

1 **司马子期:**中山国大臣。

图书在版编目(CIP)数据

战国策/李波,彭时权导读注译.—长沙:岳麓书社,2019.5(2019.7重印)

(古典名著普及文库)

ISBN 978-7-5538-0926-7

Ⅰ.①战… Ⅱ.①李…②彭… Ⅲ.①中国历史—战国时代—史籍②《战国策》—注释③《战国策》—译文 Ⅳ.①K231.04

中国版本图书馆 CIP 数据核字(2018)第 197404 号

ZHANGUO CE

战国策

导读注译:李 波 彭时权

责任编辑:陈文韬

责任校对:舒 舍

封面设计:罗志义

岳麓书社出版发行

地址:湖南省长沙市爱民路 47 号

直销电话:0731-88804152 0731-88885616

邮编:410006

岳麓书社网址:www.yueluhistory.com

2019 年 5 月第 1 版 2019 年 7 月第 2 次印刷

开本:890mm×1240mm 1/32

印张:11.625

字数:310 千字

ISBN 978-7-5538-0926-7

定价:32.00 元

承印:湖南众鑫印务有限公司

如有印装质量问题,请与本社印务部联系

电话:0731-88884129

